■ 2021年度浙江省哲学社会科学规划后期资助课题（21HQZZ011YB）

浙江省哲学社会科学规划
后期资助课题成果文库

有意义游戏的教育构想

滕春燕　著

ZHEJIANG UNIVERSITY PRESS
浙江大学出版社
·杭州·

图书在版编目（CIP）数据

有意义游戏的教育构想 / 滕春燕著. -- 杭州 : 浙江大学出版社，2022.6
ISBN 978-7-308-22678-3

Ⅰ. ①有… Ⅱ. ①滕… Ⅲ. ①游戏课—教学研究—学前教育 Ⅳ. ①G613.7

中国版本图书馆CIP数据核字(2022)第091514号

有意义游戏的教育构想

滕春燕　著

责任编辑　汪淑芳
责任校对　董齐琪
封面设计　周　灵
出版发行　浙江大学出版社
（杭州市天目山路148号　邮政编码　310007）
（网址：http://www.zjupress.com）
排　　版　杭州林智广告有限公司
印　　刷　浙江新华数码印务有限公司
开　　本　710mm×1000mm　1/16
印　　张　19
字　　数　300千
版 印 次　2022年6月第1版　2022年6月第1次印刷
书　　号　ISBN 978-7-308-22678-3
定　　价　75.00元

浙江大学出版社市场运营中心联系方式：0571-88925591；http://zjdxcbs.tmall.com

序

“游戏”是一个古老、隽永的话题。从古希腊赫拉克利特、柏拉图神祇照耀下的游戏，到康德、席勒主体审美旨趣中的游戏，伽达默尔本体论的游戏，再到后现代哲学中的游戏隐喻，“游戏”在人类生活与思想的长河中留下了独特、多变、充满魅力的身影。

一般来说，“儿童游戏”是一个近代的概念，是随着“儿童”这一概念而衍生的。儿童游戏研究初兴于19世纪下半叶，之后的20世纪初期、中期在发展心理学的推动下勃兴、发展。20世纪后半期，随着儿童权利保障运动与幼儿教育的迅速发展，教育中的游戏成为现代儿童游戏研究的核心议题。实际上，从人类历史发展进程看，这是一次游戏向教育的回归。人类文明初期（原始社会），游戏与教育本是相互交织、不可分割的一体，在教育的形式化、制度化和专业化的道路上，两者渐行渐远，游戏一度被排除在教育之外，甚至成为与教育对立的概念。因而，游戏回归教育之途，不可避免地遇到一些问题或矛盾，这是天性（游戏）与后天影响（教育）之间的关系所致，表现为教育场域中游戏与教育孰重孰轻、如何结合等一系列问题。

《有意义游戏的幼儿教育构想》一书正是对这一系列问题的一种回应，是滕春燕在其博士学位论文答辩后，吸取各位答辩老师的建议与意见，再次修改与完善的作品。她以教育之域中的游戏境况为出发点，以存在论视域下儿童游戏的探索为突破口，以有意义游戏的教育建构为主旨，构想了一幅兼具理论深度与实践意蕴的游戏教育图景。作者理论视野开阔、问题意识清晰，将学术思考、国家幼儿教育的宏观政策与自己作为母亲的儿童观察深切结合，形成日常生活体验、宏观政策解读以及理论思考间的三维对答，观点新颖、语言生动、资料翔实，是当下儿童游戏研究中非常富有启发性的佳作。

面向真问题，是教育研究者必须具备的学术素养。春燕置身于我国幼儿园游戏现场，深入观察游戏与游戏中的儿童，敏锐地捕捉与剖析教育场域儿童游戏的三重现实困境——实践之困、政策理解之困与哲思之困，对当下儿童游戏与教育的关系之关切贯穿于始终。作者在游戏与教育的历史关系追溯中探寻现实困境的根脉，选择存在论的“意义”视域作为儿童游戏在教育场域的栖身之所，由此突破儿童游戏的“发展”瓶颈，向读者展开一幅别开生面、活泼生动的儿童游戏的“意义”景象。全书以“是什么”“意味着什么”和“应该成为什么”三重追问的回答，呈现儿童意义世界在游戏的舞台上的层层绽出。回到教育视野，作者就有意义游戏的教育理路展开本体论、认识论与教育原则三重剖析，描述了一场从游戏出发的意义生成之旅，并以历史文化学派儿童游戏研究者舒斯波的儿童游戏关系模型为基础，构筑了儿童游戏的实践模型——“整合意义模型”，探讨了参与式与非参与式两种可能的游戏教育实施路径。

此书基于存在论视域阐释了意义生成视角下的儿童游戏及其价值，突破了儿童游戏长期拘于心理学的研究局限，丰富与拓展了儿童游戏的理论基础。此书也突破了长期以来游戏与教学、儿童与教师“二元对立”的迷局，基于动态交互的视角构想了儿童游戏教育的实践模型——“整合意义模型”，促进了游戏与教学的动态交互与深度融合，拓展与深化了学前教育游戏理论，并为“幼儿园以游戏为基本活动”政策的落地与施行提供了多元化的新思路。在现实、历史、理论与教育实践的改进间穿行，孜孜求索之心充溢字里行间。

写作期间，春燕与自己的二宝相遇，母亲的大爱与学术思索相互滋养，思与行相互促进，成就了此有生命意义和母亲情怀的学术之作。

作为老师，在其研究出版之际，送上特别的祝贺！

愿与儿童共赴有意义的游戏之旅，是每个成人的教育使命！以此与所有读者共勉！

孙彩平
南京师范大学道德教育研究所副所长，教授，博导
2021 年 11 月 27 日

前　言

一

对于我们，童年已逝。但是童年又未曾远去，它化为缕缕芬芳回荡在我们的记忆中，也积淀成现在的我们。如果童年难以忘怀，那么儿时的游戏就是镶嵌在童年记忆中的金色光环，焕发着最迷人的光。

对儿童来说，游戏可是一件大事儿，为了和小伙伴玩耍，其他的事情通通可以放在一边。丰子恺先生曾描述孩子对游戏的痴迷："一旦同伴们有了有趣的游戏，冬晨睡在床里的会立刻从被窝钻出，穿了寝衣来参加；正在换衣服的会赤了膊来参加；正在洗浴的也会立刻离开浴盆，用湿淋淋的赤身去参加。被参加的团体中的人们对于这浪漫的参加者也恬不为怪，因为他们大家把全精神沉浸在游戏的兴味中，大家入了'忘我'的三昧境，更无余暇顾到实际生活上的事及世间的习惯了。"为了玩，儿童可以"化腐朽为神奇"，唾手可得的平凡之物转眼就变成了他们的玩具。对于女孩子来说，拉上几个情投意合的小伙伴，找几个破罐破碗，再挖来一些泥土，捡来几片树叶，"过家家"的场景就组建好了，至于做什么事儿，有什么情节，那就天马行空、肆意发挥好了。对于男孩子来说，"过家家"似乎太小儿科了，爬树抓虫、下河捕鱼才带劲呢，如果就几个男孩赤手空拳地摔跤打架也是件无比快乐的事，当然他们很少会真的打起来，因为这只是玩玩而已。在游戏中，孩子们忘了时间、忘了周遭，甚至忘了自己……

人类小婴儿一降临于世就在"游戏"。小婴儿满怀着好奇投身于世，是一个不安分的小生命。他们的手总是闲不住，抓到什么就想玩弄、嬉戏，他们也爱"玩"自己的身体，咬手指、啃小脚、挠身体……原初的身体动作是无意的，但就是在这无意的把玩中，他们慢慢获得对自己的感知，也慢慢建立与周遭世界的联系。与抚养者的嬉闹、“对话”更是在他们与周遭世界间打开另一扇大门。当妈妈用夸张的音调、表情、动作与小婴儿“对话”，而小婴儿也用他们独有的“婴儿语”回应，一个交流、互动的意义发生场就在愉悦的气氛中形成了。随着孩子慢慢长大，他们更是徜徉在各种各样的游戏中。游戏中的儿童赋予寻常事物另一种意义，也创造了一个暂时与生活相隔离的游戏世界，在这个物我交融、情境合一的世界中，他们感受着自己、世界以及两者的关系，意义在游戏中涌动、生成与扩展。

孩子不仅仅玩游戏，游戏也是他们与世界打交道的方式：天冷了妈妈给孩子加衣，孩子也给小树披上一件外套；看到天上的星星，孩子说这是树枝戳破天空留下的小窟窿；看见水面的层层涟漪，孩子说这是风留下的脚印；孩子说春天是一只大懒虫，春雷公公大吼一声把它吓醒了……游戏是儿童诗意的存在，游戏的存在使儿童在这个世界诗意地栖居、逗留与生存。

二

游戏是儿童的基本生活方式。教育即生活，儿童走出家庭来到幼儿园，与小伙伴、老师一起生活，那么儿童是否也在幼儿园中享受诗意的游戏生活呢？

现实好像并不如此。虽然在我国游戏早已被确定为“幼儿园的基本活动”，也确确实实地在幼儿园开展着。但是幼儿园场域里的游戏似乎变味了，与“诗意的生活”相去甚远。游戏被寄予了重重期望，游戏中的儿童在老师的安排、指导下变得束手束脚。一个集体游戏结束以后，有个孩子跑到老师身边兴奋地问：“现在我们可以去玩了吗？”孩子的话提醒我们：老师认为的游戏在孩子心目中似乎并不是真正的游戏。跨学科游戏研究者萨顿－史密斯（Brian Sutton-Smith）回忆起儿时的游戏时仍无比激动：“他和小伙伴幻想着将农场里的牛粪作为恶作剧的道具，将其干燥的一面放在手上，而将那潮湿的一面糊到对方的脸上；他们喜欢爬到荒芜的、阴森的鬼屋，蹑手蹑脚地四处寻找从未见过的鬼魂，体验着未被鬼魂找到的宽慰和未找到鬼魂的失望……”这激动人心的时刻在游戏者全身心投入的那一刻迸发出耀眼的火花，也焕发出别样的人生意义。这样的感受不也是我们对游戏、对童年的感受吗？这是一种沉浸在游戏之中的“人生是值得的”的意义充盈与丰满。这可能正是教育场域中的游戏所缺少的，是孩子们觉得老师安排的游戏不是真正的游戏的原因。

当然，随着儿童游戏权利的保障与“幼儿园以游戏为基本活动”的政策指引，幼儿自主游戏日渐受到重视，孩子们也有越来越多的机会玩“自己的游戏”。但是，自主游戏在自主与自由的意义捆绑下仿佛成了自成一体之物，隔绝了与教师、教育的关系。意义在幼儿自主游戏中“升腾”，却在游戏结束后“戛然而止”，游戏与教育在各自的空间中“独舞”。如果说游戏不是“儿童的游戏”是游戏意义的直接陨落，那么，自主游戏与教育的隔离就是游戏意义的间接陨落，是游戏意义的教育放弃。

儿童在游戏中可能获得“人生值得”的享受与满足吗？游戏在教育之域中可能以意义充盈与丰满之姿存在吗？游戏会获得更深远的教育意义的延伸与扩展吗？——这些正是本书想探讨并为之努力的问题。

三

意义，来自人在其世界中的牵涉，是人在与周遭世界的交互作用中形成的对周遭世界及其与自身关系的整体性理解与感受。游戏是儿童的基本生活方式，“有意义的游戏”是指能使儿童与世界建立起多样化的交互关系、促成儿童意义世界自由生成、展露与扩展的具有丰富意蕴与意义的活动。如何使有意义游戏通向教育，在教育中获得意义的丰盈是游戏突破“重围”的现实诉求，也是游戏与教育深入结合的发展趋势，这是本书的中心议题。围绕着这一议题，本研究分五个部分层层展开。

第一部分从三个视角揭露游戏在我国幼儿园中“被围困”的现状，从而提出问题。“实践之困”从幼儿园游戏课程设计、教学游戏、互通式角色游戏、自主游戏等种种游戏现象出发来揭示游戏实施中意义“被围困”的现实处境；“政策理解之困”对“幼儿园以游戏为基本活动”这一基本游戏政策的现有理解进行了探讨，揭露现有理解对游戏意义的框限以及“基本活动”实现方式的重重迷茫。“哲思之困”从游戏的“经验”迷途、现代范式下幼儿教育远离“游戏”“中心论”对游戏意义的固封等角度阐释游戏的理论困境。种种游戏“被围困”现象的本质是游戏的丰富意义在幼儿教育中的困境和限制，游戏无法在教育之域中舒展意义充盈与丰满之姿。

游戏“被围困”的处境有其现实成因，也有其历史脉络与渊源，由此转入第二部分对游戏与教育关系的历史追溯。首先，梳理了游戏与教育聚散离合的关系演变：从原始形态教育中游戏与教育的自然融合到教育形式化进程中的相互分离，再到游戏在教育中的复归以及两者结合的日渐深入。在此基础上，探讨了游戏在我国幼儿园中的角色变迁：从“体育运动”到“活动”“主导活动”，再到幼儿园的“基本活动”的演变。基于教育与游戏的历史关系追溯与游戏在幼儿园的角色变迁来分析游戏“被围困”的历史缘由并提出游戏“突围”的可能，即以存在论哲学为理论视域探寻有意义游戏通向教育之路。

第三部分展开存在论视域下儿童游戏的探讨。该部分从分析游戏的含义、游戏的“属儿童性”以及作为儿童之“事”的游戏的特性出发，在缕析儿童意义世界及其建构的基础上，探析游戏“庇护天性”与“引入世界”的双重意义建构功能以及游戏中儿童意义世界的建构机制，探寻游戏与儿童意义世界之间的关系，阐析游戏中儿童如何实现意义世界的生成与扩展从而走上“意义成人”之路。

第四部分探讨有意义游戏通向教育的理路。首先，从“无目的”“去中心”与“自组织”三点来阐发“教育即游戏”的游戏教育本体论意蕴，有意义游戏的教育是师幼共赴一场从游戏出发的意义生成之旅。进而，围绕着“游戏意义的体验生成”来阐释“成长即体验”的游戏教育认识论意涵，并探讨如何促成游戏的体验以及游戏体验的延伸与扩展。最后，从关系性视角来重释“游戏作为幼儿园的基本活动”的政策，并引出以游戏为基本驱动力、尊重儿童游戏框架、促成游戏意义的生成与扩展这三条游戏教育的基本原则。

第五部分构想有意义游戏教育的实践模型并探讨可能的实施路径。在历史文化学派游戏学者舒斯波（Ivy Schousboe）的游戏三领域关系模型的启发下，提出名为“整合意义模型”的儿童游戏教育模型，阐释了该模型的三个结构——“叙事结构”“组织结构”和“现实结构”的含义、关系及教育机理。在此基础上，结合我国“安吉游戏”与瑞典“游戏响应式教学”的案例，探讨了“非参与性”与“参与性”两种可能的实施路径。

四

游戏与教育的结合是一件既容易又困难的事。说它容易，是因为游戏看起来很容易实施，也是我国幼儿教育中的常态。说它困难，是因为游戏之形式难保其意蕴的真切与丰润。从游戏形态来说，“幼儿园以游戏为基本活动”的政策早已落实到幼儿教育中，但从游戏本质来说，游戏之形式开展无以承载作为幼儿园“基本活动”的丰富意蕴，“幼儿园以游戏为基本活动”的真正实现仍是“路漫漫其修远兮”。这条道路是还游戏以自然、真切的存在及丰富的意蕴，并使有意义游戏通向教育之路。本研究以存在论哲学为理论基础，融合心理学、美学、文化学等多学科视角，来构想有意义游戏通向教育之路。随着研究的展开，一些问题逐渐揭开“谜团”，同时，另一些问题也在慢慢浮现。就研究本身而言，本书仍存在不少问题。

首先，“游戏”是复杂、多变的，多学科视野、跨学科融合是儿童游戏与教育研究的发展趋势，本研究也尝试以存在论哲学为基础融合多学科视野来探讨儿童游戏及教育。但就目前来看，儿童游戏与教育研究仍限于多学科的视野，如何从多学科视野迈向多学科、跨学科的对话与融合还有很长的路要走。跨学科研究既不是多学科共同研究，也不是单学科方法的扩散式应用，“它应该被理解成为是超学科社会研究，必然是基础性（不是学科性）问题、统一方法和‘现象学’意义上的三者结合的产物”。跨学科的儿童游戏与教育研究如何突破多学科研究成果与方法的集结，而实现多学科系统性的整合，是后续需要努力的方向之一。

其次，紧接着上一问题，如何将“存在论”现象学方法与其他研究方法、技术手段糅合与协调，全面、深入地探讨游戏中儿童意义世界的建构，从而全面、立体呈现“意义成人”的游戏图景是后续研究中需要深入探讨的。虽然本研究从存在论视域出发，结合多学科研究成果探讨游戏中儿童意义世界的建构，但是由于研究对象的特殊性，对于儿童，尤其是年幼儿童在游戏中是如何建构自身的意义世界的，这是一个难点，也是后续研究中需要探索的问题之一。

最后，“游戏课程化”是当前游戏与幼儿教育结合的热点。但由于时间的有限，本研究只是初步构想了有意义游戏的教育模型以及可能的实施路径，如何基于幼儿园课程的视角来系统探讨“游戏课程化”并促成游戏与课程的深度结合等仍有待进一步深入。

这些问题与不足既是本研究的遗憾，也是新的研究生长点，是留给未来的课题。正如游戏拥有生成、开放及面向未来的无限可能性一样，儿童游戏与教育研究也在不断地生成与生长着……

目录

CONTENTS

CONTENTS

绪 论

一、游戏探索之路

古往今来，游戏吸引了哲学、美学、人类学、心理学、教育学等众多领域学者的驻足、逗留与沉思，不同研究者从不同视角注目与凝视游戏，探寻其独特魅力，为我们探讨儿童游戏及其教育提供了宝贵的理论资源。

（一）游戏的哲学图景

1. 西方游戏哲学图景

（1）古希腊的游戏：趋神性的理想生活

早在古希腊，游戏就吸引了先哲们的关注。赫拉克利特（Heraclitus）是西方第一个讨论游戏的哲学家。他认为游戏是世界的起源、命运的存在和万物的秩序，世界就是天神宙斯的游戏，即"火的自我游戏"。他说："这个宇宙，亦即万物，既非某个神，也非某个人制造出来的，而过去、现在、未来都是永恒的活火，在一定的尺度上燃烧，在一定的尺度上熄灭。"[1]

赫拉克利特展开了西方游戏的哲学图景，描绘了一幅游戏的神像，柏拉图则将游戏从天上拉回到人间，但他认为游戏仍是趋神性的。柏拉图关于"游戏"的观点散见于《国家篇》和《法律篇》中。在柏拉图眼中游戏是被置于上帝福祉之下的一种既至高无上又随心所欲的活动，他说："人是作为上帝的玩具而创造出来的，这就是上帝所恩赐的伟大之点。所以每个男人和女人都应该演好这个角色，并相应地安排他们的一生，这就是他们可能从事的最好的娱乐。而且要以一种与他们现在的精神状态十分不同的精神状态来做此事。……那么，怎样的生活才是正确的呢？一个人应该在'游玩'中度过他的一生——祭献、唱歌、

1　叶秀山．前苏格拉底哲学研究 [M]. 北京：人民出版社，1997：23.

跳舞。"[1] 柏拉图还认为应通过游戏来教育孩子，通过参加那些符合法律的正当游戏来养成品行端正的守法公民："如果孩子们从小在玩耍中就通过音乐养成遵守法律和秩序的精神，那么守法精神时时处处支配他们的行为，并影响他们的成长，一旦国家发生什么变革，他们就会起来恢复固有的秩序。"[2]

（2）作为主体性审美旨趣的游戏

中世纪的游戏是为基督教服务的，是"为了凸显上帝的全能和自由意志"[3]。在"原罪论"的基督教教义下，人玩游戏不仅不受到鼓励，反而是要克制的自由意志之一。游戏是上帝的专利，对于普通人来说则是一种罪。在这样的话语背景下，游戏哲学难有发展，在文艺复兴后游戏才又重返人间。

近代"游戏说"的代表人物是康德（Immanuel Kant）和席勒（Friedrich Schiller）。康德将"游戏"的概念引入美学，是第一个真正把"游戏"引入哲学思考的人。席勒紧随其后，与康德一起成为主体性审美旨趣的古典游戏哲学思想的代表。

康德的"游戏说"建立在他对人的审美本质认识的基础之上。他认为艺术的审美就是"自由的游戏"，其本质特征就是自由的合目的性。在审美状态中，人抛开了利害关系，摆脱了道德羁绊，也没有认识某种事物的迫切需要，整个身心都处于自由状态中。同时，在审美对象被构造出来后，想象力还要将其带到知性面前去。知性发现，想象力表象没有反映出客体的存在和性质，是充分自由的，但知性也不能像对逻辑表象那样用概念范畴去规范表象。这时，知性与想象力之间不再以知性为中心（一般的认识活动），而是以想象力为中心："知性为想象力服务，而不是想象力为知性服务。"[4] 在审美表象的激发下，知性和想象力相互融洽、应和，达到"诸认识能力的和谐"以及"心意诸能力在游戏中的协调一致"[5]。

席勒延承了康德主体性审美旨趣的思路，但他从人的本性来理解游戏，更具人类学的色彩。他认为人有两种冲动——感性冲动与理性冲动，"前者要求

1　柏拉图．法律篇 [M]. 张智仁，何琴华，译．上海：上海人民出版社，2001：224－225.

2　柏拉图．柏拉图全集（第二卷）[M]. 王晓朝，译．北京：人民出版社，2003：397.

3　洪琼．西方"游戏说"的演变历程 [J]. 江海学刊，2009（04）.

4　康德．判断力批判 [M]. 邓晓芒，译．北京：人民出版社，2002：79.

5　康德．判断力批判 [M]. 邓晓芒，译．北京：人民出版社，2002：80.

绝对的实在性，它应该把一切凡只是形式的东西转化为世界，使人的一切素质表现出来；后者要求有绝对的形式性，它要把凡只是世界的存在消除在人的自身之内，使人的一切变化处于和谐中”[1]。这两种相反力量使人在现实生活中总带有某种片面性，而游戏冲动调和了感性冲动与理性冲动的矛盾，并实现了两者的整合。由此，席勒认为“只有当人在充分意义上是人的时候，他才游戏，只有当人游戏的时候，他才是完整的人”[2]。

康德与席勒基于人作为游戏主体的视角探讨游戏，张扬了游戏中的人的主体性精神，“这个主体性精神揭示了在审美经验中起重要决定作用的不是对象，而是主体”[3]。他们的游戏说经过斯宾塞（Herbert Spencer）、格罗斯（Karl Gross）等人的继承和发展，产生了深远影响。

（3）作为存在方式的游戏

在当代，主体性哲学日显黄昏的颓势，而对人“存在”的思考催生着存在论哲学的衍生，游戏也在存在论视域下被重新赋意，“游戏说”呈现一派新兴气象。

维特根斯坦（Ludwig Wittgenstein）的后期哲学是以“语言游戏”为基础的，他放弃了试图寻求一种与日常语言相对的理想语言的努力，认为语言不是认识的工具，而是人存在本身，语词只有在使用中才有确定性意义。他将语言规则的交叉重复运动视作一种“游戏”。语言不再是一个与日常世界相对应的逻辑体系，而是一种生活形式。“‘语言游戏’这个用语在这里是要强调，用语言来说话是某种行为举止的一部分，或某种生活形式的一部分。”[4]维特根斯坦借用“语言游戏”来反对本质主义倾向，不同的语言游戏并没有共同的本质，它们之间只是具有“家族相似性”，是这一方面或那一方面的不完全相似。

伽达默尔（Hans-Georg Gadamer）延承了康德、席勒游戏的艺术审美视角，但他反对前辈的主体性审美旨趣，开拓了一条游戏“本体论”研究路径。在其《诠释学Ⅰ：真理与方法》的第一部分中，伽达默尔就提出游戏的“本体论阐释

1 席勒．审美书简 [M]. 徐恒醇，译．北京：中国文联出版公司，1983：74.

2 席勒．审美书简 [M]. 徐恒醇，译．北京：中国文联出版公司，1983：74.

3 洪琼．西方“游戏说”的演变历程 [J]. 江海学刊，2009（04）.

4 维特根斯坦．哲学研究 [M]. 陈嘉映，译．上海：上海人民出版社，2001 ：19.

主线”[1]。他认为，“游戏并不指态度，甚而不指创造活动或鉴赏活动的情绪状态，更不是指游戏活动中所实现的某种主体性自由，而是指艺术作品本身的存在方式”[2]。“游戏的真正主体不是游戏者，而是游戏本身。”[3] 他反对用对象化的方式看待游戏：“谁不严肃地对待游戏，谁就是游戏的破坏者。游戏的存在方式不允许游戏者像对待一个对象那样去对待游戏。”[4] 伽达默尔认为游戏是一种往返重复运动，“往返重复运动对于游戏的本质规定来说是如此明显和根本，以致谁或什么东西进行这种运动倒是无关紧要的”[5]。他进一步提出游戏拥有“一种被动式而含有主动性的意义”[6]，意味着人作为游戏者在游戏中的“投入”与“卷入”，这个过程既是游戏者主动参与游戏的过程，也是游戏者受到游戏以及游戏规则的“裹挟”的过程，既主动，又被动。

（4）作为后现代隐喻的游戏

“后现代”对于“现代”而言不只是一种时间的推进，更是一种思维方式超越现代的态度。“后现代”是对以统一性、确定性、一元论等为基调的现代性的反思与突破。“后现代”推崇多元、不确定性、创生与生成，而这些精神正与游戏的精神相契合，“游戏”成为后现代哲学中最富代表性的概念之一，它作为一种隐喻，被德里达、利奥塔、福柯、罗兰·巴特等在他们的理论中反复运用。

后现代哲学家用“游戏”概念来致力于对同一性、同质性、整体性、中心意义的消解，宣扬特殊性、多元性、异质性、不可通约性、不可预见性，具有反基础主义、反本质主义、反哲学本体论的特征。解构主义大师德里达（Jacques Derrida）提出“解释即游戏”。他认为解释不是为了真理（根本没有真理），它就是游戏，好比在“无底的棋盘”上下一盘棋，既无根据，亦无原因。他将西方哲学的传统归结为“逻各斯中心主义”，认为它是在场形而上学和语音中心主义的结合体。德里达认为中心并不存在，中心也不能以在场者的形式去被思考，他试图以“差异”来取代“中心”，特别创造了一个新概念“延异”

1 汉斯－格奥尔格·伽达默尔．诠释学Ⅰ：真理与方法 [M]. 洪汉鼎，译．北京：商务印书馆，2011：149.
2 汉斯－格奥尔格·伽达默尔．诠释学Ⅰ：真理与方法 [M]. 洪汉鼎，译．北京：商务印书馆，2011：149.
3 汉斯－格奥尔格·伽达默尔．诠释学Ⅰ：真理与方法 [M]. 洪汉鼎，译．北京：商务印书馆，2011：150.
4 汉斯－格奥尔格·伽达默尔．诠释学Ⅰ：真理与方法 [M]. 洪汉鼎，译．北京：商务印书馆，2011：150.
5 汉斯－格奥尔格·伽达默尔．诠释学Ⅰ：真理与方法 [M]. 洪汉鼎，译．北京：商务印书馆，2011：146.
6 汉斯－格奥尔格·伽达默尔．诠释学Ⅰ：真理与方法 [M]. 洪汉鼎，译．北京：商务印书馆，2011：146.

(différance)，指在差异化游戏中的生成活动。这种变动中的差异，乃是运动变化的结果。利奥塔（Jean-François Lyotard）用“游戏”来批判科学主义知识观，反对“元话语”和“宏大叙事”，提出一切知识皆陈述，并无价值高下之别。

后现代哲学主张由抽象的科学世界向具体的、活生生的生活世界回归，关注人的现实状况和对生活的现实感受，凸显人的存在性意义。晚年的福柯（Michel Foucault）从古希腊的“关心你自己”那里得到启发，提出了“生存美学”。他认为，随着基督教精神的衰落、主体性哲学的幻灭，人有限的生存失去了具有无限意义的价值之源，普遍必然的道德观念亦不再有效，于是乎，个体的审美生存便应运而生。这是一种带有游戏色彩的人生态度和思维方式——重要的不是找出道德律令，而是寻求通向美好生活方式的途径，确立每个个体自己的生存风格。借助着游戏的隐喻，后现代哲学意图摧毁那些追求绝对真理的活动，用游戏的规则替代普遍必然的绝对真理，从而走向意义的开放和无限。

穿越西方哲学丛林可见，康德、席勒的古典游戏说代表着在传统主体性哲学框架下对游戏主体精神的关注与张扬。当人成为游戏的主体时，游戏自然也就成了客体，这是在主体性哲学框架下的“二元对立”思维的使然。这一传统由笛卡儿（René Descartes）奠基，经过从康德到黑格尔的德国古典哲学的精心锤炼，获得了极端的形态：绝对哲学。海德格尔（Martin Heidegger）说，思维在它自己的思维对象无可动摇的确定性中寻求绝对基础。如果只有“我思”是绝对确定的，那就等于说只有“主体”是无条件确定的。意识就像是一条“赫拉克利特河流”，作为始终先行者的意向性本身，自我意识之流是弥漫着的“存在”，而两岸风光甚至河流自身泛起的种种波涛，那只是被弥漫亦即“被存在”的存在者。这个被自我意识擒住的我思远不等于实事本身。而同样显然的是，由于实事本身被深深围困在自我意识中，从自我意识的突围势在必行。这个突围由胡塞尔（Edmund Husserl）启动，由海德格尔在深入自在的实际生活中获得真正突破。海德格尔主张，真正的哲学就是让实际生活的“自在性”在思想中到达。实际生活本身，亦即海德格尔所说的“直接的周围世界”。这个所谓直接的周围世界，说的不是某种空间性的现成范围或领域，也不是某种抽象朦胧的表象整体，而是说那每时每刻都涌动着的、拢集着又绽出着的真正活生生的

“自在”的实际生活，或者说是实际生活的“自在性”本身。我们之所以能看见一个讲台，而对于一个塞内加尔黑人来说却看不到，不过是围浸着和参与着这种“看”而袭向而来、并与“当下本己的自我一道回响”着的“直接的周围世界”的“到时”本身。事实上，不仅在我们所有的“看见”之际，而且在我们的所有“听见”“嗅到”“触到”等等之际，这个“直接的周围世界”总已“先行”到达。海德格尔以“在世界中存在”穿越过意识哲学的沼泽，从而击中了主体论哲学一直够不着的自在存在。

从“我思”到“我在”的主体论到存在论的转变背后是人对“意义”迷失的觉醒与回归。文明伊始，如赫拉克利特所言，“世界是亘古岁月的美丽而天真的游戏”，人和世界是统一的。普罗泰戈拉“人是万物的尺度”毫不留情地撕去了世界于人的神秘性和神圣感。笛卡儿的“我思故我在”更是将人的认知提到了无与伦比的高度。人认知能力水平的提高并随之而带来的认识自然、改造世界的能力水平的提高本无可非议，但是当科学与理性（工具理性）的作用被无限夸大的时候，当人以对象性和功利性的态度来对待世界的时候，世界随即成为“物”的集合，一切自然物统统被“祛魅”，意义的世界、诗意的世界隐退。胡塞尔率先提出向生活世界的回归，保持人和世界的统一性。海德格尔把“此在”作为其哲学的核心，“此在”就是“去存在”，就是“在世界中存在”，就是同世界相亲熟，熟悉之、依寓之、逗留之。人在世界中的存在先于主体的自我意识，人的存在过程在时间中展开，先于反思与认知。梅洛－庞蒂（Maurice Merleau-Ponty）以“知觉体验”来说明人与世界是一种前概念的相互契合、蕴含的关系，“没有所谓的‘客观世界’，而只有一个意义世界，人的存在根本上还是意义的显现”[1]。查尔斯·泰勒（Charles Taylor）更倾向于将意义世界视作维系人的、休戚与共的文化传统。他从人的共同体传统文化的价值序列入手来解释人的意义世界的建构，从话语处境与意义世界的关联性进行解释。[2] 这些理论都是试图冲破“我思”之迷思与妄意，回归到自身的所思所感得以落脚的所在，回归到人之自我认知得以扎根的存在之境，来探寻人之存在的意义。

伽达默尔从现象学解释学路径出发，对海德格尔的存在论做了人类学的阐

1 梅洛·庞蒂．知觉现象学 [M]. 姜志辉，译．北京：商务印书馆，2001.

2 查尔斯·泰勒．自我的根源：现代认同的形成 [M]. 韩震，译．南京：译林出版社，2008.

释，从人的“实际性”[1]生存出发来展现人的具体生存方式，以此构筑了游戏现象学解释学。伽达默尔的“游戏说”首先展现了他对人的思考：“拒斥近代主体性哲学的二元论的思维模式，拒斥‘我思’的优先性，强调人的历史有限性。”[2]他强调人的生存处境与实践智慧。人的实际生存乃是一个个生发事件，总是超越于自我意识的范围之所及。同时，伽达默尔的“游戏说”也展现着他从胡塞尔与海德格尔那儿继承而来的现象学真理观。解释学的真理首先乃是“一种存在论意义上的‘生发事件’，人位于这一‘事件’之中，是这一事件的一个参与者”[3]。真理不是某种僵死的科学体系，而是一种可以不断激发我们的生发事件。“在游戏里，首先真理与艺术作品的感染作用形象地得到表现。真理不是某种死的东西，而是某种最‘生生不息的’和最有激励促进的东西。”[4]“在此，世界不再是传统认识论中那个作为客体的封闭世界，而呈现为一种完全开放的状态。同样，这种开放性决定了真理的非绝对性、非片面性，真理不再是某个僵化的概念或定理，而具有鲜活的生命力。”[5]这样的真理构筑着人与世界丰富、生命化的联结，是意义的世界。

可以说，西方现象学为我们打开了在现代语境中思考游戏的新的可能。

2. 中国古代游戏思想

在中国，对“游戏”进行思想探索并产生深远影响的当属庄子。庄子没有明确地用“游戏”这个概念，也没有对游戏作为一种活动来加以论述，而是从人理想的生存方式与人生境界提出“逍遥游”，“逍遥游”是庄子认为的最理想的人生境界。“逍遥”是一种忘乎人世间的纷扰、功利与生死，从而“逍遥于天地之间而心意自得”的精神世界的高度解放与自由。这种自由是在人与自然“万物齐一”的彻底融入与投身体验之中获得的。“忘”是庄子“逍遥游”游戏思想中的一个关键词，“忘记现实存在及与之相关的一切欲求，这是万物一体而遨游天地的条件，也是达成‘逍遥’的最高体验”[6]。

---

1 邓晓芒 . 从康德的 Faktum 到海德格尔的 Faktizitat[J]. 武汉大学学报（人文科学版）,2013（02）.

2 魏琴 . 伽达默尔“游戏说”的双重意蕴 [J]. 武汉理工大学学报（社会科学版）,2017（05）.

3 魏琴 . 伽达默尔“游戏说”的双重意蕴 [J]. 武汉理工大学学报（社会科学版）,2017（05）.

4 汉斯－格奥尔格·伽达默尔 . 诠释学Ⅱ：真理与方法 [M]. 洪汉鼎，译 . 北京：商务印书馆，2011：67.

5 石若凡 . 现代哲学中的游戏论 [J]. 长江文艺评论 ,2016（09）.

6 黄进 . 游戏精神与幼儿教育 [M]. 南京：江苏教育出版社，2006.

庄子的“忘”与伽达默尔“被动见主动”的游戏思想来了个超越时空的照会，两者都认同在游戏面前游戏者主体的有限性，游戏之“在”裹挟、包裹住了游戏者，游戏者只有投身于游戏之中，主体才能显现，主体之自由才能现身。不过庄子的“忘”更注重游戏中被身外俗世困住的主体之“忘”，而伽达默尔更注重对游戏主人的主体之“忘”。黄进曾对中西方的游戏理解做了比较，认为“西方‘游戏’概念中最强调的规则性（指约定的规则而非外在强制的规则）在中国几乎从未被意识到”[1]。在中国古代，“游戏”更被视为一种与规则、秩序相反的对立面，是一种反规则、反制度的个人精神自由的传达。

中国传统文化中的出世、忘世、去规则与去制度对游戏的赋意或许为游戏定下了文化基调——游戏是一个与正事、与规则相对立的词，而不是一个包容、多元的概念。这在一定程度上决定了中国社会对儿童游戏的态度，也预示着游戏进入教育的道路并不会很顺畅。

（二）儿童游戏的“图景”

作为概念，“游戏”比“儿童”出现得早。如前所述，古希腊先哲们就钟情、留恋于“游戏”，而“儿童”概念却是一个近代历史发展的产物。法国社会史学家菲利浦·阿利埃斯（Philippe Aries）认为“儿童”“童年”的概念起源于18世纪[2]。在此之前人们并没有将儿童和成人区分开来，儿童被视为“未长大的成人”。儿童游戏研究是在“儿童”概念出现以后的事，并被作为一个专门的研究门类从“游戏”中独立出来。正如“儿童”概念不断地被建构与赋意，“儿童游戏”也不断地被建构与赋意，两者紧密地交织在一起。

（1）古典儿童游戏理论：“为何游戏”的生物进化论探寻

我国古代鲜有儿童游戏研究，但在一些诗歌、绘画等文学艺术作品中经常见到儿童游戏的“身影”，儿童游戏常与民间游戏融合在一起，如荡秋千、放风筝、蹴鞠、拔河、射箭等，呈现出中国古代形式多样、丰富多彩的儿童游戏图景。宋代是中国儿童游戏态度转变的一个重要时期。理学家提出“存天理，灭人欲”，游戏被视为一种“人欲”而受到禁抑。同时禁欲、主静的学习、修养方

1 黄进．游戏精神与幼儿教育 [M]. 南京：江苏教育出版社，2006.

2 菲利普·阿利埃斯．儿童的世纪：旧制度下的儿童和家庭生活 [M]. 沈坚，朱晓罕，译．北京：北京大学出版社，2013.

法受到重视，在“勤有功，戏无益”“业精于勤荒于嬉”等教诲中儿童游戏受到贬抑。虽然之后也有王阳明等一些思想家表露出对儿童游戏的欣赏，但儿童游戏一直不在正统的思想范围内，对儿童游戏的研究也无从衍生与发展。

“儿童游戏”是西方启蒙运动之后，“儿童”被发现的“衍生物”。在“儿童”被发现之后，儿童游戏也得以以一种儿童天性的姿态进入人们的视野中。卢梭（Jean-Jacques Rousseau）的《爱弥儿》以“自然人”的浪漫主义儿童样态奠定了“游戏是儿童天性”的基调：“爱护儿童吧，帮他们做游戏，让他们快快乐乐，培养他们可爱的本能。”[1] 卢梭的观点颠覆了中世纪游戏原罪观，对此后的儿童游戏与教育产生了深远影响。

“一个时代的理论总是受到它的时代精神的影响。”[2]19 世纪是“进化论”的天下，“儿童”的概念在人类进化的进程中被赋意并建构，“儿童游戏”也随之引起关注。达尔文的进化论“使得人们试图从动物的行为去了解人的行为”[3]，且其宣扬的在进化中发展的观点推动着认识论与方法论的重大变革。1851 年，斯宾塞与刘易斯讨论“发展假设”（development hypothesis），“‘发展’的概念被引入人文社科领域”[4]。达尔文在 19 世纪后期发表了《一个婴孩的生活概述》（“Biographical Sketch of an Infant”）更是拉开了对儿童进行实证研究的序幕，儿童时期作为人生发展中的一个阶段，成为科学研究中的一个重要对象。在“进化”的背景下，“儿童”还被赋予了另一种意义：儿童向成人发展的过程是重演原始社会向文明社会进化的过程。“儿童”被认为与原始社会简单、非理性的特征相似，“与我们社会儿童和成年人的思维比较，‘野蛮人’的智力更像儿童的智力”[5]。“儿童”是连接不成熟到成熟、沟通过去与将来的活的“中间环”[6]。

在进化论的话语背景下游戏也获得了进化论与生物学的解释：游戏是儿童特有的行为现象，被视为人类进化发展中由不成熟向成熟过渡的特有行为。这一时期的理论家倾向于从人的本性与本能中去探寻“为何游戏”的答案，比较

1 卢梭 . 爱弥儿 [M]. 李平沤，译 . 北京：商务印书馆，1996.

2 刘焱 . 儿童游戏通论 [M]. 北京：北京师范大学出版社，2004.

3 吴楚珊 . 被建构的儿童游戏——基于儿童游戏话语的考古学判读 [D]. 广州：广州大学，2019.

4 吴楚珊 . 被建构的儿童游戏——基于儿童游戏话语的考古学判读 [D]. 广州：广州大学，2019.

5 列维 · 布留儿 . 原始思维 [M]. 丁由，译 . 北京：商务印书馆，1981.

6 刘焱 . 儿童游戏通论 [M]. 北京：北京师范大学出版社，2004.

有代表性的有：斯宾塞和席勒的精力过剩说、拉扎鲁斯（Moritz Lazarus）的松弛说、霍尔（Stanley Hall）的游戏复演说、格罗斯的预演说。前两者将游戏视为调节精力的一种手段，后两者从本能和进化视角来理解游戏。

（2）现代儿童游戏理论："游戏为何"的实证探索

19 世纪进化论奠定了儿童游戏的"发展"基调与理论依据，古典游戏理论也埋下了儿童游戏理论的原始种子。一些现代游戏理论发端于古典游戏哲思，具有古典的"影子"：游戏的能量代谢观点是精力过剩说的延展，皮亚杰的游戏理论受到了霍尔复演说的启示，游戏练习说中游戏行为的适应功能观点也在现代游戏理论中拓展。

20 世纪，心理学，尤其是发展心理学在儿童与儿童游戏研究中获得长足发展，成为儿童与儿童游戏研究的中坚力量。布尔曼（Burman）认为"发展心理学的出现是由对分类、测量和控制……的关注而激发产生的。总体来说，发展心理学是现代科学的典范，它的兴起是在致力于对真理、客观性、科学和理性追求的时代"[1]。以"发展"为指向棒的现代儿童游戏研究在三个方面显示出"现代性"品格：

其一，关注视角由"为何游戏"转向"游戏为何"。

现代儿童游戏研究者已不满足于对"为何游戏"的解释，而转向对"游戏为何"的游戏功能的探索，不同的心理学家在各自领域里挖掘着游戏对儿童发展的作用。

弗洛伊德（Sigmund Freud）、埃里克森（Erik Erikson）等精神分析学家关注在游戏中儿童通过情绪情感的发泄与调节来实现人格的发展。弗洛伊德认为游戏的对立面是现实生活，在游戏中儿童从现实生活中的被动体验者或受挫者变为游戏的主动执行者，通过游戏的"强迫重复"[2]体验现实中的痛苦，也化解了痛苦，这使现实生活中难以忍受的事情变得可以忍受。因此游戏具有宣泄、净化、调节儿童情绪的效果，可以帮助儿童从创伤性情景中解脱出来。埃里克

1 格伦达·麦克诺顿，夏恩·罗尔夫，艾拉姆·西拉吉－布拉奇福特．早期教育研究方法：国际视野下的理论与实践[M]. 李敏谊，滕珺，译．北京：教育科学出版社，2008.

2 弗洛伊德发现儿童在游戏中会做一些在现实生活中引起他们不安与痛苦的事情，如孩子害怕看医生，但他们也喜欢玩"扮演医生"的游戏。弗洛伊德认为这是一种"强迫重复"现象，即事情的发生可能是由某种不愉快的紧张状态引起的，但是事件的发展方向是要消除紧张状态，达到避免不愉快或产生愉快的结果。

森发展了弗洛伊德的理论，强调游戏在儿童自我发展中的作用，儿童通过游戏来解决对立的冲突和矛盾来获得自我的发展。精神分析游戏理论后经安娜·弗洛伊德（Anna Freud）和梅兰妮·克莱因（Melanie Klein）等人的发展而形成了儿童游戏治疗理论，用于有心理创伤儿童的心理治疗。

皮亚杰（Jean Piaget）创立的认知发展学派热衷于探讨游戏对儿童认知发展的作用。他的儿童游戏理论是从其认知发展理论派生的，或者说是他的儿童认知发展向游戏领域的延伸。皮亚杰认为智慧来自“同化”和“顺应”[1]，游戏是儿童努力同化新经验以适应当前认知结构的一种活动。皮亚杰从结构主义的角度分析儿童认知发展的机制和结构，将儿童认知发展划分为四个阶段[2]，并以此来解释儿童游戏。皮亚杰认为，儿童游戏的类型与水平取决于儿童所处的认知发展水平：与感知运动阶段（0~2 岁）相对应的是练习性游戏，与前运算阶段相对应的是象征性游戏（2~7 岁），与具体运算阶段相对应的是规则游戏（7~11 岁）。[3]游戏对于认知的发展，主要起到一种机能练习的作用，即巩固与成熟，也即当认知发展到某一水平时，它的机能最初是不成熟的，通过游戏或练习可以使之成熟起来。

维果茨基创立了社会文化历史学派儿童游戏理论。他认为人从出生到成年是从低级心理机能逐渐向高级心理机能发展的过程。低级心理机能是感知觉、机械记忆、不随意注意、情绪等，是人和动物所共有的，高级心理机能是随意注意、逻辑记忆、概念思维等，是后天社会互动的结果。[4]维果茨基认为，游戏出现在儿童去实现那些没有实现的愿望那个点上。经由想象，儿童赋予眼前的物体以超越其本然含义的意义，创造了游戏情境，游戏开始了。想象一个游戏情境也就意味着一个“规则”被建立，儿童必须服从这个规则，游戏才能进行下去。维氏认为“想象”与“规则”是游戏的两个内核，游戏的发展轨迹是“从带有明显的想象情境与隐藏的规则发展到带有明显的规则与隐藏的想象情境”[5]

---

1 “同化”和“顺应”是皮亚杰认知发生论中的两个重要概念，二者都是个体适应环境的机能。同化是个体把外界刺激所提供的信息整合到自己原有认知结构（也称“图式”）内的过程，顺应是个体的认知结构因外部刺激的影响而发生改变的过程。

2 皮亚杰．发生认识论原理 [M]. 王宪钿，译．北京：商务印书馆，1985.

3 皮亚杰，英海尔德．儿童心理学 [M]. 吴福元，译．北京：商务印书馆，1980.

4 列夫·维果茨基．社会中的心智——高级心理过程的发展 [M]. 麻彦坤，译．北京：北京师范大学出版社，2018.

5 列夫·维果茨基．社会中的心智——高级心理过程的发展 [M]. 麻彦坤，译．北京：北京师范大学出版社，2018.

的过程。维果茨基高度评价游戏对儿童发展的作用，认为游戏创造了儿童的最近发展区，在游戏中儿童的所作所为超出他的日常行为。

其二，研究方法的科学化。

现代儿童研究推崇科学主义的研究范式，实证研究方法成为儿童游戏研究的主要方法，如弗洛伊德的临床心理学研究方法，皮亚杰的实验法、谈话法，维果茨基的实验法、观察法等。与儿童的发展自有一套规律或定律等待着人们去发现一样，儿童游戏也自有一套规律，同时游戏与发展之间也被视为存在着因果解释的关系，这是现代心理学家们热衷的话题。

其三，游戏发展功能的认知论转向。

关注游戏发展功能的现代儿童游戏研究内部也发生着转变："从注重游戏的情绪宣泄功能转向注重游戏促进儿童认知和社会性发展的功能"[1]，"这种转变十分剧烈，出乎人们的意料"[2]。根据萨顿－史密斯（Brian Sutton-Smith）的统计，"20 世纪四五十年代，专门研究游戏和心理动力理论（情感发展视角）的学术专著及期刊文章共有 107 部（篇），讨论游戏和认知关系的作品只有 3 部。到了六七十年代，讨论心理动力的作品只有 43 部，而讨论认知发展的作品却激增到 67 部。"[3]

综上所述，"发展"是现代儿童游戏研究的核心词，尤以"认知发展"为甚。但这里仍有必要将同为认知发展阵营的皮亚杰与维果茨基稍作对比，因为两人基于不同视野的儿童观使他们的理论在后续发展中呈现出不同的生命力。与皮亚杰对儿童认知发展的自成一体的个体视域不同，维果茨基将儿童的发展放于广阔的社会文化背景中。有人形象地比喻："皮亚杰相当于 PC 机，而维果茨基则当于因特网。"[4] 在现代儿童游戏理论中，维果茨基理论像是一朵"奇葩"，它处于现代性框架中，但又跳出框架之外。他将儿童的认知发展置于社会文化发展的网络之中，而不是仅仅局限于"有界自我"的传统心理学视域。套用跨学

1 刘焱．儿童游戏通论 [M]. 北京：北京师范大学出版社，2004.

2 詹姆斯·约翰森，詹姆斯·克里斯蒂，弗朗西斯·华德．游戏、儿童发展与早期教育 [M]. 马柯，译．南京：南京师范大学出版社，2013.

3 詹姆斯·约翰森，詹姆斯·克里斯蒂，弗朗西斯·华德．游戏、儿童发展与早期教育 [M]. 马柯，译．南京：南京师范大学出版社，2013.

4 马秀芳，李克东．皮亚杰与维果斯基知识建构观的比较 [J]. 中国电化教育，2004（01）.

科话语来说，维氏的儿童游戏理论具有很强的学科融合的意蕴。可能也正是因为维氏兼具现代性又超越现代性的超前意识，文化历史发展理论“在 20 世纪 30 年代曾一度在苏联国内受到严厉的批判”[1]，但在近二三十年中重新“复苏”并成为西方儿童游戏研究中颇具影响力的一个阵营，给本研究带来很多有益的启示。

（3）当代儿童游戏理论：“发展”的深探与“游戏之域”的扩展

20 世纪 70 年代以来，发展视域的儿童游戏研究仍在持续深入，同时游戏视域也在存在论哲学、后现代哲学的影响下扩展。

一方面，游戏之于儿童发展的价值在当代儿童游戏研究中仍表现出强劲的持续力。刘焱的研究认为当前对于游戏的价值与功能的研究是基于发展理论展开的，采用实证主义研究方法探究游戏对儿童发展的作用仍是“重头戏”[2]。

儿童游戏的认知发展价值依然很受重视，游戏在概念获得、问题解决能力、创造力、心理理论等方面作用的研究深入展开。Smilansky 提出想象游戏与社会戏剧游戏能促进儿童对个别概念和经验的整合[3]；Johson、Ershler 和 Lawton 指出儿童智力发展与社会戏剧扮演游戏和建构游戏之间存在较高的正相关[4]；Bruner[5]、Simon 和 Smith[6] 研究表明游戏可增加儿童对行为的选择从而促进其问题解决能力的发展；Schwebel、Rosen 和 Singer[7]，王赟、杨宁[8]，张伟芳、傅根跃[9] 通过实验证实游戏在促进儿童心理理论和执行功能上具有积极作用。游戏与儿童

1 刘焱 . 儿童游戏通论 [M]. 北京：北京师范大学出版社，2004.

2 刘焱 . 儿童游戏通论 [M]. 北京：北京师范大学出版社，2004.

3 Smilansky, S.The Effects of sociodramatic play on disadvantaged preschool children[M].New York: Wiley,1968.

4 Johson,J., Ershler, J., & Lawton, J. Intellective correlates of preschoolers’ spontaneous play [J]. Journal of General Psychology，1982（01）.

5 Bruner,J. S. Nature and uses of immaturity [J]. American Psychologist，1972（08）.

6 Simon, T., & Smith, P. K.The study of play and problem solving in preschool children: have experimenter effects been responsible for previous results? [J]. British Journal of Developmental Psychology，1983（03）.

7 Schwebel, D. C., Rosen, C. S., & Singer, J. L. Preschoolers’ pretend play and theory of mind: the role of jointly conducted pretense [J]. British Journal of Developmental Psychology，2011（03）.

8 王赟，杨宁 . 假装游戏对幼儿心理理论发展的影响 [J]. 学前教育研究，2010（02）.

9 张伟芳，傅根跃 . 捉迷藏游戏：促进儿童心理理论和执行功能提升的重要途径 [J]. 幼儿教育，2012（04）.

创造力发展之间的关系在当代受到不少学者的关注，如 Dansky、Silverman[1]，陈会昌等[2]，杨莉[3]通过实验证明了游戏能促进儿童创造力的发展。

游戏对儿童生长发育与身体运动能力的促进作用也受到关注。Thelen 从神经科学的角度阐述游戏对促进儿童生长发育的功能，认为进行游戏活动可以促进儿童神经肌肉的成熟[4]；华爱华[5]、刘焱[6]、赵东群[7]、王海涛[8]提出游戏能促进儿童身体运动协调能力发展；何梦焱、刘焱[9]认为在游戏中儿童对环境的可能性与自我的运动潜能进行的探索和发现有助于运动经验的建构。

游戏对儿童社会性发展的促进作用也成为学界讨论的热点之一，具体研究在亲子关系、同伴关系和儿童的亲社会行为等方面展开。刘焱[10]，刘晓晔、刘馨[11]，贾伟[12]，张曦[13]等探讨了游戏对社会交往能力的促进作用，认为在游戏过程中幼儿能够发展诸如轮流、等待、分享和合作等社会性交往技能；Rosen[14]，Smith、Dalgleish 和 Herzmark[15]通过社会戏剧游戏训练的方法探究游戏与社会能力之间的关系，发现游戏训练能增加团体戏剧游戏的玩耍频率，同时也会增加同伴之间的互动合作；全海英、张婧婧、张烨[16]经过研究发现游戏对儿童亲社会行为（利他行为）的促进作用。

---

1 Dansky, J. L., & Silverman, I. W. Effects of play on associative fluency in preschool-aged children [J].Developmental Psychology，1973（01）.

2 陈会昌，王令望，龚丽俐，茅承颖，曹莉. 采用构造玩具教学对幼儿创造力发展的影响 [J]. 心理学报，1987（07）.

3 杨莉. 户外体育游戏促进幼儿的创造力 [J]. 天津教育，2011（07）.

4 Thelen, E.Rhythmical stereotypies in normal human infants[J]. Animal Behavior，1979（27）.

5 华爱华. 幼儿游戏理论 [M]. 上海：上海教育出版社，1998.

6 刘焱. 儿童游戏通论 [M]. 北京：北京师范大学出版社，2004.

7 赵东群. 促进儿童游戏向更高水平发展——基于动作领域的动态系统理论视角 [J]. 教育导刊，2015（06）.

8 王海涛. 通过音乐游戏促进儿童身体运动能力的发展 [J]. 儿童音乐，2012（03）.

9 何梦焱，刘焱. 面向 21 世纪——培养儿童的游戏性 [J]. 学前教育研究，1999（01）.

10 刘焱. 儿童游戏通论 [M]. 北京：北京师范大学出版社，2004.

11 刘晓晔，刘馨. 家庭环境中婴儿早期游戏的发生与家长支持 [J]. 学前教育研究，2016（05）.

12 贾伟. 角色游戏培养对幼儿社会交往能力的促进作用分析 [J]//2019 年教育信息化与教育技术创新学术研讨会（贵阳会场）论文集. 2019.

13 张曦. 建构游戏——促进儿童交往和合作能力的提升 [J]. 科学大众，2019（04）.

14 Rosen, C. E. The effects of sociodramatic play on problem-solving behavior among culturally disadvantaged preschool children[J]. Child Development，1974（04）.

15 Smith, P. K., Dalgleish, M., & Herzmark, G. A comparison of the effects of fantasy play tutoring and skills tutoring in nursery classes[J]. International Journal of Behavioral Development，1981（04）.

16 全海英，张婧婧，张烨. 情境启动体育游戏对 4 ~ 6 岁幼儿利他行为的促进研究 [J]. 沈阳体育学院学报，2014（08）.

另一方面，在存在论哲学、后现代哲学的冲击下，儿童游戏研究中发展心理学等自然科学的统摄地位被动摇，出现了一股“反现代”的张力，儿童游戏研究呈现出多学科融合的发展趋势。

首先，“反现代”的张力表现在对儿童游戏研究的“现代性”取向的反思上。萨顿－史密斯从四个方面向皮亚杰的游戏理论发起挑战：“复制主义的认识论、模仿和游戏的不对称、认知功能与情感功能的分离以及直接思维和间接思维的分离。”[1] 他反对皮亚杰的“游戏是对新经验的同化与练习”的观点，而更看重游戏对现实生活的改变与创造。王小英[2]、吴航[3]、叶若莹[4]等也反思了儿童游戏研究的心理发展思路，提出了心理学视域的狭窄性与有限性、单一的游戏研究话语下儿童游戏分类学划分的合理性与有效性等问题。

同时，“反现代”的张力也表现为人文科学路径在儿童游戏研究中悄然兴起。王小英[5]、毛曙阳[6]等从康德、席勒的游戏主体精神视角探讨儿童游戏之于儿童的自主、自由的意蕴；丁海东从游戏的发生、发展与意义的视角来探讨游戏的生活论与生存论基础，认为应基于游戏赋予儿童有灵性的生活这一视角来探讨游戏的价值与意义[7]；黄进[8]，杨晓萍、李传英[9]，何卫青[10]，丁海东[11]，王小英[12]等将文化视为儿童游戏的性质或本质，探讨儿童游戏的文化属性；毛曙阳[13]的研究着眼于儿童游戏与儿童文化之间的关系；贾莎莎[14]则从儿童文化的视角梳理了我国儿童游戏的历史演变。

1 Sutton −Smith,Brain. Piaget on play: a critique[J].Psychological Review，1966（73）.

2 王小英 . 探寻儿童游戏意义的新视野 [J]. 学前教育研究，2006（10）.

3 吴航 . 学前儿童游戏研究的新趋向：从分类学到生态学 [J]. 学前教育研究，2008（05）.

4 叶若莹 . 游戏不只是游戏——Play- Debrief- Replay 之“认真的游戏者”意涵之探讨 [J]. 台湾网络社会学通讯期刊，2015（69）.

5 王小英 . 哲学视角下的儿童游戏的意义 [J]. 河北师范大学学报（教育科学版），2004（05）.

6 毛曙阳 . 关于游戏的哲学思考及其教育启示 [J]. 学前教育研究，2010（10）.

7 丁海东 . 论儿童游戏的生活本质 [J]. 山东师范大学学报（人文社会科学版），2003（03）.

8 黄进 . 天性与文化——儿童游戏性质的双重规定 [J]. 幼儿教育，2008（09）.

9 杨晓萍，李传英 . 儿童游戏的本质——基于文化哲学的视角 [J]. 学前教育研究，2009（10）.

10 何卫青 . 消逝的儿童文化——传统儿童游戏引发的儿童文化思考 [J]. 中国青年研究，2006（04）.

11 丁海东 . 儿童游戏与人文追求的自由——关于儿童游戏的一种文化学审视 [J]. 学前教育研究，2008（05）.

12 王小英 . 探寻儿童游戏意义的新视野 [J]. 学前教育研究，2006（10）.

13 毛曙阳 . 儿童游戏与儿童文化 [D]. 南京：南京师范大学，2008.

14 贾莎莎 . 从文化的视角看我国儿童游戏的历史演变 [D]. 上海：华东师范大学，2013.

最后，“反现代”的张力表现为儿童游戏研究的多学科、跨学科的融合与发展。在20世纪70年代以后，自然科学与人文科学的传统壁垒被打破，相互借鉴与融合成为一种趋势。心理学内部出现了人类学等人文科学研究的思路，关注“社会文化中的儿童”的维果茨基社会历史文化学派在当代重焕生机；结构主义大师布鲁纳开始关注人的心灵与叙事，推动心理学的“破域”，而人文科学也开始吸收心理学的研究成果，关注文化中的人的心理。这种学科融合的深层原因是对人性理解的深入，人性的复杂与多样促使着对人的研究方法的调整与糅合。法国思想家埃德加·莫兰[1]（Edgar Morin）在《迷失的范式：人性研究》一书中写道：“任何个性都是生物性和文化性这两个再生原则的相互干预的产物。这是一个关键性的人类学现象，但被学科壁垒两边的学科的专家们所忽视。文化人类学总是倾向于把活生生的人类看作等待文化来模塑的揉好的面团，他最终找到没有‘基础人格’的概念作为基础。生物学则长期无视文化对于遗传特性发生的积极作用，它决定对基因型起选择作用的压力，并干预着表现型的形成。”多学科融合的趋势也在儿童游戏研究中“涌动”。

萨顿－史密斯是当代跨学科儿童游戏研究的领军人物。他比较了儿童游戏研究的两种范式：“自然科学范式暗含了人生活在一个合乎法则与规律的世界、人的行为在概率意义上是可预测的等假设，研究儿童游戏的目的是发现规律，对这一现象内部的因果关系做出科学解释；而解释科学将意义作为人类事务的中心，关注社会或关系，并将现实看作是研究者和研究对象共同参与一个持续的、不可预测的、充满复杂性的建构过程，描述过程同样重要。”萨顿－史密斯[2]首先致力于超越心理学为主的自然科学范式对儿童游戏研究的绝对话语，强调人文科学对儿童游戏的解释力。在《游戏的模糊性》一书中，他从进步、权利、命运、想象、自我来阐述游戏的后现代意蕴，把游戏视为一种“适应性变异”（adaptive variability），使游戏转向对现实生活的创造，超越了皮亚杰、弗洛伊德等游戏对现实生活的反映的局限。同时，萨顿－史密斯也积极促成两种范式的整合，寻求儿童游戏研究的多学科视野。他建议游戏研究者至少应该

1 埃德加·莫兰．迷失的范式：人性研究[M]．陈一壮，译．北京：北京大学出版社，1999．

2 赵奇，黄进．当代儿童游戏研究的范式演变与融合——基于萨顿－史密斯的学术历程与思想之考察[J]．学前教育研究，2019（03）．

"跨越这些被认为是非常不同的学科来寻找相似性"[1]。萨顿 – 史密斯整合社会生物学、神经科学以及人类学、文化学，创立了名为"协同进化的多功能理论"（play as a co–evolutionary multiplex of functions）的游戏情绪生存理论。萨顿 – 史密斯的游戏研究既是方法论的整合，也是努力使发展路径的儿童游戏向意义世界的回归。正是幼年时那些粗野游戏让萨顿心驰神往，使他觉得"生活是值得的"，而不是游戏经典理论中"通过游戏学到了什么"。这促使他关注游戏之于儿童的存在论意义，让意义之光穿越理性的迷雾照耀游戏。

贝特森（G. Bateson）的元交际游戏理论也是逻辑学、数理学、人类学等多学科融合的游戏理论。"元交际"是处于交际过程中的交际双方对对方的真正交际意图或所传递的信息意义的辨识与理解。"元交际"是游戏的一个重要特征，即儿童通过意义含蓄的交际方式来进行交流信息的认知与确认，来确定"在游戏"的状态。游戏中的"元交际"隐喻特征在人类的文化生活中广泛存在，是通向人类文化和表征世界的途径与必需的技能，也是组成人类文化的现实和基础。[2]

（三）游戏的"教育图景"

游戏的"教育图景"即教育场域中的游戏研究。在古希腊语中，"游戏"（paidia）与"教育"（paideia）只有一个字母之差，二者有相同的词根，即"儿童"（pais），游戏与教育因为共同的主体——儿童而连接在一起。笔者认为，游戏进入教育场域会产生三个主要问题：第一，游戏如何在教育场域中立足，即游戏对儿童具有什么样的价值和功能？对"游戏对儿童的价值或功能"的不同理解与诠释决定了游戏在教育场域中如何立足、如何存在，继而也决定了身处于这种游戏中的儿童的存在样态与形态；第二，游戏与教育"孰轻孰重"？也即按传统思维来说谁为中心的问题；第三，游戏与教育如何结合？这涉及前两个问题的实践问题。鉴于本书的研究内容，这里侧重探讨幼儿教育场域中的游戏。

1 Fraser Brown，Michael Patte.From the streets of wellington to the ivy league:Reflecting on a lifetime of play[J].International Journal of Play，2012（01）.

2 Bateson，G. A theory of play and fantasy[C]// B.Sutton–Smith.The psychology of play. New York:Arno Press,1976：314–327.

1. 教育之域中的游戏样态：游戏价值的教育呈现

将游戏用于教育的主张最早见于柏拉图，柏拉图从其教育理想出发提出孩子“必须参加符合法律精神的正当游戏”[1]，目的是培养品行端正的守法公民，但正式将游戏纳入教育是在幼托机构出现的19世纪。

（1）被“改造”[2]的游戏

“幼儿园教育之父”福禄贝尔（Friedrich Froebel）是将游戏纳入幼儿教育领域并开展系统化游戏教育研究的第一人，其游戏教育思想主要集中于《人的教育》和《母亲——游戏与儿歌》两本著作中。福禄贝尔理解的“游戏”带有强烈的神秘主义色彩，他认为，“很多外部现象，很多在儿童的行为和行动中表现出来的东西，都有一种内在的、精神的意义，即具有象征的意义”[3]。游戏是“内部存在的自我活动的表现，是人在这一阶段最纯洁、最神圣的活动”[4]。同时，福禄贝尔认为幼儿园游戏需要组织和指导，他为幼儿创制了专门的游戏材料“恩物”（gift）[5]。“恩物”的基本图形是圆球体、立方体和圆柱体，每个形状都有其宗教的象征，其中球体最能体现上帝万物统一的法则。在福禄贝尔看来，玩“恩物”是一种精神性游戏，这些游戏“成为儿童走向外部世界的钥匙”[6]。

意大利教育家蒙台梭利（Maria Montessori）的儿童观也带有强烈的神秘主义色彩。她把人的心理视为广袤的宇宙，把人的各种心理现象、行为能力的逐渐分化比喻成宇宙星云的诞生，认为人具有适应环境并发展自身的潜在生命力。她提出，儿童成长初期是“精神胚胎期”，具有“吸收性的心智”，吸收着环境的各种影响，获得关于周围世界的各种印象和文化模式，形成自身的个性和行为模式。蒙台梭利注重“工作”在儿童心理发展中的作用，把它与儿童日常玩耍的“游戏”区分开来，“儿童的工作要求象征着生命的本能，……在顺利

---

1 柏拉图．理想国[M]．郭斌和，张竹明，译．北京：商务印书馆，1986.

2 刘焱将福禄贝尔设计出符合教育者意图的教育性游戏使儿童自然游戏活动朝着教育者预期的方向发展，产生教育者期望的结果，这个过程称为游戏的“改造”。参见：刘焱．幼儿园游戏教学论[M]．北京：中国社会出版社，2006.

3 福禄贝尔．人的教育[M]．孙祖复，译．北京：人民教育出版社，1991.

4 福禄贝尔．人的教育[M]．孙祖复，译．北京：人民教育出版社，1991.

5 “恩物”（gift）本义是上帝的礼物。福禄贝尔认为，自然界是上帝的恩赐物，是人们认识上帝的大学校。为适应儿童教育的特殊需要，需仿照大自然的性质、形状及法则，制造简易的物件，作为儿童认识万物和理解自然的初步手段。“恩物”是上帝恩赐给儿童进行自主游戏的材料。

6 Friedrich Froebel.Pedagogics of the kindergarten[M].NewYork:D.Appleton and Company,1895.

的环境下，工作会自然地从内在的冲动下流露出来”[1]。蒙台梭利为儿童的“工作”设计了一系列的教具，这些教具有固定的玩法和自我纠错的功能，使儿童通过操作教具掌握一些特殊的技能。蒙台梭利的“工作”其实是一种特殊的游戏：一种自发地选择、操作教具并在其中获得身心发展的活动。

这一时期，日常生活中的游戏被认为是“危险、有害的”[2]，只有经过“改造”的游戏才能用于教育之中。经过“改造”的游戏“源于游戏活动本身的游戏性已大大削弱，所谓‘教育性’大大增强”[3]。

（2）基于生活的游戏

进入20世纪，心理学、生物学对儿童游戏的研究赋予游戏以科学的发展价值。“基于儿童天性又能促进儿童发展”在教育领域不断地扩大游戏的话语权，成为幼儿教育中一个毋庸置疑的稳固话语系统，它仿佛一条铁的定律为教育领域中游戏的开展铺平了道路。

卢梭“自然人”的“儿童”概念的塑造与杜威的经验教育观促使生活化的游戏出现在教育领域。卢梭认为游戏是儿童的天性，自然状态下的儿童就具有一切道德的、理智的、身体的种子。他提倡自然主义教育，提倡儿童到自然的环境中，在自由自在的活动、游戏中接受教育。生活中自然状态的游戏具有教育价值，这一观念与福禄贝尔、蒙台梭利的游戏“改造”观有很大的不同。杜威也认为游戏是儿童的天性使然，是儿童与环境相互作用的重要途径，是儿童学习的基础。杜威曾批评福禄贝尔的神秘象征主义教育脱离实际生活，他提出“教育即生活，学校即社会”的主张，认为学校教育不能脱离儿童的现实生活。他认为游戏是在儿童的兴趣、好奇心等本能激发下产生的，但教育中的游戏也要反映现实社会，引领儿童走向现实生活。在这一思路下，生活化的游戏获得支持。

（3）基于科学发展的游戏

被心理学等自然科学赋意的游戏在教育之域中也被寄予“发展”的厚望。发展心理学对儿童游戏研究的成果被应用到幼儿教育之中，衍生出了一系列

1 Montessori,Maria .The absorbent mind[M].Dell Publishing Co.,Inc，1967:186.

2 刘焱 . 幼儿园游戏教学论 [M]. 北京：中国社会出版社，2006.

3 刘焱 . 幼儿园游戏教学论 [M]. 北京：中国社会出版社，2006.

以“发展”为归旨的游戏课程模式。20世纪60年代，根据皮亚杰的三种经验（物理经验、数理逻辑经验、社会经验）来设计的“凯米课程”（Kamii's curriculum）是一种纯粹、正统的皮亚杰式的游戏课程模式。20世纪初期在美国兴起的“银行街方案”（bank street approach）最初是在杜威的影响下建立起来的，后来又受到精神分析学派的影响，开始重视幼儿的情感、社会性和自我发展；60年代以后，在皮亚杰认知发展理论和“补偿教育”（以处境不利幼儿为对象）的影响下，“银行街方案”开始关注幼儿认知与语言能力的发展；70年代初提出“发展性的相互作用”概念，把促进幼儿的整体发展作为目标。另一个深受皮亚杰理论影响的幼儿课程是美国的“高/宽课程”（high / scope project），它注重幼儿的主动学习和直接经验，让幼儿在与材料或伙伴的相互作用中学习。

2. 教育与游戏之争：何为中心

（1）两个中心的区隔与对立

如前所述，儿童游戏是在卢梭“发现儿童”并宣扬自然主义教育之后，才得到关注并进入教育领域的，福禄贝尔、蒙台梭利的游戏教育研究都是在儿童为本位的基调下建立的。杜威更是明确提出“儿童为中心”（child-centered），使生活化游戏进入教育中。这一脉络是“儿童为中心”的取向。

“教师为中心”（teacher-centered）是以苏联为代表的一种儿童游戏教育倾向。它将儿童视为社会文化之中在“他人”影响下成长的个体，突显教师在儿童发展中的作用。同时，在美苏冷战、小学学制缩短、幼儿教育压力增大等多种因素影响下，教育（包括幼儿教育）被视为“通过确定的目标、一定的方法、直接的教学来进行的文化传递的过程”[1]，游戏是实现教学目的的重要教育手段。

这样，就形成了两种儿童游戏教育范式——“儿童为中心”和“教师为中心”。

（2）去“中心”的融合

在欧美国家，教育之域的游戏一直围绕着“儿童为中心”，由儿童到儿童游戏再到教育中的儿童游戏铺就了一条指向个体发展的路径。但是近三四十年

1　Muijs,D.,Reynolds,D.Effective teaching:Evidence and practice[M].London:Paul Chapman/Sage，2001.

来，在新历史文化学派、女权运动、后结构主义、后现代运动的冲击下，这一格局正在被打破[1]，“后发展”（post-development）正逐渐取代“发展”来突出儿童发展的历史文化性[2]。特别是维果茨基历史文化学派在近二三十年重焕生机，吸引了一批西方学者探索游戏与教育的交互与融合。

突破“儿童为中心”与“教师为中心”的二元对立[3]，从“中心论”转向对儿童、教师与游戏之间动态关系的本质性关注[4]成为当代儿童游戏教育研究的最新发展趋势。Fleer[5],Siraj-Blatchford 等.[6],Ryan 和 Goffin[7] 对游戏中师幼互动的重要性进行深入探讨；Brooker[8]、Hedges[9] 等提出儿童文化经历与当前知识之间的关系是基于游戏学习的前提。Edwards、Cutter-Mackenzie、Hunt[10], Gibbons[11] 强调教师在基于游戏的活动中对学习规划的作用。

我国幼儿游戏教育的理论与实践关注点一直在“儿童为中心”“教师为中心”之间摇摆。民国时期，受杜威的影响，陶行知、陈鹤琴等提倡“儿童为中心”的游戏教育范式。新中国成立以后，在苏联影响下，钟摆又摆向了“教师—教学”的一端，游戏成为教学的手段。20 世纪七八十年代以后，西方游戏

---

1 Yelland, N., & Kilderry, A. Against the tide: New ways in early childhood education. //N.Yelland (Ed), Critical issues in early childhood education [M]. Maidenhead,Berkingshire: Open University Press,2005:1–15.

2 Blaise, M."What a girl wants, what a girl needs!". Responding to sex, gender and sexuality in the early childhood classroom[J]. Journal of Research in Childhood Education, 2009.33(4)

3 Broadhead, P. Wood, E.& Howard, J. Conclusion: Understanding playful learning and playful pedagogies –towards a new research agenda. //P. Broadhead, J. Howard & E. Wood (Eds), Play and learning in the early years[M] . London: SAGE.2010：177–187.

4 Ball, D., & Forzani, F. What makes education research “educational” ?[J]. Educational Researcher.2007.36(9):529 - 540.

5 Fleer, M. Concepts in play: A cultural historical view of early learning and development[M]. Cambridge: Cambridge University Press,2010.

6 Siraj–Blatchford, I., Taggart, B., Sylva, K., Sammons, P., & Melhuish, E. Towards the transformation of practice in early childhood education: The effective provision of pre–school education (EPPE) project[M]. Cambridge Journal of Education,2008，38 (1):23 - 36.

7 Ryan, S., Goffin, S. Missing in action: Teaching in early care and education[J]. Early Education and Development, 2008. 19(3).

8 Brooker, L. Learning to be a child: Cultural diversity and early years ideology// N. Yelland (Ed), Critical issues in early childhood education[M]. Berkshire: Open University Press，2005：115–131.

9 Hedges, H. Early childhood communities of inquiry: Children’ s and teachers’ knowledge and interests[M]. Saarbrucken: VDM Verlag，2008.

10 Edwards, S., Cutter–Mackenzie, A., Hunt, E. Framing play for learning: professional reflections on the role of open–ended play in early childhood education. Chapter in L. Brooker & S. Edwards (Eds), Engaging Play[M]. London：Open University Press，2010：136 - 152.

11 Gibbons, A. The politics of processes and products in education: An early childhood meta–narrative in crisis? [J]Educational Philosophy and Theory, 2007，39(3).

思想及课程模式再次涌入中国，钟摆又重新偏向“儿童—游戏”的一端。但这次复归并不是盲从，近十几年来学界出现了对“儿童为中心”的反思性批判。冉再辉、易连云[1]，林海亮、李雪[2]，龚孟伟、南海[3]，杨颖慧[4]，党乐、于忠海[5]等发表了相关文章。罗德红、尹筱莉[6]，罗德红[7]从心理学的维度讨论了“儿童为中心”的局限性以及心理学理论与教育学实践之间存在的鸿沟。

3. 教育之域游戏的实施：如何结合

游戏进入教育领域伊始，就面临着如何与教育相结合的问题。到目前为止，我国学界基本形成了两种思路：基于“化”的结合、基于“精神”的结合。

（1）基于“化”的结合

丁海东、韩云龙[8]较为系统地分析了游戏与教学的结合，认为游戏和教学是幼儿园教育的两种途径，两者整合的实现路径包括“游戏教学化”和“教学游戏化”。“游戏教学化”是指“教育者参与、控制儿童的游戏，对游戏施加教育影响，以取得儿童更好发展的一种策略”；“教学游戏化”就是“要求在教学的实施过程中，尽可能淡化教育目的，强化游戏的手段，轻结果重过程”。

游戏与幼儿园课程结合的路径有：“课程游戏化”与“游戏课程化”。“课程游戏化”的逻辑起点在课程，主要思路是以游戏的特点来设计课程与组织教学，使教师主导的课程变成幼儿主动参与的生动有趣的游戏过程。“游戏课程化”的逻辑起点是游戏，主要思路“是从幼儿的游戏出发，及时把握幼儿学习的生长点，通过引导和建构新的游戏，促进幼儿学习与发展的过程”[9]。游戏

1 冉再辉，易连云．对儿童中心论的反思与批判 [J]. 教育发展研究，2007（02）.

2 林海亮，李雪．儿童中心：事实还是理想？ [J]. 教育科学研究，2010（07）.

3 龚孟伟，南海．儿童中心教学文化的历史、价值与局限 [J]. 教育理论与实践，2011（11）.

4 杨颖慧．儿童中心主义理论生命力的压抑及其彰显 [J]. 教育评论，2015（02）.

5 党乐，于忠海．失责的教育“儿童中心论”的误读 [J]. 河北师范大学学报（教育科学版），2018（09）.

6 罗德红，尹筱莉．儿童中心论：一种教育学与心理学关系的视角 [J]. 南京师大学报（社会科学版），2009（03）.

7 罗德红．何谓儿童中心论的“中心”——心理学维度的审视和跨学科研究的试探性建议 [J]. 西北师大学报（社会科学版），2009（06）.

8 丁海东，韩云龙．论游戏与教学的整合 [J]. 学前教育研究，2007（12）.

9 王振宇．论游戏课程化 [J]. 幼儿教育（教育科学版），2018（01）.

与课程的整合在近十几年受到学界的关注，丁海东[1]，王振宇[2-3]，田圣会、唐菊香[4]，周桂勋[5]，郭元祥、杨洋、张越[6]，黄小莲[7]等都对“游戏课程化”和“课程游戏化”进行过探讨。

“课程游戏化”早于“游戏课程化”，是在新一轮幼教课程改革背景下提出的。江苏省于2014年启动“幼儿园课程游戏化建设”项目，是“课程游戏化”实践的典范。而“游戏课程化”是以游戏为本体，让游戏直接作为幼儿园课程的一种幼儿教育课程模式，是游戏与教育的更深层融合，也是近年讨论的热点之一。王振宇[8]认为“游戏课程化”本质上是构建一种新型的课程模式，一种创生取向与过程模式的游戏课程；黄小莲[9]分析了两个概念背后的价值取向，认为“‘课程游戏化’的本体是课程，游戏是课程的‘工具’，游戏课程化的本体是游戏，游戏是课程的生成源”，前者更适合于分科课程的小学低段，而后者更适合于幼儿园。

（2）基于“精神”的结合

近年来，出现了对基于“化”的结合方式的反思，特别是针对“游戏教学化”与“教学游戏化”进行了讨论。王春燕[10]认为，“‘游戏教学化’把教学的功利性和严肃性带入儿童的游戏，将游戏作为知识传授和习得规范的教学手段，使儿童自助游戏的主体性受到很大限制。而‘教学游戏化’在教学中用游戏作为教学的引子、诱饵，使教学包装上一层游戏的外衣”。程晨[11]则批判“游戏教学化”和“教学游戏化”“概念含糊不清……且以一种单维度的关系来度量游戏与教学”，无法实现两者的深层结合。

---

1 丁海东 . 游戏的教育价值及其在幼儿园课程中的实现路径 [J]. 学前教育研究，2006（12）.

2 王振宇 . 论游戏课程化 [J]. 幼儿教育（教育科学），2018（1）.

3 王振宇 . 追寻游戏精神实现游戏课程化 [N]. 中国教育报，2019（06）:2.

4 田圣会，唐菊香 . 大课程观视野下的幼儿园游戏课程化取向 [J]. 怀化学院学报，2006（07）.

5 周桂勋 .《纲要》与《指南》导向的游戏课程化 [J]. 陕西学前师范学院学报，2019（05）.

6 郭元祥，杨洋，张越 . 论游戏课程化的游戏观：游戏的课程本质、边界与层次 [J]. 教育理论与实践，2020（04）.

7 黄小莲 .“课程游戏化”还是“游戏课程化”——命题背后的价值取向 [J]. 中国教育学刊，2019（12）.

8 王振宇 . 论游戏课程化 [J]. 幼儿教育（教育科学），2018（01）.

9 黄小莲 .“课程游戏化”还是“游戏课程化”——命题背后的价值取向 [J]. 中国教育学刊，2019（12）.

10 王春燕 . 以游戏精神实现教学与游戏的融合 [J]. 教育理论与实践，2002（12）.

11 程晨 . 以“化”新释“教学游戏化”和“游戏教学化”[J]. 赤峰学院学报（自然科学），2017（07）.

从游戏精神的层面来实现游戏与教育结合成为近十几年研究的热点。黄进[1]、丁海东[2]、姜娟芳[3]、王金娜[4]、王春燕[5]、李敏[6]等学者从不同视角关注游戏精神之于幼儿教育的重要性以及幼儿园游戏精神的缺失。黄进[7]从“现有教育目的的外在性”“幼儿的被动性”“重复性与封闭性”“体验的虚假性”四个方面批判了幼儿园教育中游戏精神的缺失，而倡导“自成目的性”“积极主动性”“开放生成性”“体验真实性”等真正的游戏精神的展现。丁海东[8]探讨了游戏之形式与精神对于教育的意义，认为游戏在根本上讲是一种精神的存在，他说，“当从游戏精神的角度来把握游戏，游戏之于教育的价值势必跨出仅局限于教学形式的微观操作的论域，而获得更为深刻的意义”。王春燕[9]则明确提出基于游戏精神来实现游戏与教育的结合，“如果教学能赋有游戏的精神，……那么实现教学与游戏的融合就不再是一件难事”。她认为拥有游戏精神的教学是儿童的一种“生活活动方式”“主动积极的、师幼共同参与的、开放性的、不断生成的活动”。高洁[10]，刘晓燕[11]，徐浩斌[12]，彭同新[13]，王中华[14]等也从教师的角度来论述游戏精神的重要性并主张以游戏精神来重塑师幼关系。

（四）游戏探索的不足

综合以上梳理可见，当前游戏、儿童游戏及其教育的研究有着丰厚的研究成果，但其进一步的发展仍受限于三个层面理论探索的不足：

第一，儿童游戏限于当下儿童发展心理学的研究视野。“儿童游戏的教育”

1 黄进．游戏精神的缺失：幼儿园教育中的反游戏精神批判 [J]. 南京师大学报（社会科学版），2003（11）.

2 丁海东．游戏的教育价值及其在幼儿园课程中的实现路径 [J]. 学前教育研究，2006（12）.

3 姜娟芳．幼儿园游戏精神的偏离与回归路径探析 [J]. 陕西学前师范学院学报，2016（04）.

4 王金娜．论教育的游戏精神 [J]. 宁波大学学报（教育科学），2013（07）.

5 王春燕．以游戏精神实现教学与游戏的融合 [J]. 教育理论与实践，2002（12）.

6 李敏．游戏精神关照下的课程知识观 [J]. 湖南师范大学教育科学学报，2007（05）.

7 黄进．游戏精神的缺失：幼儿园教育中的反游戏精神批判 [J]. 南京师大学报（社会科学版），2003（11）.

8 丁海东．游戏的教育价值及其在幼儿园课程中的实现路径 [J]. 学前教育研究，2006（12）.

9 王春燕．以游戏精神实现教学与游戏的融合 [J]. 教育理论与实践，2002（12）.

10 高洁．论教师的游戏精神 [J]. 全球教育展望，2008（10）.

11 刘晓燕．游戏精神：教师教育生活幸福之可能 [J]. 教育评论，2016（08）.

12 徐浩斌．论教师游戏精神的缺失及自我建构 [J]. 绍兴文理学院学报，2010（03）.

13 彭同新．以游戏精神重建师生关系 [J]. 天津市教科院学报，2005（12）.

14 王中华．教师游戏精神的缺失与养成文化视角的反思 [J]. 当代教育科学，2014（09）.

之根基在于如何理解“儿童游戏”。从现有儿童游戏研究来看，主要的理论基础是儿童发展心理学。这一思路将游戏置于儿童发展脉络与序列中，为我们刻画了一幅基于个体心理微观层面的发展图景，从“促进儿童发展”的角度推动儿童游戏与教育的结合，但是儿童游戏的心理学理论基础无法掩盖其局限。首先，以发展为旨归的儿童游戏在凸显其“促进儿童发展”价值的同时容易使游戏成为一种促进儿童发展的手段而处于被对象化的境地，从而掩盖了作为儿童基本存在样态与生活方式的游戏之于儿童当下的享乐、享受的价值与意义。其次，心理学对人的心理进行认知、情感、行为等机能化的分门别类分解了整全、鲜活的儿童整体存在样态，而以认知发展心理学为主导的儿童游戏理论更是框限了作为整体性存在样态的儿童在游戏滥觞中“诗意栖居”的存在意义，游戏之于儿童的整全意义无法充分呈现。最后，“有限自我”的传统心理学视域“略去”儿童存在的文化历史背景以及他人影响的现实，潜在地限制了游戏走向教育的丰富可能性。

第二，儿童游戏教育理论限于突破二元对立思维前的迷茫。儿童游戏教育理论是游戏通向教育的基本理路，可以说，发展心理学从“促进儿童发展”的层面为儿童游戏赋意，以游戏之于儿童的发展性价值顺利地打开了游戏进入教育领域的大门，功不可没。但是思考与讨论仅于此是有限的，也是不够的。有限是因为，“发展”框限了游戏之于儿童的多重意义与价值，也框限了作为儿童存在样态的丰富意蕴的游戏与教育结合的多种可能。不够是因为，发展心理学注重对儿童心理发展规律的探寻，约化、概化的“单数”儿童释意无法解释多样化的“复数”儿童，也无法应对复杂情境中的教育实践，即使教育者多么清楚游戏对儿童发展很重要、对儿童发展与儿童游戏的规律多么了然于胸，但仍可能对“在教育中游戏的开展”“游戏与教育结合”无从下手。而说到底，发展心理学铺就的游戏通往教育之路无法真正解决游戏与教育的结合问题。因此，在两者的结合中形成“一边倒”的理论偏向——要么倾向“儿童为中心”，在儿童与儿童游戏理论中寻找理论依据，由游戏来决定教育；要么倾向“教师为中心”，在教育理论中寻找理论依靠，由教育来归置游戏。虽然当前的儿童游戏教育研究已在突破二元对立，寻求一种“对话”的交互关系，但是系统的游戏教育理论还是缺乏的。我国学者在基于“化”和基于“游戏精神”的双重层面探讨游戏与教育的结合，但是基于“化”结合形式在体现游戏与教育结合的多重可能的同时，也反映了游戏与教育结合中的重重困顿与迷茫，而富有游戏精神的教育无法替代游戏，作为活动样态的游戏仍应作为“幼儿园的基本活动”，活动形态的游戏如何与教育结合仍是一个盲点。

第三，幼儿园游戏课程与教学研究限于理论探讨。当前我国幼儿园游戏课程与教学研究主要侧重于理论层面的探讨，如基于“化”的游戏教学化与教学游戏化、课程游戏化与游戏课程化的探讨，以及基于“游戏精神”层面的通过富有游戏精神的教学来实现游戏与教学的结合，而实践研究则侧重于实践经验的梳理与总结。目前缺乏以连贯的、系统性的理论构架为基础并走向幼教实践的研究路径。如何以儿童游戏教育基础理论促成幼教实践中游戏的实施与开展，也即如何架通理论与实践的桥梁来使理论“关照”现实、解决幼儿园中游戏开展的实际问题始终是教育研究者的责任，也是其理论研究的终极使命。

二、本书的突破与努力

（一）核心概念的界定

1. 儿童的意义及意义世界

意义，“来自人在其世界中的牵涉”[1]，是儿童在与周遭世界的交互作用中形成的对周遭世界及其与自身关系的整体性理解与感受。“有意义”是指事物（在人与其的交互中）拥有丰富的意蕴与意涵，同时在事物对人所具有的独特意蕴中自然衍生、展现对人的价值。

儿童的意义世界是儿童在与周遭世界的交互作用中形成的对周遭世界及其与自身关系的理解与感受的集结，这是一个由“是什么”“意味着什么”“应当成为什么”诸问题构成的意义时空。“是什么”指向世界事实层面的规定，是儿童对周遭世界的共识性认识。“意味着什么”是在儿童与世界的“交手”（交互）中产生的周遭世界对个体的独特意蕴与意涵，展示着周遭世界与个体的独特联系。在与周遭世界的“交互”中，儿童在获得对世界“是什么”和“意味着什么”的理解的同时，也产生对世界及其与自身关系的独特感受，进而引发对“过什

1 里克曼.狄尔泰[M].殷晓蓉，吴晓明，译.北京：社会科学出版社，1989.

么样的生活”“成为什么样的人”等“应当成为什么”的愿景与趋向。

2. 游戏

本研究以维特根斯坦的“家族相似性”（family resemblances）作为理解游戏的视角，把“游戏”看成是由各种形式的游戏组成的“游戏”的家族。游戏的“家族相似性”有：有一个想象（as if）的情境；有内在规则；无目的；自由的、开放的；愉悦与满足的。游戏是游戏者想象一个“虚拟世界”，无论是早期儿童的运动游戏、角色游戏、建构游戏，还是到后来的规则游戏、竞赛游戏等，都是在“想象”一个虚拟世界。在想象与现实之间，儿童能自如切换。儿童在想象一个虚拟世界的同时就是在建构一个“规则”，这是游戏的内在规则。游戏是无目的的，游戏的发展方向是开放、不确定的，游戏的内容、玩法、方向随着儿童与环境的互动并由此激发的想象而生成与变化。从游戏者的心境来说，游戏是愉悦与满足的，游戏者在游戏中可能有各种丰富的情绪与表情（喜怒哀惧），但是游戏者内部的心境都是愉悦与满足的。本书中以幼儿教育中的游戏为主要研究对象，因此，书中的游戏主要是指 3~6 岁幼儿阶段的儿童游戏。

3. 有意义的游戏

鉴于上述对儿童的意义与意义世界的理解，“有意义的游戏”是指能使儿童与世界建立起丰富、多样化的交互关系，促成幼儿意义世界自由展露、生成与扩展的具有丰富意蕴与意义的活动。在“有意义的游戏”中，儿童不仅获得世界“是什么”的认知，也形成世界“意味着什么”的独特理解与感受，并进而引发对自己“成为什么样的人”“过什么样的生活”等的愿景与趋向。在此视域下，游戏之于儿童的价值与作用不仅仅在于促进认知等方面发展的“狭隘”意义，更是基于意义世界滋养与丰盈下的身心舒展、精神丰润与生活幸福的整体性、存在性的意义。

（二）寻找新的理论视域

鉴于对游戏的“哲学图景”、儿童“游戏图景”和游戏“教育图景”的回顾及目前存在的不足的探讨，本书尝试为儿童游戏及教育研究探寻新的理论视域，拓展与深化儿童游戏及教育研究的理论基础。

第一，存在论儿童游戏理论的阐释。

“儿童游戏”是在“儿童”被发现并被赋意之后才成为一个研究对象的，因此儿童游戏研究中“儿童”的主体性视域似乎是一个顺理成章的基本前提，但也框限了儿童游戏的丰富意蕴及其与教育结合的多种可能。哲学研究从主体性哲学向存在论哲学的转向为儿童游戏研究的发展铺垫了基本的哲学基础，游戏哲学从康德、席勒的主体性游戏旨趣向伽达默尔的存在论游戏的转向更是推动儿童游戏研究的存在论转向。游戏只有先跳脱出“儿童的游戏”的主体性框限来寻找其更为广袤的存在土壤，才能使作为儿童基本存在样态与生活方式之“在”的游戏意义凸显，也只有这样才能使“在游戏中的儿童”之“存在”浮现。这不是把游戏主体化而是把儿童对象化的过程，是在“被动中见主动”的主体自然浮现的过程。“被动中见主动”的过程是儿童投身于游戏之中、建立起与周遭世界整全性生命联系，从而生成丰富意义、扩展意义世界的过程。由此，存在论视域的儿童游戏理论是以儿童意义的生成与扩展为归旨的。

从存在论视域来构筑儿童游戏基本理论并不是不要“发展”，也不是要建立起一套与发展心理学相对立的儿童游戏理论，而是为游戏中儿童的“发展”铺垫“存在”的基础与意义。杜威曾提醒教育研究者：“背对着一个而主张另一个，把它们对立起来，这样比起去发现一种适合各方的实在性要容易得多。……但是，这样做的时候，一个真正严肃的实践问题——关于互动的问题——被转化成了一个非真实因而不可解决的理论问题。我们没有看到教育的稳固和整体，看到的是相冲突的名词。”[1] 心理是人意义生成的内在基础，“心理学对儿童心理的考察为认识儿童人性能力提供了条件，儿童心理学考察了儿童各种感知觉发展和心理活动的能力和限度，为认识儿童及儿童的教育提供了可操作性的依据，其得出的一些结论也是儿童人性能力考察的重要内容”[2]。但发展心理学对儿童心理的划分以及基于“有界自我”的自成一体的发展模式，限制了作为拥有鲜活生命的儿童的整体性，忽视了儿童个体背后广袤又深厚的社会文化背景，以“发展”为旨趣的儿童游戏研究也无法使儿童在游戏中获得人生意义的充实与完满。游戏中儿童的“发展”是儿童投身于游戏、融入与周遭世界的亲密交互的际遇之中的一种自然成就。儿童只有在游戏中尽情体验与充分享受，

1 约翰·杜威．儿童与课程：杜威全集（中期著作第二卷）[M]．张留华，译．上海：华东师范大学出版社，2012.

2 刘向辉．儿童意义世界的生成及其对现代儿童教育的启示 [J]．湖南师范大学教育科学学报，2020（07）．

心灵才能自然濡化，心智才能自然提升，能力才能自然发展。

诚如人性之复杂，游戏也是复杂多变的。儿童游戏难以以一种理论或一个视角“透视”，而需要多视角、多学科的相互弥补与融合。从存在论视域来进行儿童游戏的阐释，在于拓展与丰富儿童游戏研究的哲学基础，包容兼蓄心理学等其他学科儿童游戏研究的丰厚资源，从而更为全面、立体地理解儿童游戏和游戏中的儿童。

第二，动态交互性儿童游戏教育理论的阐发。

突破“儿童为中心”与“教师为中心”二元对立的悖论，从“中心论”向“交互作用”的转变是教育理论研究的发展趋势。幼儿教育中游戏教育理论如何突破“中心论”的局限，构架一种动态交互性儿童游戏教育理论，在教师与儿童、游戏与教育的交互作用的动态关系中寻求游戏在幼儿教育中的发展路径，是本书尝试要做的第二个突破。

“儿童为中心”与“教师为中心”的对立源自同一思想源头——“二元对立”及机械决定论的思维模式。前者在尊重儿童及儿童游戏的同时贬抑了成人的作用与影响，而后者则在注重成人的作用下贬抑了儿童的自主性与能动性。前者在“放手”的同时是对儿童游戏的“放任自流”，自动隔离了意蕴丰富的游戏通向教育的可能；后者则把游戏置于成人的操控与影响下，使游戏的儿童落入“被游戏”的境地。现代哲学从“主体性”向“主体间性”的转变以及心理学从“有界自我”到“关系性自我”的演变都推动着教育学理论打破“中心论”的二元对立，走向“交互作用”的对话与融合。儿童既不是不受他人影响、在“真空”中能完全自由发展的“去背景”的个体，也不是完全受制于成人的被教育、被影响的受教育者，他们是具有自身天性与发展潜能，又处于社会文化复杂、广袤的脉络之中，在各种社会关系影响中成长的个体。游戏进入教育中，也就是进入各种教育元素构架的关系网络之中；游戏也只有与各种教育元素建立起动态交互关系才能实现其完整的价值与意义，才能真正成为“幼儿园的基本活动”。

动态交互性儿童游戏教育理论的构架仍是基于存在论视域的。这里的游戏是作为儿童基本存在样态与生活方式的游戏与教育之间的动态交互，儿童在与周遭世界的“游戏”中意义的生成与扩展是教育者所关注的，这是游戏与教育发生交互关系的核心。另一方面，动态交互关系本身是游戏、教育存在的基本样态，游戏进入教育场域也即进入各种教育要素、活动形成的关系脉络之中，在动态交互的关系中探寻游戏与教育的结合是游戏进入教育的必须也是必然。

第三，基于意义生成的儿童游戏教育实践路径的探索。

存在论视域儿童游戏理论“呼唤”有意义的游戏与教育的互通，促成儿童意义世界的生成与扩展；动态交互的儿童游戏教育理论吁求从理论迈向实践，使教师与儿童在相互作用中携手共赴一场“意义之旅”。两个诉求最终汇聚到一点：基于意义生成构架儿童游戏教育的实践。指向意义生成的儿童游戏教育实践路径的建构，是以存在论视域的儿童游戏基本理论为出发点，并以此为指引突破“中心论”的二元对立框架，在动态交互中探索一条有意义游戏通向教育的理路，探索指向意义生成的游戏教育实践路径。

（三）综合运用多元化的研究方法

本研究试图突破以往以发展心理学为主的儿童游戏及教育研究视域，从存在论视角拓展与丰富儿童游戏与教育研究的哲学基础，借鉴心理学、文化学、社会学等多学科的研究成果，多层面、多角度地探析儿童游戏并探寻有意义游戏的教育通途。多学科的视角需要多元化研究方法的支撑，本研究尝试综合运用多元的研究方法来探究儿童游戏及其教育。

1. 文献研究法

多学科的儿童游戏及教育的研究需要广泛查阅多学科文献，包括哲学、伦理学、心理学、教育学、美学、文化学等。一方面，广泛阅读相关文献能为本研究提供基本的研究背景，并在已有研究基础上探讨可能的突破点；另一方面，对已有文献的阅读和思考也是构建本研究理论基础与立场的前提。

2. 田野研究法

笔者在 2019 年 4—6 月期间对杭州市西湖区和绍兴市柯桥区两所公办幼儿园各进行了为期两周的游戏实施的实地调研，以分析游戏在当今幼儿园中开展的现状。2019 年 11 月，笔者对安吉县某公办幼儿园进行了为期一个月的实地调研，通过随班观察、教师访谈等渠道来收集“安吉游戏”课程模式的实施案例，作为探讨儿童游戏课程与教学实施路径的依据。

3. 案例分析法

本研究第五部分采用案例分析的方法，剖析两种具有代表性的儿童游戏课程与教学的实践模式——我国的“安吉游戏”和瑞典的“游戏响应式教学”，以分析游戏课程与教学的实施路径，使研究更具实践价值与意义。

第一章

CHAPTER

被围困的儿童游戏

游戏，早于人类文明，“文明是在游戏之中成长的，是在游戏之中展开的……”[1]游戏孕育了文明，文明也在影响着游戏。就儿童游戏来说，或许日常生活中的儿童游戏仍保有其自然天性与品格，但游戏进入教育之中后，便会受到所处时代的社会要求与教育期许的左右。在幼儿教育场域中游戏是如何存在的，这是本书的逻辑起点。为了对幼儿教育场域中的游戏处境有比较全面、立体的了解，本章将从实践境况、政策理解与理论哲思三个层面进行探讨。

1 约翰·赫伊津哈.游戏的人——文化的游戏要素研究[M].傅存良，译.北京：北京大学出版社，2014.

第一节 实践之困

在“幼儿园以游戏为基本活动”的政策指引下，游戏在幼儿园中以丰富多样的方式开展着：教学游戏、自主游戏、互通式游戏等等。这些游戏是如何开展组织的？儿童在游戏中是什么样的状态？来到幼儿园中，看看真实状态中的游戏与游戏中的儿童，或许这些问题的答案会在游戏“现象”中自然地浮现出来……

一、游戏课程设计：“为了儿童”下的成人逻辑

近年来，游戏与幼儿园课程的整合成为幼儿园课程改革的重要课题。课程设计是开展游戏课程的首要步骤，以下是上海市某幼儿园开展的“游戏与学习融合”课程实施机制研究中的课程设计。

“游戏与学习融合”的游戏课程设计

“游戏与学习融合”的课程实施机制研究，意在创立一种回归幼儿园本体——幼儿的课程范式[1]。研究者首先全面梳理幼儿学习关键经验，进行课程目标设计，最后编制成“幼儿关键经验汇总表”。汇总表由“纲要内容”“关键经验”“游戏课程的活动目标”“《学前教育教师参考用书：学习活动》中的活动目标”四部分组成。如表 1-1 所示是“游戏课程小班幼儿关键经验汇总表”中的一个条目。

1 上海市静安区南西幼儿园课题组．回归幼儿园本体的课程范式——“游戏与学习融合”的课程实施机制研究 [J]. 上海课程教学研究，2016（02）.

表 1-1 游戏课程小班幼儿关键经验汇总表（示例节选）[1]

纲要内容	关键经验	游戏课程的活动目标	《学前教育教师参考用书：学习活动》中的活动目标
用各种感官主动感知周围事物的特征，比较事物的异同，发现事物之间的关系	·能感知 2~3 个有明显差异物体的大小、轻重和高矮 ·能区分生活中常见的色彩和味道	·能感知两种有明显差异物体的轻重 ·学习用重叠、目测的方法对 2~3 个物体的大小进行比较，将物品按大小进行匹配	·能根据物体的特征进行配对，并根据物体的大小找到相应的盒子 ·尝试比较车辆和轮子的大小，积累初步的分类经验 ·初步区分圆形、长方形和三角形
		·能够在日常生活中感知、识别简单颜色，如红、黄、蓝、绿、黑、白等 ·初步感知、比较 2~3 个物体的高矮	·能够区分生活中常见的味道，分辨几种经常接触的不同气味 ·听辨周围的各种声音，区别不同声音以及所表示的意义，有寻找声音的兴趣 ·感知不同口味、颜色的饮料，并能与相应的水果匹配
	·能发现物体与影子、植物生长与雨水之间的关系		·发现物体与影子的对应关系 ·感知花儿生长与雨水之间的关系，知道雨水能帮助植物生长
	·能根据物体的一个明显特征进行分类 ·有 AB 模式排列经验		·尝试用一一间隔方式进行排序，积累 AB 模式排序经验 ·尝试按名称分类摆放 ·尝试按物体某一特征对其进行分类

该园编制“幼儿关键经验汇总表”的主要依据是“整理《上海市学前教育课程指南试行稿》《学前教育教师参考用书：学习活动》《游戏课程》三方面的信息，对不同年龄段学习活动的关键经验进行整理和分析，梳理形成游戏课程各年龄段幼儿关键经验汇总表”[2]。“幼儿关键经验汇总表”相当于游戏课程实施的基本目标，由“纲要”出发形成从大类目到小条目、从抽象到具体的层层递进的结构。“幼儿关键经验汇总表”作为课程目标贯穿于课程实施过程之中，“将幼儿学习与发展的关键经验作为游戏与学习融合的准绳，将幼儿的关键经验渗透到幼儿生成的游戏和教师预设的活动中，即一方面将学习关键经验隐含在教师设计的游戏中，一方面用学习关键经验去分析幼儿游戏行为

1 上海市静安区南西幼儿园课题组．回归幼儿园本体的课程范式——“游戏与学习融合”的课程实施机制研究 [J]. 上海课程教学研究，2016（02）.

2 上海市静安区南西幼儿园课题组．回归幼儿园本体的课程范式——“游戏与学习融合”的课程实施机制研究 [J]. 上海课程教学研究，2016（02）.

中的自发学习。”[1]

这一幼儿园游戏课程设计的思路是：基于政策、文件与理论，从一般的、抽象的发展规律出发，对其层层剥开、分解，达至分解化的、比较具体的活动目标。这样的游戏课程设计思路在当前幼儿园中具有一定的代表性。

该游戏课程意在创立一种回归“幼儿园本体”——幼儿的课程范式，其基本出发点是“为了儿童”。“为了儿童”的设计初衷与思路颇具人文关怀与科学性，但是仔细分析，在“为了儿童”名义下是成人逻辑的层层展开：这里的“儿童”是一般的、抽象的儿童，而无法代表真实生活中的儿童。“一般”的儿童有很强的理论契合性，但是存在着很大的现实盲点。因为，抽象的理论剥离了各种现实条件、文化脉络与个体差异，而呈现去情境化、去差异性的单数化的“儿童”，无法解释多样化的“复数”儿童群体。教师以一般化的儿童理论或规律来解释（explain）儿童，现实中多样化的儿童只是理论解释中的个例。布鲁纳认为，自 17 世纪以来，对于“如何理解任何事物”的理念是能“以理论来做因果解释”为出发点的，这就是科学的理念。这种理念是对世界的一种“约化”，“一个有用的理论其实是一个奇迹：它能把我们对于世界的种种观察化为一种形式，几乎完全脱除细节，乃至可以轻易地保存在心灵之中，并于焉使得那些乱糟糟的细节都变成某种一般状态的特例”[2]。对儿童理解的政策与理论的“约化”是科学的、简便的，“唾手可得”的，但也是机械的、冷酷的，这种“约化”是对儿童真实、鲜活的生命个体的贬抑。

同时，“为了儿童”下的成人逻辑渗透的课程目标一旦建立，就贯穿于课程实施的整个过程中，持续性地发挥着强有力的作用。[3]

“目标设计至上”的课程范式是泰勒课程范式的翻版，反映的是笛卡儿以来科学理性至上的“根深蒂固”：它相信有独立于人的实在的理念世界的存在，人认识世界就是要去把握这个“实在”，它崇尚确定与精确，摒弃差异与变化。反映在学校课程中，精确的预定目标的设计与遵从是课程的关键，预定的课程目

1 上海市静安区南西幼儿园课题组 . 回归幼儿园本体的课程范式——“游戏与学习融合”的课程实施机制研究 [J]. 上海课程教学研究，2016（02）.

2 杰罗姆·布鲁纳，布鲁纳教育文化观 [M]. 北京：首都师范大学出版社，2011：214.

标保证了教育过程可控性和结果的可测量。在游戏课程中，虽然课程目标化身为“幼儿关键经验”这样从儿童视角出发的委婉表达，但是“关键经验”主要来自于政策或理论等反映成人逻辑与意志的“约化”的“儿童”，仍是独立于人的理念世界中的“儿童”实在的反映，且“关键经验”贯穿于课程实施过程，游戏的开展、进行与走向都以“关键经验”为中心，为之服务。这样的设计潜在地限制作为儿童基本存在样态与生活方式的游戏的自主与自由，排斥儿童在游戏中的多样化表达与个性化展现，框限游戏丰富意蕴生成的可能。

二、教学游戏：“被游戏”的儿童

教学游戏是幼儿园中比较常见的一种游戏活动形式，它采用游戏的方式来开展教学活动，是游戏与教学相结合的典型方式。以下为一则常见的教学游戏案例。

教学游戏案例：小白兔采蘑菇

班级：小班

时间：上午 10:00—10:30

场地：绍兴市某幼儿园游戏场地

老师：小朋友们猜一猜，这是什么小动物？（举起双手，伸出两个手指，扮作小白兔跳几下）

幼儿：小白兔。

老师：小白兔怎样走路？

幼儿：小白兔走路，蹦蹦蹦蹦跳。

老师请幼儿尝试跳。

老师：我也来学学看。小脚并并拢，膝盖弯一弯，轻轻向前跳！（老师演示）

请幼儿再次尝试跳，并要求他们一边念儿歌、一边跳。

老师：小白兔爱吃什么？

幼儿：萝卜和青菜。

老师：小白兔还爱吃什么？

幼儿不说话，老师引导幼儿说“蘑菇”。

老师戴上“小白兔头饰”说：“我是兔妈妈，你们是我的兔宝宝。宝宝们，今天天气真好，我们出去采蘑菇吧！”

“兔妈妈”带领“兔宝宝”到游戏场地。

老师：蘑菇地就在那边，请兔宝宝们用我们刚刚学到的“小脚并并拢，膝盖弯一弯，轻轻向前跳”的方法跟着兔妈妈去采蘑菇。采到蘑菇以后，把蘑菇放在两腿之间夹着，跳回来，并把蘑菇放进筐中。五分钟后，数一数，你采了几个蘑菇？是什么颜色的？比一比，看看谁采的蘑菇多。

孩子们按照教师的指令开始采蘑菇……

在这个教学游戏中，教师有意识地采用“小白兔采蘑菇”的游戏情境将“并腿跳”“指物数数”等教学任务融于其中，活动有条不紊地进行着。但是整个游戏过程中，从情境创设、角色分配，到任务安排、游戏推进，均由教师一人决定，游戏完全在教师铺设的“轨道”上行进，而儿童则完全处于被教师安排着游戏的境地。活动的“有条不紊”与“按部就班”使人觉得它不大像一个游戏，而更像是一个在教师高控下的教学活动。或许通过这个教学游戏，孩子们的确学会了“并腿跳”，也可能在“指物数数”能力上有所提升，但是，游戏的变幻起伏与欢愉氛围却难以被感觉到，游戏者参与游戏的热情与激情也无从展现。如果失去了愉悦、自主、自由这些游戏的内核与灵魂，这还能称为游戏吗？

杜威对利用游戏为教学增添趣味的做法早有警觉，他说：“用投机的方法引起兴趣，使材料有兴趣；用糖衣把它包裹起来，用起调和作用和不相关的材料把枯燥无味的东西盖起来，最后，似乎使儿童当他真高兴地尝着某些完全不同的东西的时候，就吞下和消化了不可口的一口食物。”[1] 虽然这个教学游戏中“并腿跳”“指物数数”等学习任务并不是枯燥无味、不可口的，但是不难发现，这些任务与游戏情境之间不存在本质性的关联，老师生硬地为这些任务的达成设计了“小白兔采蘑菇”的游戏情节，教学任务在前而游戏设计在后，游戏是为教学任务服务的。

真正的游戏是“无目的”的，不是说游戏没有目的，而是指游戏的进行没有一个外在的目标远远地竖在那儿等着游戏者去“到达”，游戏的目的总是在游

1 赵祥麟．杜威教育论著选 [M]. 王承绪，编译，上海：华东师范大学出版社，1981：95.

戏行进的情境中产生与情境交织、交融的。因此，游戏总是“当下”的，即在此时此刻中游戏有其完满性——游戏者在当下的体验与感受中获得人生的享受与满足。游戏作为一个进行中的活动来说也是“向前”的，但是游戏的“向前”是在当下瞬息变幻中生成的——由即刻的情境融变而生发出更多的情境，这是一个内在转变的过程，而不是外在预设的追求。而在这个教学游戏中，“并腿跳”“指物数数”等任务并不是游戏之行进的自然生成，而设于游戏之前，是教师为游戏“竖立”的外在目标，它为游戏的开展铺设了既定的轨道，游戏只能按照预设目标、在既定的“轨道”上行进，否则教学任务无法达成，那么游戏也就“没用”了、没有意义了。殊不知，游戏之“无用”正是游戏之魂，游戏之于儿童的发展价值或效用正是游戏之享乐的本体性价值显露之时才能自然实现，是游戏之“无用”成就了游戏之“用”。将游戏之“用”置于游戏之首位，是对游戏之“无用之用”的泯灭，游戏之魂也随之陨落。

三、互通式角色游戏：热闹中的“游离”

互通式角色游戏是近年不少幼儿园尝试开展的一种形式新颖、气氛活跃的游戏活动：不设置班级的界限，创设各种主题的游戏场馆与情境，儿童在游戏时段里可以自由选择场馆，自主地开展游戏。以下是两个幼儿园互通式角色游戏的“掠影”。

互通式角色游戏掠影一：“××× 小城”“小公民”主题活动

杭州市西湖区某幼儿园的“××× 小城”是以“小公民”培养为主题的全园互通式角色游戏活动。老师们在幼儿园走廊、教室门口以及游戏教室等区域创设各种小公民社会体验馆，有超市、厨房、银行、电影院、环卫站、快递站、新闻社等。小公民社会体验馆每周会开放半天时间，采取“大带小”的形式，让中、大班小朋友“一带一”地带领小班小朋友来游戏。每个孩子有一个购物袋，里面放有游戏币，可以到各个体验馆购买商品或服务。每到游戏时间，幼儿园就会格外热闹，小朋友也会很兴奋。但是在热闹的场景下，笔者也注意到了一些值得思考的现象：

场景一：冷清的柜台与拥挤的等候区

“××× 小城银行”里有三个柜台窗口、四个工作人员。在笔者所观察的时间段里（约一个小时），柜台很冷清，几乎没有顾客，几个工作人员都闲坐在那里。而在银行的等候区倒有不少孩子聚集。等候区有一个阅读架，架子里有不少绘本，供顾客们等候时阅读。有五六个孩子坐在那里看绘本，笔者坐在了他们旁边。其中一个小男孩在看一本“鼠小弟”的绘本（内容是小动物坐跷跷板的故事），他看着看着便兴致勃勃地和笔者聊起了他去游乐场的经历，聊他在游乐场里玩惊险项目时既紧张又兴奋的心情，还教笔者如何克服紧张的心情。陆续有一些孩子来到等候区，一个长凳子上坐满了孩子，凳子坐不下了一些孩子只好站着看书……拥挤的等候区与冷清的银行柜台形成了鲜明的对比，让人有一种不是在银行而是在图书馆的感觉。

场景二：忙碌的医院

“××× 小城医院”场馆有三个工作人员，一个医生、两个护士（一个负责挂号与领药，另一个负责挂水与打针）。病人来到这个“医院”有固定的看病流程。首先要去第一个护士那里领“就诊卡”，然后到医生那儿看病。医生先用听诊器听一下病人胸口，然后在处方单上开处方。处方单是老师事先设计并打印好的，上面有三幅图：药瓶、盐水瓶和针。医生在每幅画的旁边画上“处方”，药瓶旁画几颗药就表示要吃几颗药，在盐水瓶上打钩表示要挂盐水，在针旁边打钩表示需要打针。医生开好处方后，病人如需挂针或打针就去第二个护士那儿，如要吃药就到第一个护士那儿取药。三个工作人员按照流程有条不紊地工作着，病人也是井然有序地排队看着病。随行参观的一个老师假装肚子疼，捂着肚子对医生说：“医生，医生，我肚子疼死了，快给我看看好吗？”（这时前面还排着好几个病人）“小医生”没有停下看病的动作，而是表情镇定地说道：“排队！”

场景三：“逃窜”的“小公民”

“××× 小城”的场馆主要设置在走廊等公共区域，一楼的走廊离户外仅一步之遥，有几个“小公民”在中途“逃窜”到户外，有的在荡秋千，有的在有说有笑地聊天。老师看到了马上把“小公民”“逮”了回来，告诉他们这是“小公民”时间，要去场馆玩，不能在外面玩。“逃窜”的“小公民”又回到场馆中，继续游戏。

场景四：最喜欢的场馆

有一次，笔者问几个小朋友：“你们最喜欢去哪个场馆玩？”一个小朋友说：“我最喜欢去超市，那里有好多好吃好玩的东西，我可以买呀买呀买！”另一个小朋友说：“我最喜欢去魔法厨房，有很多好吃的！”

确实如孩子所言，餐厅和超市最受小朋友欢迎，这两个场馆常常聚集着很多孩子，邮局、银行、照相馆等场馆则很冷清。超市里常常人满为患，为了控制场面，超市工作人员限制了顾客进入的人数，最多只能进十位顾客，超过十位，其他顾客要在门口等待，等里面的顾客离开了才能进入。笔者在观察的时段里看到有不下三十名“小顾客”坐在超市门口等待，一些顾客到活动结束了也没有轮到，只能悻悻然地离开了。

互通式角色游戏掠影二：无所事事的小“顾客”[1]（来自一线教师）

为了给幼儿更大的空间充分开展角色游戏，并促进不同角色游戏主题之间的互通，某幼儿园创设了打破班级界限的互通式角色游戏形式，即在开展角色游戏时，同楼层的班级都敞开大门，各自创设不同的游戏情境，允许孩子自由穿梭于各活动室参与自己喜欢的游戏。这样的游戏每周开展 1~2 次。由于该园所在的园区是新建的，只有一个中班和三个小班，考虑到中班幼儿游戏水平明显高于小班幼儿，我们采用了混龄形式，希望中班幼儿可以带动小班幼儿更快融入游戏。该园在三个小班分别创设了不同的游戏主题——小一班：超市、锅贴铺。小二班：蛋糕坊、医院。小三班：小吃店、汽车服务站（车站、修车铺）。游戏时，幼儿可以自主选择扮演店员、医生、司机等职业角色，或扮演顾客、病人、探病者、乘客等自由角色。游戏期间，班级两位教师一位留在班里维持活动秩序，一位实施定人或定点观察。

康康是中班的一名男孩，在一次游戏观察中，L 老师看到，康康和同班的希希一起来到小一班的“超市”，康康选了一个恐龙玩偶，希希选了一罐薯片，两人直接把商品放入购物袋，没付钱就离开了。接着，他俩又逛到了小二班，看见“医院”里“医生”正在给熊奶奶（布偶）看病，“蛋糕坊”里几个“顾客”正在吃蛋糕。他俩看了一会儿就走了，没有参与进去。之后，他俩又来到小三班逛了一圈，也只是看了看就走了。最后，他俩来到走廊上，拿出恐龙玩偶，自己扮作奥特曼，开心地玩起了打怪兽游戏。在接下来几周的游戏中，L 老师有意识地对康康的游戏状态做了持续观察，发现他依然

1 张菊芳．无所事事的小“顾客”[J]. 幼儿教育（教育教学），2018（05）.

以闲逛和玩自己的游戏为主。L 老师便考虑采用"任务卡"策略，引导康康更深入地参与到角色游戏及同伴互动中。任务卡上循序渐进地设置了三项任务：任务一，到指定的游戏区参与游戏；任务二，到指定的游戏区完成一项指定任务；任务三，选择区域购买一件自己喜欢的商品。这次活动中，康康先来到任务一指定的"蛋糕坊"参与游戏，但他一直站在一边看别人玩，持续了五六分钟时间。L 老师提醒他："你想买点什么吗？"他想了一下，指了指货架上的一款蛋糕。L 老师说："你想买的话可以和店员说。"康康面无表情地照做，买下了蛋糕。然后，他到了任务二指定的"小吃店"去买"包子"，却站在那里什么也不说，"店员"问："你要买什么？"他才答："包子。"最后，他来到"超市"，选了一支牙刷和一根胡萝卜，装进购物袋并付了钱，完成了任务三。至此，他算是完成了全部任务，可他显得并不开心。

在这两个幼儿园中，教师尝试通过互通式角色游戏让儿童沉浸式地进入各种游戏场馆与场景之中，促成儿童对各种社会场景的体验，促进儿童社会化发展。这样的游戏源自教师美好的教育初衷，也倾注了教师的用心与创意。但是在美好的初衷与热闹的场景下，与其形成强烈反差的一些"冷清"的角落与"游离"的儿童，显得格外突兀。精心设计、苦心营造的场馆难以吸引儿童持续性地开展游戏，能吸引孩子驻足、流连的场馆也主要以美食、商品等物质需求的满足为主。

那么热闹与冷清之间的距离是什么？是教师对游戏寄予的意义与儿童在游戏中切身体验的意义之间的距离，教师觉得孩子感兴趣的并不就是儿童真正感兴趣的。杜威说："儿童的世界是一个具有他们个人兴趣的人的世界，而不是一个事实和规律的世界。其要旨不是符合外部事实意义上的真理，而是友爱和同情。"[1] 这是成人世界与儿童世界的距离。成人对游戏寄予的意义是符合客观事实的真实：通过创设与真实社会生活相符的游戏场馆与情境使儿童感受、体验真实的社会生活，养成公民的社会意识、习得公民的社会技能，成为一个"小公民"。而对于年幼儿童来说，这样的社会生活却不是他们的生活。他们朝夕相处的、谙熟其中的，是亲在的、亲熟的世界，这个世界是由以他的家和亲人为中心，延伸到他的邻里、幼儿园老师、小朋友等组成的世界。而银行、邮局、

1 约翰·杜威. 儿童与课程：杜威全集（中期著作第二卷）[M]. 张留华，译. 上海：华东师范大学出版社，2012:211.

环卫站、新闻社等却与他们的生活相去甚远，不是他们“亲在”的世界。以“小公民”来定位尚未“社会化”的幼儿，是超越他们的生活经验、凌越他们的意义世界的。当然，并不是说他们不能去认识、进入这个世界，而认识这个世界应以儿童“亲在”世界为基础与前提，由儿童“亲在”的世界通向社会化的世界。黄进认为热闹中的“游离”现象是一种“过犹不及”，“若我们所确立的价值和目标遮蔽和扭曲了童心与童趣，那就与忽略童心与童趣一样，都不能给幼儿的成长以适宜的支持”。[1]

互通式角色游戏的目的是让儿童在沉浸式的社会场景体验中自由开展游戏，但是在游戏过程中教师对游戏“意图”的过度渗入却无形中禁锢了儿童游戏的自由与自主权。在“医院”场馆中一切都井然有序地进行，“医生”在有条不紊地听诊、开处方，“护士”在认真工作，“病人”也在有序排队看病。——这几乎是真实医院的微缩型翻版。其中，“处方单”隐性地渗透着教师的意愿，“述说”着教师对游戏的期许：希望通过游戏，儿童能认识医院与了解看病流程。在与真实医院场景高度相似的游戏中，没有儿童游戏的欢愉与自然起伏，反而给人一种沉闷与无聊的感觉。游戏被一张小小的“处方单”禁锢了，孩子们除了按流程看病，没有什么自主权与自由。杜威说儿童的世界不是逻辑的，而是“友爱与同情”的；医院游戏是按照“挂号—门诊—配药—打针”的流程来设计，它符合理性与逻辑，这是成人的经验，但不是儿童的经验。对儿童来说，“看病”经验是以他们的感知、感受为内核的，他们对“看病”的理解可能是穿着白大褂的人要给他打针、打针很痛很可怕等真切的感知和感受，“医院”场馆让孩子来认识医院与看病流程固然是需要的，但不是主要的。最主要的是通过医院场景、医护人员的角色行动以及医患间的互动来让孩子体悟对他人的同情、关爱以及对生命、健康的感受与理解，也即基于孩子丰富、真切的“看病”经验上扩展更为丰富、真切的“看病”经验。医生不是只会机械化地听诊、开处方的“机器”，而应是对病人有深切同情与关爱的活生生的人。好的角色游戏不是硬生生地把成人世界塞给儿童，让他们去模仿、去学习，而是基于儿童本性、天性的自然流露与展现。这需要老师“放手”，儿童可能会出现不同形式

1　黄进．过犹不及的角色游戏 [J]. 幼儿教育（教育教学），2018（05）.

的"看病"：他们可能会给自己看病、打针，医护人员之间会相互看病、打针，他们可能会给洋娃娃打针或者创造其他更具创造性而"远离"看病真实情境的想象情境。虽然这不同于"看病"的常规流程，但这就是他们的经验、他们的游戏，表达着儿童的意义世界。刘晓东说："在儿童的精神世界里，存在着野蛮、神秘、梦幻以及荒唐，我们往往会觉得那些都是空想，没有意思，还可能有害。然而实际上，对成人有害者，对成人无意思者，未必对儿童有害和无意思。"[1]

不可否认，幼儿教育中的游戏与日常生活中的游戏是不同的，"游戏一旦进入儿童教育领域，就不再是一种纯粹的自然活动，它受到教育价值观的规范，被打上了教育影响的烙印而成为教育活动"[2]。游戏到了幼儿园里总是带着某些目标或期许——希望儿童通过游戏获得发展。这是游戏的教育工具价值，是无可非议的。但是，儿童的游戏又是那么"脆弱"，当有外在强力且这一强力超过某种程度就使游戏"变味"了，变得没那么有"玩味"了。失去了"玩味"、丧失了享乐性价值也就不能称为游戏了。

四、儿童自主游戏：玩归玩、教归教

自主游戏是幼儿园主要游戏形式之一，它是儿童主导的游戏活动，儿童可自主选择游戏活动的空间、材料和玩伴，自主创造游戏的情节和内容，自由地进行游戏。"游戏作为幼儿园的基本活动"的落实包括对儿童自主游戏权利的保障，保证儿童一日在园生活中自主游戏的时间、给予儿童充足的自主游戏的机会是目前幼儿园比较普遍的做法。那么，幼儿园中的自主游戏又是如何开展的呢？

场景一：户外自主游戏与讨论

班级：大班

时间：上午 9:00—10:30

场地：杭州市西湖区某幼儿园大操场及教室

1　刘晓东 . 解放儿童（第二版）[M]. 南京：江苏教育出版社，2008.

2　刘焱 . 幼儿园游戏教学论 [M]. 北京：中国社会出版社，2017.

游戏材料：大小地垫、塑料积木、泡沫板

小朋友三五成群地在操场玩，老师坐在泡沫板上，环顾四周并督促孩子们喝水。文文和小顺开始在一起搭积木，后来文文拿了一些积木到一旁去玩。小顺见积木被文文拿走了，生气地去抢积木，文文不给，小顺大哭起来。见文文和小顺争吵，老师上前去调节，直到他们停止争吵。之后老师继续坐回泡沫板上，最后和孩子们一起整理收纳玩具，整理队伍回教室。

回教室洗手、上厕所和吃点心之后，是游戏讨论时间。大家围坐在一起，教师说："今天户外游戏的时候发生了一件事情……"教师围绕文文和小顺争抢玩具的事情引导小朋友思考和讨论"怎么办？"小朋友们纷纷想办法，出主意，有的说可以平分玩具，有的说可以按玩具颜色、种类来分……文文说："只要和好就行了，我们和好了，问题就解决了。"老师说："对，说得很好，和好了一切问题就解决了。"

游戏讨论结束之后，进入下一环节：教学活动"入学通行证"，主要介绍小学与幼儿园的区别。

场景二：晨间户外自主游戏后的讨论

班级：小班

时间：上午 10:00—10:30

地点：绍兴市柯桥区某幼儿园小班教室

晨间户外自主游戏结束以后，小朋友们回到教室，稍事休整后进入游戏讨论。老师通过投影展示在游戏中拍下的照片，照片中有四五个孩子在抢梯子。老师问："可不可以抢梯子？"幼儿回答："不可以。"老师问："只有一个梯子，大家都要玩，怎么办呢？"老师出示第二张照片，两个孩子在抬梯子。老师说："你们看，这两个小朋友在一起抬着梯子，这是一种好办法。"老师继续出示照片，照片中一个小朋友正要从滑梯上滑下来，滑梯下面有个小朋友站着。老师问："这样可以滑下来吗？"小朋友答："不可以。"随后，教师总结了在户外游戏中如何注意安全的问题。游戏讨论结束后转入下一个环节：音乐活动"大西瓜"。

"玩归玩，教归教"，即儿童自主游戏与教学"游离"，在以上两个户外自主游戏中均有体现。游戏与教学“游离”的本质是游戏意义与教学的“游离”，儿童游戏的意义与教学处于两个空间，而无法交汇与融通。具体体现在游戏过程与游戏结束后的讨论中。

其一，游戏过程中教师的“无为”，限制了游戏意义进入教育的可能。

“场景一”中教师在儿童游戏时的“无为”是笔者在幼儿园观察儿童自主游戏时常见的现象：儿童自主游戏时间在一定意义上成了老师休息的时间，有的老师甚至自顾自看手机或与保育员聊天，一般只有当发生安全问题或起较大争执时老师才上去干预。笔者曾询问一位老师，她的回答是：游戏是小朋友的活动，让他们自己解决冲突、困难有利于提升他们的能力，教师的干预反而会影响他们。在这个问题中对“自主游戏”之“自主”的极端化理解是主要原因之一。在传统观念中，“自主”“自由”就是让儿童自由自在、无忧无虑地玩，而其他外在的因素则是对“自主”和“自由”的干扰，教师成了干扰游戏的外在因素之一。

儿童自主游戏中“教”是否就是对“玩”的干扰？游戏过程中教师是否应该完全“无为”？这些问题反映了对“儿童为中心”游戏取向的疑惑。从福禄贝尔、蒙台梭利，再到杜威，游戏进入幼儿教育一直是以“儿童为中心”为基本立足点的，因此这些问题并不仅仅是当前幼儿园中的问题，而是历史性的疑难问题。对此也是有“前车之鉴”的。如美国20世纪三四十年代的进步主义教育运动高举“儿童为中心”的大旗，反对“教师为中心”，其积极性有目共睹：“将注意力集中在儿童身上；认识到学习兴趣的重要性；强调活动是所有真实的教育的根本；认为学习是个性的发展；维护作为一个自由个性的儿童应有的权利”[1]。但是，进步主义教育也呈现了另一幅“吊诡的画面”：孩子们玩得乱作一团，教师在一旁看着，却不知做些什么。“反对压制变成了否定权威，承认感情变成了对合理性的否定，放纵被当作自由。”[2]二战之后，进步主义教育一直走下坡路，它的衰败与它的兴盛一样迅速，其中关键的问题是对于杜威“儿童为中心”的极端化理解，使它与它所反对的“教师为中心”一样陷入了二元对立的泥沼，也注定了失败的结局。杜威提出“儿童为中心”，是为了反对传统教育以教师为

1 克雷明．学校的变革[M]．单中惠，译．济南：山东教育出版社，2009.

2 刘云杉．兴趣的限度：基于杜威困惑的讨论[J]．华东师范大学学报（教育科学），2019（02）.

中心、不顾儿童的兴趣、需求与已有经验的“无儿童”的做法，而主张儿童本能、兴趣与已有经验是教育的出发点。但是，“儿童为中心”的教育并不能止步于儿童的兴趣与已有经验，正如杜威所言：“没有任何一个东西能够无中生有地发展出来，从粗糙的东西发展出来的只能是粗糙的，希望一个儿童从他自己小小的心理发展到一个宇宙，是不会有效果的。”[1]本能与兴趣只是发展的可能与倾向，但是要把本能转化为现实需要儿童与环境、与成人的相互作用。杜威亦认为把儿童现有的能力和兴趣本身看作是决定性的重要的东西是“新教育”的危险。自主游戏是儿童本能、兴趣与已有经验的丰富展现，是教育得以展开的起点或出发点，自主游戏之丰富意蕴与价值有待教育的开发与挖掘，而教师在儿童自主游戏过程中的“无为”则潜在地区隔了游戏之丰富意蕴进入教育的可能。

对“儿童为中心”的极端化理解是教学与游戏“游离”的重要原因。同时，对教师之“为”理解的局限也造成了游戏过程中对教师“教”的排斥，是教学与游戏“游离”另一个原因。如果仅把教师之“为”理解为外显行为上的指导与干预，这样的“为”的确要谨慎，而如把“为”理解为对幼儿游戏的观察与理解，则这样的“为”不仅不是对游戏的干扰，反而是游戏之丰富意蕴进入教育的必要前提。

其二，游戏讨论集中于游戏的“边缘”，架空了游戏的核心内容与意义。

值得肯定的是，在上述案例中教师都在游戏结束后引导儿童回顾游戏并展开讨论，有意识地将游戏延伸到教学活动之中。但是两个游戏讨论都围绕着游戏中出现的安全与纪律问题，诸如怎么维持良好的游戏秩序、如何防止危险事件的发生等。笔者认为，这些问题固然重要，但并不是游戏的核心内容。游戏的核心内容应是与游戏之叙事结构密切联系的游戏者与游戏材料、游戏伙伴的互动，也即儿童在游戏中玩了什么？怎么玩的？游戏中有什么感受、什么想法？——这些问题却没有成为游戏讨论的中心。或许游戏过程中教师的“无为”是游戏讨论无法企及核心内容的根本原因——教师对自主游戏的内容、儿童游戏行为感受的“忽略”使得游戏的核心内容与意义没有进入教师的视域，从而无法成为游戏讨论的中心。

1　杜威．我们的学校与社会·明日之学校[M]．赵祥麟，等译．北京：人民教育出版社，1994.

同时笔者也发现，在游戏讨论中，对游戏中纪律、安全问题的探讨多以封闭式问答为主，限制了儿童自由讨论并探寻、扩展游戏意义的可能。讨论一般以教师总结或给予最后的评判而结束，结束以后马上转入另一个与游戏内容没有关系的教育活动中。讨论时间过短，一个问题没有充分地展开就仓促地结束了。

无论在游戏过程，还是游戏结束后的游戏讨论，游戏之丰富内涵与意义同教师、教学没有发生本质性的交互与联系，游戏意义处于被“架空”的状态中，无法通向教学。

第二节 政策理解之困

“学前教育法规的规范性、强制性等特点决定了它们对游戏理念和实践起着普遍的规范和指引作用。”[1]“幼儿园以游戏为基本活动”是当前我国幼儿园游戏实施的基本政策指引，是幼儿园中保障幼儿游戏权利、增加游戏时间、开展各种游戏的制度驱动力。但是，“幼儿园以游戏为基本活动”只是一个简单的政策要义，学前教育相关政策、法规中关于游戏的规定也只为游戏的开展指明了大致的方向，幼儿园中游戏的具体实施是在理解“幼儿园以游戏为基本活动”的基础上由观念到行动的实行，如何理解“幼儿园以游戏为基本活动”深刻地影响着游戏在幼儿园中的具体实施与实际展开。

一、政策立足：游戏作为“基本活动”

游戏在幼儿园中“立足”的基本政策依据是“幼儿园以游戏为基本活动”的政策规定。1989 年 6 月国家教委发布《幼儿园工作规程（试行）》，其中指出，

1 杨恩慧，邱学青．游戏内涵在我国学前教育法规中的历史演变及其启示 [J]. 学前教育研究，2019（02）.

幼儿园教育工作应遵循“以游戏为基本活动，寓教育于各项活动之中”的原则[1]。同年 9 月，新中国成立以来的第一部学前教育行政法规《幼儿园管理条例》颁布，对幼儿园的行政事务、保教工作、奖励与处罚等做了规定，在保教工作部分提到：“幼儿园应当以游戏为基本活动形式。”

“幼儿园以游戏为基本活动”政策有其发展的历史，“游戏是幼儿的基本活动”政策是其前身。1979 年 11 月，教育部出台的《城市幼儿园工作条例（试行草案）》规定“游戏是幼儿的基本活动，是向幼儿进行初步的全面发展教育的重要手段”。[2]1981 年，教育部颁布《幼儿园教育纲要（试行草案）》，其中写道：“……游戏成为幼儿生活中的基本活动。在游戏中幼儿最易接受教育，游戏在幼儿园整个教育工作中有极为重要的地位，是进行体、智、德、美全面发展教育的有力手段。”从“幼儿的基本活动”和“教育的手段”到“幼儿园的基本活动”，隐含了游戏在幼儿园教育中地位的步步迈进，也反映了幼儿园教育在“幼儿本位”上的迈进。

“游戏是幼儿的基本活动”，这是一种实然状态的表述，也比较好理解。幼儿喜欢游戏，游戏是儿童在幼儿期常见的活动，有过幼儿期游戏体验的成年人一般都有如此的体会。“游戏是幼儿的基本活动”也获得了多学科的验证。将游戏是“幼儿的基本活动”与游戏是“教育的手段”一起表述呈现，可以看到这里的逻辑是游戏为教育服务，游戏在幼儿园教育中的立足以其“用”为着眼点，体现的是游戏的工具性价值。但是到了《幼儿园工作规程（试行）》，幼儿园的教育工作“以游戏为基本活动”，以及在《幼儿园管理条例》中“幼儿园应当以游戏为基本活动形式”的表述就转变为一种应然的表达。从实然的“游戏是幼儿的基本活动”到应然的“幼儿园应当以游戏为基本活动形式”，这是一个大变化。因为实然的“游戏是幼儿的基本活动”基本都是认同的，但是并不等同于幼儿园教育能接纳游戏作为“基本活动”。且不说幼儿园教育接纳游戏作为基本活动，单从“儿童喜欢游戏而让他们在游戏中度过童年”这样的观点“绝不像一个逻辑上的推理那样简单，它是经历了漫长的人类文明史而逐渐得以确立

1 2015 年 12 月《幼儿园工作规程》正式发布，保留了这一原则。

2 2001 年 9 月颁布《幼儿园教育纲要（试行）》，《幼儿园教育纲要（试行草案）》废止。《幼儿园教育纲要（试行）》中关于游戏的表述为：教育活动内容的组织应充分考虑幼儿的学习特点和认识规律，各领域的内容要有机联系，相互渗透，注重综合性、趣味性、活动性，寓教育于生活、游戏之中。

的”[1]。中世纪西方有“原罪说”，当时教育的首要任务就是限制儿童的自由意志，游戏是受到压制的。中国古代“万般皆下品，唯有读书高”的训诫以及“业精于勤荒于嬉”的传统观念都把游戏置于“不务正业”的位置而形成与读书截然对立的局面。在相当长的一段时间里，游戏在日常生活中处于边缘，在教育中更难有合法地位。游戏从清末蒙养院时期的一种体育运动到后来作为幼儿园教育的手段，从伊始基本与教育没有关系到作为教育的手段，已是一个飞跃，将游戏作为“幼儿园的基本活动”更是确立了幼儿园教育中游戏的基础性、基本性的地位，这个变化是历史性的。

二、“基本活动”的学术解读：游戏意义的框限

（一）三种思路的解读

“幼儿园以游戏为基本活动”作为基本政策要义为幼儿园游戏的开展指明了大致的精神与方向，但具体如何来理解“幼儿园以游戏为基本活动”影响到游戏在幼儿园中的具体实施。对此，笔者查阅并梳理了当下关于“幼儿园以游戏为基本活动”的不同学者的解读，从目前查阅到的文献看，比较有代表性的观点有以下几种。

刘焱认为“基本活动”包含两个意思：“第一，从时间和频率的角度来说，基本活动是指在一日生活中除满足基本生存需要的活动（如进食、睡眠等）之外所占时间最多、发生次数最频繁的一种活动；第二，从重要性和价值方面来说，基本活动是对幼儿这一活动主体的生活或生长发展具有重要影响及价值的活动。”[2]华爱华认为，“所谓基本活动就是最经常、最适宜以及最必需的活动。其中，最经常的是指游戏是需要时间最长的活动；最必需的是指游戏是幼儿发展最离不开的活动；最适宜的是说游戏是最符合幼儿年龄特点的活动”[3]。虞永平认为，“所谓基本活动，意味着其是重要的和不可缺少的。”他认为具体有三层含义：“一是幼儿园课程应游戏化，充满游戏精神。所谓游戏精神应是自由的、自主的、创造的、愉悦的。不是个别环节要有游戏，而是一日生活都要充

1 刘焱．我国幼儿教育领域中的游戏理论与实践 [J]. 北京师范大学学报（社会科学版），1997（02）.

2 刘焱．我国幼儿教育领域中的游戏理论与实践 [J]. 北京师范大学学报（社会科学版），1997（02）.

3 陈宁．用自由的游戏点亮孩子的生命——访华东师范大学副教授、中国学前教育研究会游戏与玩具专委会主任华爱华 [J]. 早期教育，2009（12）.

满这种游戏精神，将这种游戏精神，融入一日生活中去。二是自由游戏时间要保证。儿童应有自由游戏时间，这种游戏时间不能被‘教学’及其他教师直接指导的活动所替代。三是其他活动环节，尤其像集体教学活动环节尽可能采用游戏方式。”[1] 王振宇认为“用‘基本活动’来界定游戏在幼儿园中的地位和作用，那就意味着在幼儿园中，游戏不是一个限定在某个时间段中的暂时性活动，也不是一个局限在某个特定区域中的局部性活动，而是一个存在于幼儿园教育中的带有基础性和根本性的主要活动。”[2]

上述理解可以分为三种思路：一是从游戏在幼儿园一日生活中发生的频率、所占的时间来理解“基本活动”，认为游戏作为幼儿园的“基本活动”，是要确保游戏在一日生活中所占时间最长、最经常发生。二是从游戏精神的角度来理解，使一日生活充满游戏精神，即使游戏活动所占时间不多、次数也不多，也能保证游戏的基础性。三是从幼儿园教育的整体框架来衡量，游戏应成为幼儿园教育中的基础性和根本性的主要活动。

（二）现有思路对游戏意义的框限

第一种思路：以保证游戏时间的方式来实现“幼儿园以游戏为基本活动”。

刘焱、华爱华等认同以保证或增加游戏时间的方式来实现“幼儿园以游戏为基本活动”。这是实现“幼儿园以游戏为基本活动”一种最直接的方式，它是在幼儿园一日生活有限时间中，确保游戏所占时间最多、最经常发生。近年，一些地方性学前教育政策文件中也有保证或增加游戏时间的相关规定，如浙江省教育厅 2014 年颁布的、2020 年修订的《浙江省幼儿园等级评定实施办法》和《浙江省等级幼儿园评定标准》把幼儿自主游戏时间的保障作为“省一级幼儿园”评定的基本条件，其中写道：“一天中幼儿有充足的时间进行自主游戏活动。至少有一次机会可以连续进行 45 分钟以上的自主游戏，同时提供多种选择（5 种及以上）”[3]。具体而言，“‘充足的时间’是指小班 120 分钟以上，中班 100 分钟以上，大班 90 分钟以上”[4]。

1 虞永平 . 课程游戏化的意义和实施路径 [J]. 早期教育，2015（03）.

2 王振宇 . 论游戏课程化 [J]. 幼儿教育（教育科学版），2018（04）.

3 详见浙江政务网（浙江省教育厅）http://www.zjzwfw.gov.cn/art/2014/5/23/art_326_4529.html.

4 详见浙江政务网（浙江省教育厅）http://www.zjzwfw.gov.cn/art/2014/5/23/art_326_4529.html.

不可否认，增加或保证游戏时间是确保游戏地位以及保障幼儿游戏权利的基本途径，但是从根本上说，这是在孤立理解游戏的基础上对“幼儿园以游戏为基本活动”一种机械的解读，如片面增加游戏时间而不注重游戏与教育、教学的相互关系可能会框限游戏的意义。

首先，片面增加游戏时间容易造成幼儿在园生活的分割，使游戏与教育产生意义上的割裂与对立。就当前来看，增加游戏时间的习惯做法是教师在完成教学任务的基础上再安排游戏，适当地增加游戏时间。游戏与教学往往分别占有不同的时间。这样，本应连贯、整合的幼儿在园生活被分割成互不相干的各个部分。虽然也有不少教师在游戏结束之后进行游戏讨论，有意识地将游戏内容延伸到教学活动之中。但是讨论内容主要围绕着纪律、安全等问题，而游戏中儿童所玩、所思、所感却被教师忽略了，且讨论的时间有限，老师结束讨论后匆匆进入另一个与游戏无关的其他环节之中。游戏的时间是增加了，但是玩归玩、教归教，游戏之意义没能进入教学之中并在教学领域中延伸与扩展。

其次，片面增加游戏时间容易使教师“重量轻质”，忽略游戏中的丰富意义。在时间保证的思路下，对游戏“量”的保证可能成为教师游戏开展的着重点，但是往往忽视了“质”——幼儿游戏过程中丰富的意涵，具体地说即幼儿在玩什么、怎么玩的、有什么感受与体验等幼儿在游戏中与“周遭世界”的交互与联系。上文呈现的对幼儿自主游戏的观察发现，老师把幼儿带到游戏场地，让孩子玩起来，适当注意纪律与安全问题，这样老师就觉得“万事大吉”了，很少有老师去关心、关注孩子们在游戏中玩些什么、怎么玩的、思考什么、感受什么，而这些才是游戏的核心意义。对游戏过程丰富意义的忽视一方面使游戏的意义框限在幼儿个体领域，教师与幼儿虽在同一游戏场地却在不同的意义世界之中；另一方面，教师的忽视甚至无视也使游戏意义局限在游戏场域而无法通向教育领域。

最后，以“游戏教学化”的方式来开展游戏是保证与增加游戏时间的另一种方式。这种方式虽然看上去与教师对游戏的“放任”完全相反，但同样可能存在“重量轻质”的问题。教师保证了游戏的时间，但是对于游戏是否是“儿童的”游戏，也即游戏之“儿童”属性——游戏作为儿童主体性活动之本质却被忽视了。在教学之强力下，游戏甚至沦为了实现教学任务的工具。当游戏失去其本质意蕴，丧失其作为幼儿自主性展现的本体性价值，那么游戏之意义也仅是实现教学意图、达成教学目标而已。当游戏仅是教学的手段，甚至附庸的时候，其“基本活动”地位就无从谈起，因为在这种情形下，教学才是“基本”的活动。

第二种思路：从游戏精神的角度把握与实现“幼儿园以游戏为基本活动”。

虞永平等学者提出在保证幼儿游戏时间的同时，游戏作为幼儿园的“基本活动”还应通过幼儿园课程的游戏化、通过一日生活充满“游戏精神”来实现。游戏精神主要包括了自成目的性、开放性、主动性等[1]。通过使非游戏活动（主要是教学活动）富有游戏精神来实现游戏作为幼儿园的“基本活动”，这种观点在近十几年里受到学界的推崇，王春燕[2]、黄进[3]、李敏[4]等均从不同视角探讨了游戏精神对于幼儿教育的重要性以及幼儿园游戏精神的缺失。以精神内核的视角来理解游戏，一改以往对游戏囿于“活动形式”的理解，拓宽了游戏理解的视域，也为游戏与幼儿教育的结合开辟了一条有实质性突破的道路。

首先，游戏精神本应是幼儿教育所具有的基本精神或底蕴。自成目的性、开放性、主动性……游戏所拥有的这些精神特质也是教育所具有的特性，随着教育的日益形式化与专门化，教育所应具有的游戏特质慢慢丧失了，所以对游戏精神的追忆以及在教育中复归游戏精神说到底是对教育之“本源样态”的追忆与复归。在这一意义上，游戏精神不限于幼儿教育阶段。

其次，游戏精神无以承载游戏活动之于儿童的意义。对于儿童，尤其是学前儿童而言，他们是确确实实地在游戏中生活、成长的，游戏是儿童的基本存在样态与生活方式，也是他们的基本权利。游戏之于儿童的意义不在于“它看起来像个游戏”，而是“这个游戏真好玩”。相对于教育，游戏与他们的生活、天性离得更近，更具“第一性”。这里的“游戏”是指有具体形态、游戏材料与游戏空间的实体性游戏活动，而游戏精神无以承载作为具体活动形式的游戏之于儿童的意义。

1　黄进．游戏精神与幼儿教育 [M]. 南京：江苏教育出版社，2006：59−79.

2　王春燕．以游戏精神实现教学与游戏的融合 [J]. 教育理论与实践，2002（12）.

3　黄进．游戏精神的缺失：幼儿园教育中的反游戏精神批判 [J]. 南京师大学报（社会科学版），2003（11）.

4　李敏．游戏精神关照下的课程知识观 [J]. 湖南师范大学教育科学学报，2007（05）.

最后，幼儿教育拥有“游戏精神”，是游戏作为幼儿园“基本活动”之前提，是幼儿教育的底色，但无以承载游戏作为幼儿园“基本活动”的全部意涵，也无法实现游戏意义向教育的延伸与扩展。幼儿教育拥有游戏精神，是开放的、主动的、自成目的的与游戏“亲熟”的——这是幼儿游戏之丰富意蕴通向教育并通过教育活动得以延伸与扩展的前提。但是作为“基本活动”的游戏有其独立的活动价值与意义，也即幼儿在游戏活动中与周遭世界的交互而建构丰富、独特的意义世界是游戏活动最核心的意义与价值，也是教育的基本意义生发点。这是仅有游戏精神所无法达到的。

第三种思路：游戏是幼儿园教育中的带有基础性和根本性的主要活动。

王振宇认为用“基本活动”来界定游戏那就意味着“在幼儿园中，游戏不是一个限定在某个时间段中的暂时性活动，也不是一个局限在某个特定区域中的局部性活动”，而是“存在于幼儿园教育中的带有基础性和根本性的主要活动”。[1]笔者认为，这一观点将游戏从孤立、单独的活动理解视域中解脱出来，从一种“关系”的视角来理解“基本活动”的意蕴，是对政策文本突破性的理解。从而，游戏作为幼儿园“基本活动”的实现也绝非仅通过保证与增加游戏时间就能实现的。

笔者认同将“基本活动”跳出单独活动视域的解释，赞同王振宇教授的“关系”性的理解。但遗憾的是王振宇教授没有基于“关系”的视角进一步阐释“基本活动”，而主要侧重于游戏对于幼儿发展的基础性意义与价值。这也反映了游戏在幼儿园中实施的基本思路：以游戏对幼儿发展的意义与价值为出发点，进行心理学层面的探讨，从而为游戏在幼儿园中的实施铺路。游戏的心理学探讨无以承载基于游戏的教学中纷繁复杂的游戏教育情境，更无法回应与回答如何基于游戏来开展教学的问题。这造成了“游戏很重要”“幼儿园要以游戏为基本活动”的观念建立与“如何开展游戏”“游戏与教学如何联系”等实践迷茫之间的强烈对比。如何让游戏的丰富意义与意蕴在幼儿园教育场域中自然生发并在教育中延伸与扩展不是单靠观念强化就能实现的。幼儿园教育场域中游戏与其他教育活动或要素之间的相互作用，以及在相互作用中发

1 王振宇．论游戏课程化[J]. 幼儿教育（教育科学版），2018（04）.

挥与实现“基本活动”的意义，是幼儿园游戏开展所要突破的重要问题。

三、“基本活动”的实施：多种结合的迷茫

“幼儿园以游戏为基本活动”的实施是通过游戏与幼儿园教育的结合来实现的，具体体现在游戏与幼儿园教学、课程等的结合。

（一）游戏与教学的结合：“游戏教学化”和“教学游戏化”

当前幼儿园中游戏与教学的结合主要有“游戏教学化”和“教学游戏化”两种方式。“游戏教学化”是指“教育者参与控制儿童的游戏，对游戏施加教育影响，以使得儿童更好发展的一种策略”[1]。它主张将游戏往教学上“靠”的做法，使原本自然的儿童游戏拥有更多的教育价值，具有自觉的教育性。游戏一旦进入幼儿教育领域，就不再是一种纯粹的自然活动，“它受到教育价值观的规范，被打上教育影响的烙印而成为教育活动”[2]。这本无可非议，但是游戏又是那么“脆弱”，当被人为地加上教育目的，被教育者“控制”的时候，游戏又会变得不像“游戏”。在“医院”游戏中，教师的教育期许隐含于一张“处方单”中，幼儿的游戏被这张处方单“指引”，虽然教师的“教”隐而不显，甚至教师都“不在场”，但教师的教育意志却成为一股强大的力量指引游戏有条不紊地进行着。这个看似自由的游戏从本质上说是“游戏教学化”的化身。王春燕认为，“‘游戏教学化’使游戏成为教学的忠实‘奴仆’，游戏所具有的内在规定性被抽空了，游戏只剩下了虚设的框架”[3]。

“教学游戏化”，“就是在教学实施过程中，尽可能地淡化教育目的，强化游戏的手段，轻结果重过程”[4]。“教学游戏化”主张教学往游戏方向“靠”，使原本枯燥、乏味的教学变得有趣、有吸引力，使教学活动变成幼儿喜欢并乐在其中的活动。这与传统的被动接受式教学方式相比无疑是一大进步。但“教学游戏化”的实施在借用游戏之“形”来使教学变得更“亲近”幼儿的同时也容易使游戏变成手段，甚至“诱饵”，从而丧失游戏之于幼儿的本体性意义。

1　丁海东，韩云龙．论游戏与教学的整合 [J]. 学前教育研究，2007（12）.

2　刘焱．幼儿园游戏教学论 [M]. 北京：中国社会出版社，2000：97．

3　王春燕．以游戏精神实现教学与游戏的融合 [J]. 教育理论与实践，2002（12）.

4　丁海东．学前游戏论 [M]. 济南：山东人民出版社，2001：126.

（二）游戏与课程的结合：课程游戏化与游戏课程化

“课程游戏化”是指“把游戏作为课程内容、活动形式与实施工具，以游戏精神贯穿于课程实施的整个过程，在活动中通过多种感官获得经验，促进幼儿的学习与发展”[1]。“课程游戏化”的主语是课程，谓语是“游戏化”。丁海东认为“课程游戏化”包含两层含义：“其一，游戏是儿童的一种活动类型或活动形式，是幼儿园课程实施的形式或手段；其二，游戏作为一种童年精神的载体，应该成为贯穿整个幼儿园课程的主线。”[2]虞永平认为，“游戏化是幼儿园课程的基本特征，课程游戏化不是把幼儿园的所有活动都改为游戏，而是要在确保幼儿自主游戏的情况下，让游戏精神落实到一日生活的各个环节，使幼儿园课程更加生动、丰富、有趣，更加适合幼儿参与”[3]。两位学者对“课程游戏化”的解释可谓异曲同工，均从游戏的两个层面解释了课程如何实现游戏化：一是“实线”——将游戏作为活动形式进行理解，要从活动形式上保证幼儿在幼儿园中享有比较充足的游戏机会；二是“虚线”——把游戏作为一种精神来理解，使幼儿园课程具有游戏精神。“实线”从形式上实现课程游戏化，游戏时间与机会的保证是幼儿游戏权的基本保障。《儿童权利公约》颁布至今已三十余年，游戏权是儿童的基本权利之一，“儿童游戏权首先表现在对儿童自主游戏机会的保证”[4]。“虚线”从精神层面上达到课程游戏化，体现了“课程游戏化”另一个诉求。“所谓游戏精神应是自由的、自主的、创造的、愉悦的。不是个别环节要有游戏，而是一日生活都要充满这种游戏精神，将这种游戏精神，融入一日生活中去。”[5]可以说，这里的“游戏”取其精神之意，表达课程改革以儿童为本位、更贴近儿童的价值取向。“游戏化是课程的一个基本特征。其实幼儿园课程本来就应该游戏化，幼儿园教育本来就具有游戏特征。”[6]“课程游戏化”是对在分科课程范式下远离幼儿生活、远离幼儿经验的幼儿课程的一种回归，课程的“回家”要回到幼儿的世界中、回到幼儿的生活中。“游戏精神”之意集中体

1 黄小莲．“课程游戏化”还是“游戏课程化”——命题背后的价值取向 [J]. 中国教育学刊，2019（12）.

2 丁海东．游戏的教育价值及其在幼儿园课程中的实现路径 [J]. 学前教育研究，2006（12）.

3 虞永平．课程游戏化的意义和实施路径 [J]. 早期教育，2015（03）.

4 虞永平．课程游戏化的意义和实施路径 [J]. 早期教育，2015（03）.

5 虞永平．课程游戏化的意义和实施路径 [J]. 早期教育，2015（03）.

6 虞永平．课程游戏化的意义和实施路径 [J]. 早期教育，2015（03）.

现了这种诉求。

而"游戏课程化"的逻辑起点是游戏，"是从幼儿的游戏出发，及时把握幼儿学习的生长点，通过引导和建构新的游戏，促进幼儿学习与发展的过程。游戏课程化是一个通过游戏的力量促进幼儿学习与发展的游戏链，其出发点是幼儿的游戏"[1]。周桂勋认为，游戏课程化，是游戏进入课程的过程，"是游戏从课程理解之外到成为课程组成部分的过程，或者说是游戏对于儿童发展价值的认同以及儿童游戏权利的捍卫的过程；它是在认同学前儿童成长和生活中游戏不可或缺的前提下，将游戏纳入幼儿园教育课程理解范围并进行实施的过程"[2]。"课程游戏化"，是"在尊重幼儿园课程传统的基础上对现有课程的提升、改造和完善"[3]，好比是用游戏来"叩问"幼儿园课程的大门，来警示现有课程不能远离幼儿的生活、偏离幼儿的经验，为现有幼儿园课程注入更多的活力，使课程"回归"儿童，更加贴近儿童的现实生活与已有经验。而"游戏课程化"，是在"课程游戏化"基础上更深度的"反转"，它主张幼儿园课程以游戏为本位，以儿童游戏为出发点，激励与带动幼儿园课程的动态生成。这里的游戏是幼儿园课程的中心，它是出发点，也是落脚点。课程由游戏出发，围绕着游戏中儿童经验的生成与生长，并"回归"到游戏，引发与促进更丰富的游戏。"游戏课程化"是用游戏来直接"打开"幼儿园课程的大门，将幼儿园课程引向以游戏为中心的幼儿经验的生成与扩展。"游戏课程化"是"游戏作为幼儿园的基本活动"的根本诉求，游戏的"根本性"与"基础性"不仅是增加一些游戏时间与游戏活动，更是需要以游戏为本位带动与激发幼儿园课程的生成与创生，促进幼儿经验的生长。它是对"游戏作为幼儿园的基本活动"更深刻的诠释与演绎。王振宇认为，课程游戏化是一种课程取向，"但如果我们不去触动幼教课程的根本观念和普遍现状，那课程游戏化的作用将是局部的、有限的。"[4]而游戏课程化是一种课程模式，"遵循的正是课程实施的创生取向和课程目标的过程模式的原则"[5]。

---

1 王振宇．论游戏课程化 [J]. 幼儿教育（教育科学版），2019（02）.

2 周桂勋．《纲要》与《指南》导向的游戏课程化 [J]. 陕西学前师范学院学报，2019（05）.

3 周桂勋．《纲要》与《指南》导向的游戏课程化 [J]. 陕西学前师范学院学报，2019（05）.

4 王振宇．论游戏课程化 [J]. 幼儿教育（教育科学版），2019（02）.

5 王振宇．论游戏课程化 [J]. 幼儿教育（教育科学版），2019（02）.

（三）多种结合的迷茫

不可否认，无论是“教学游戏化”“游戏教学化”“课程游戏化”“游戏课程化”等基于“化”的结合，还是基于游戏精神的结合，都是学界对实现“幼儿园以游戏为基本活动”的本土探索与努力，凝结了中国幼教人的智慧与心血。但是多样化的结合方式也透露出“幼儿园以游戏为基本活动”在实践中的迷思与迷茫。

首先是基于“化”的表述迷茫。“教学游戏化”“游戏教学化”“课程游戏化”“游戏课程化”中的“化”意为“易、变化”。变化，有质变与量变之分。质变的“化”是指性质的完全改变，取此意，“教学游戏化”和“课程游戏化”就是教学、课程变为游戏，“游戏教学化”和“游戏课程化”就是游戏变为课程、教学，这就等于否定了教学与游戏本身，这显然是不可取的。量变的“化”，是指事物自身存在的延续和渐进的变化，但是本身的性质没有发生改变。这就遇到了另一个问题，“教学游戏化”，就是教学中加入游戏的因素，“游戏教学化”，就是游戏中加入教学的因素，那么到底“化”到什么程度才是合理？怎么来把握整个度？又如何来实现这个“化”？这些都是难以把握的。

同时，基于“游戏精神”的结合是一种有限结合。仅有游戏的形式难以保证游戏的实质或内核，游戏精神无疑超越了游戏的具体形式，即“某个游戏”的形态，而关照了游戏的内核，从游戏精神的视角来理解游戏从而实现游戏与教学的“精神契合”，是游戏与教学融合的至高境界。但是，游戏作为儿童的基本生活方式也好，基本权利也好，都是以活动为主要存在方式的。作为活动的游戏是首要存在形式，作为活动形式的游戏时间与机会的保证是儿童游戏权的基本保障。在虞永平、丁海东等对“课程游戏化”的解释中，对作为活动形式的游戏与作为精神形态的游戏是并举的。或者可以说，游戏精神应是整个幼儿园教育、教学的基本“底色”，而游戏活动是幼儿园教育这幅画卷中的实际“线条”，它有鲜活的具体形象。色调与形象一起才能构成一幅生动的画，游戏精神与游戏活动共同构成了“以游戏为基本活动”的幼儿园教育的独特风貌。

第三节 哲思之困

游戏的“实践之困”是幼儿教育中游戏开展的现实困境，这是问题的“现象”浮现，游戏的“政策理解之困”解析了当前幼儿园游戏实施的政策指引——“游戏作为幼儿园基本活动”的理解局限。而在这两者的背后，有更深层次的因素在左右着幼儿教育中的游戏及其现实处境，即我们的哲学理念与思维方式。

一、现代范式下幼儿教育远离“游戏”

近代以来，“科学”日渐显示其强大的力量影响人类生活的方方面面。斯宾塞在《教育：智力、道德与体力》一书中写道：“什么知识最有价值？——唯一的答案是——科学。”如果说科学对人类的直接影响是物质繁荣与经济发展，那么其间接但又极具渗透性的影响是对人类思维方式以及社会运作的“控制”。“科学”成为这个时代的一种教条，进而成为一种形而上学，几乎统摄了所有领域与学科。舍恩（Donald Schon）称“科学”的思维方式为“技术理性”，也即马克斯·韦伯(Max Weber）的“工具理性”[1]。工具理性是“通过对外界事物的情况和其他人的举止的期待，并利用这种期待作为‘条件’或者作为‘手段’，以期实现自己合乎理性所争取和考虑的作为成果的目的”[2]。也就是说，持工具理性的人不看重所选行为本身的价值，而看重行为达成目的的有效性。

人类理性发展的现代化进程是在“工具理性”之路上高歌猛进，而在“价值理性”上日渐陨落的过程。“工具理性”极具渗透性地影响着现代社会的方方面面，形成一种强有力的“现代范式”，“控制着社群所使用的‘方法、问题和标

1 马克斯·韦伯把人的理性分为工具理性和价值理性，价值理性追求行为本身的价值，是“通过有意识地对一个特定的行为——伦理的、美学的、宗教的或作任何其他阐释的——无条件的固有价值的纯粹信仰，不管是否取得成就”。// 马克斯·韦伯．经济与社会（上卷）[M]. 林荣远，译．北京：商务印书馆，1997 :56.

2 马克斯·韦伯．经济与社会（上卷）[M]. 林荣远，译．北京：商务印书馆，1997 :56.

准’以及更广阔的‘信念、价值、技巧的聚合’”[1]。以“工具理性”为圭臬的现代范式下，世界好比是一台井然有序运行着的机器，有其固有的规律、原理和不可动摇的真理。真理就在“那儿”，在我们身外的某个地方独立于我们而存在，我们要去认识它们、寻找它们。这是一种“旁观者”的知识观，在这种“旁观者知识”的二元世界中，笛卡儿为知识造就了这样一个牢固的壁垒——人只能追寻这个真理，不能创造真理。他从怀疑一切出发，最终只接受最适宜的，相信最“无可置疑”的，而拒绝所有并非“完全正确”的。知识外在于我们而存在，“侧身旁观”是我们认识知识的方法。可观察的、可测量的基于数学确定性原理下的科学方法成了在如此宇宙观下的最可靠的方法。

“旁观者”的知识观与意义不相容，知识在客观“确然”的同时摒弃了其返回人的归途。“侧身旁观”的认识论定下了人与世界关系的基调——这个世界以及关于世界的知识是“异己”的，与我们没有本质的关联与牵涉，我们只有无条件地去如实地把握、拥有这些确然的知识。知识与人没有内在的深层联系，与人的情感无缘，与人的生命无关，与人的在世也无关，也即于人没有意义。20世纪科学技术的突飞猛进之路也是意义迷失之路，人是客观世界的认识者、探索者和利用者，人类在一路高歌猛进“向外”探寻的同时却丢下了“自己”、忘却了自身、迷失了返回自身之路——人之意义世界。

现代范式渗透中的幼儿教育潜在地排斥意义，“游戏品格”也与儿童的生活渐行渐远、日渐失落其本然……

（一）现代范式渗透的幼儿教育排斥意义

当前的幼儿教育是被现代范式全方位地渗透的幼儿教育。首先，幼儿教育高度制度化，高度制度化的幼儿教育体系难有意义的“容身之地”。“制度化”，“在一般意义上系指个人、社会团体的行为符合社会规范的程度及与之相适应的过程。作为制度化的过程，一般是指从不稳定、不严谨、非结构的形式发展为稳定的、有序的、有结构的形式的过程”[2]。现代幼儿教育的发展过程是一个日益制度化的过程，黄进从不同角度描述了制度化的幼儿教育：从物理空间上

1 小威廉姆·E. 多尔 . 后现代课程观 [M]. 王红宇，译 . 北京：教育科学出版社，2000：96.

2 陈桂生 . 教育原理 [M]. 上海：华东师范大学出版社，1993：74.

来看，教育日趋封闭于幼儿园的院墙之内，幼儿局限在自己班级的活动区域内……从心理空间来看，年龄阶段不同的幼儿分别处于不同的集体，幼儿只可能与自己同一年龄的伙伴交往……从社会文化空间来看，幼儿园与家庭、社会缺少关联，幼儿的生活空间被分割，各部分之间没有关系，甚至是冲突的……就时间角度而言，幼儿一日生活处于严格的控制之下，个人生活规律必须完全服从机构所规定的时间。[1]

幼儿走入幼儿园就仿佛走入了另一个与日常生活完全不同的世界，整齐划一的制度下幼儿的在园生活被硬性规定与规划，只容纳整齐划一的行动与回应，“差异在幼儿教育中仿佛成了一个消极的价值判断，‘一样’才是最好的，‘齐声回答’是教育活动中的主旋律”[2]。而独特性与差异性凸显的意义与这种“整齐划一”的制度化“追求”恰恰是相反的，在“制度化”的空间里难有意义的“容身之地”。

其次，“学科”倾向的课程体系难容儿童个体意义的自由生成。我国从新中国成立初期一直延续到20世纪八九十年代的幼儿园课程体系是典型的“学科”倾向的课程体系，它以一定的文化知识、行为习惯为基础，根据学科知识的逻辑体系来编排，分为体育、语言、认识环境、图画和手工、音乐、计算六科。它以系统化知识的掌握为目的，以知识的数量与准确性作为儿童学习好坏的评价标准。这样课程体系本质上与个体意义相抵触，难容儿童个体意义的自由生成。虽然，当今我国幼儿园课程已打破系统化的知识体系，以“经验”为中心来构筑幼儿园课程体系，但是“医院”游戏中教师通过处方单来隐性传达“知识化”的经验诉求、游戏课程设计中成人逻辑的渗透与统摄等等都在昭示着标准化知识对“经验”的隐性“控制”，潜在地排斥儿童个性化与差异性的意义世界的生成与展现。

最后，线性、封闭的方法论渗透进幼儿教育的组织与开展，本质上隔离了儿童个体意义的生成与扩展。被誉为“现代课程理论圣经”的“泰勒原理”是学校教育现代范式渗透的典型体现。“泰勒原理”课程模式可以概括为“制定目标—选择经验—组织经验—评价结果”[1]，目标选择与制定是课程的核心，是课

1 黄进．游戏精神的缺失：幼儿园教育中的反游戏精神批判 [J]. 南京师大学报（社会科学版），2003（11）.

2 黄进．游戏精神的缺失：幼儿园教育中的反游戏精神批判 [J]. 南京师大学报（社会科学版），2003（11）.

程实施的前提。目标的制定在课程实施过程之外，先于实施的过程与学生的学习。学生的发展需要展现的是“是什么和应该是什么之间的差距”，教育是要去缩短这种差距，去接近“应该是什么”的目标。一旦目标设定，也就“成功了一半”，接下来的事就是如何去接近目标，直至目标的实现。那么教育过程于目标而言是无足轻重的，只是一段由起点到终点的路程，路程在目标确定的同时就已经决定了。至于过程中发生的一切，只有一个标准，即是否有助于目标的实现，如果是就保留，不是就抛弃。

虽然“泰勒原理”的提出距今已有半个多世纪，现代幼儿园课程也早已超越了“泰勒原理”的单一模式而呈现多元化发展的趋势，但是线性、封闭的现代范式“灵魂”似乎仍在幼儿园上方“游荡”，挥之不去。如前所述，“游戏与学习融合”的游戏课程研究范例中，课程目标设计仍然居于游戏课程开发的首位，“幼儿学习关键经验汇总”作为课程目标仍贯穿于整个课程实施的过程之中。课程目标看似从幼儿学习的关键经验出发，改变了以往由教师决定与设计目标的形式，但是幼儿学习的关键经验主要还是来自教师对政策指导等中信息的梳理，课程目标体现的是教师基于理论与政策中的“儿童”所理解的幼儿游戏学习的关键经验，凝结的是抽象化的“单数”儿童。线性、封闭的课程开发与实施路径潜在地限制了实施过程中偶发事件的发生与意义的创生，框限了儿童作为意义生成主体多样化、个性化的意义世界的生成与扩展。

（二）现代范式下的幼儿教育远离“游戏品格”

早期教育自然地拥有“游戏品格”。孔子带领弟子游学于列国，边游边学，开阔视野，并通过生动活泼的“对话”育得弟子三千；庄子崇尚“逍遥游”，在“逍遥于天地之间”的嬉戏、游乐中体悟人生的真谛；苏格拉底的“精神助产术”是通过问答、辩论来引出真理。赫伊津哈说文明起源于游戏，游戏是文明的内在构成，但是人类文明的“游戏品格”却在陨落，“自 18 世纪以来，文明中的游戏因素就处于衰退之中……今天的文明已不再做游戏”[1]。现代教育在形式化发展进程中其“游戏品格”也在衰退，教育不再“做游戏”。

与自成目的、生成、开放的“游戏品格”相反，现代幼儿教育的目的外在

1 约翰·赫伊津哈．游戏的人——文化的游戏要素研究 [M]．傅存良，译．北京：北京大学出版社，2014：256.

化、幼儿主体性丧失、教育过程重复与封闭等问题日渐突出[1]。具体体现在教育目的预先设定并统摄着整个教育过程，教学内容追求精确与准确，教学内容被层层分解为一个个具体的信息点，教学过程也被简化为一个个可操作的具体步骤，教师拥有绝对权威而幼儿却成为被动的接受者……我们的教育不仅不再"做游戏"，甚至与游戏对立。

一方面幼儿教育在日渐丧失"游戏品格"，另一方面游戏又是幼儿的基本存在形式，幼儿教育又少不了游戏。由此，游戏被"化身"为一种能被现有教育接纳并以为其服务的形式存在于幼儿教育之中。于是我们就看到了种种如前所描述的"被围困"的游戏"图景"。

二、游戏的"经验"迷途

（一）教育中"经验"的复归

当前，游戏在幼儿教育中是以"经验"为基本定位的，即游戏是儿童的经验。"经验"在幼儿教育中的复归与确立使得游戏以儿童经验的"姿态"在幼儿教育中"复归"。"经验"在教育中的复归有一段历史过程。

在很长一段时间里，教育难容"经验"，而理性一直居于上风。这源于古希腊哲学对"超验世界"与"经验世界"的划分："超验世界"具有至高无上的优势，是真正的实在，也即"真实世界"；而经验世界是变动不居的，是不真实的世界。现实世界中的感性经验存在物只是对超验世界中理性超验存在的有限分有，不是真实的实存。柏拉图的"洞穴"隐喻很形象地将世界一分为二：经验世界的存在"可感却不可知，无法把握真正的本质，对此我们唯有意见而没有知识"[2]；另一个超验世界是经验世界的存在凭依，"可知而不可感，可用思想去把握却无法感性直观，真实存在是目所不能及，目之所及皆现象"[3]。这成为绵延于西方哲学史的理性主义（rationalism）和经验主义（empiricism）两种传统的根源。

古希腊哲学崇尚理性、贬低经验，衍生了西方理性主义的哲学传统。启蒙

1　黄进．游戏精神的缺失：幼儿园教育中的反游戏精神批判 [J]. 南京师大学报（社会科学版），2003（11）.

2　袁野．古希腊哲学的批判本性——"超验"对于"经验"的批判 [J]. 辽宁行政学院学报，2017（04）.

3　袁野．古希腊哲学的批判本性——"超验"对于"经验"的批判 [J]. 辽宁行政学院学报，2017（04）.

运动以理性之光驱散中世纪的蒙昧。培根（Francis Bacon）提出“知识就是力量”，吹响了理性主义的号角。笛卡儿以其著名的哲学命题“我思故我在”更是确定了理性的绝对权威，他认为一切真知都是由简单自明的观念演绎出来的，理性知识是可靠的，而经验则是靠不住的。理性主义哲学后经斯宾诺莎（B. Spinoza）、莱布尼茨（G.W. Leibniz）等哲学家进一步得到巩固。康德试图调和“经验”与“理性”，他的办法是既肯定经验论的原则——认识开始于经验，又肯定唯理论的原则——具有普遍性、必然性的知识来自理性。但是康德认为经验为理性提供素材，最终需要依靠人的理性才能把握真知。所以康德有调和“经验”与“理性”之心，却无力实现真正的调和，反而更巩固了理性的权威。

“经验主义”认为一切知识都通过经验而获得，并在经验中得到验证。但不同时期的经验主义哲学对“经验”有不同的理解。古希腊哲学中的“经验”是“通过身体感官与事物的反复接触，将感官活动的结果保存在记忆和想象之中，并应用于事物的操作，从而获得关于事物的知识和操作能力”[1]，这样的知识和能力即为经验，表现为各种行动、技能和手艺。启蒙运动时期，经验被赋予了理智和认知的内涵，经验是认知的途径，理性知识由感官观察而获得。但由于启蒙思想家认为经验的获得完全依附于感觉印象，因此“经验主义”在这时变成了“感觉主义”（sensationalism），“强调对事物的直接依赖，使经验不可避免地具有被动性与狭隘性”[2]。杜威的经验主义哲学“整合了古代和近代的经验概念”[3]，并做了富有时代气息的创造，其经验主义教育理论更促成“经验”在教育，尤其在幼儿教育中的复归与确立。

杜威的“经验”，说得简单点，人“做事情”，是人的实践活动。杜威反对传统哲学“理性人”的旁观者姿态，提倡人的“投入”与“参与”，人应投入与世界、环境的相互作用中。同时，环境中的变化又作用于人及其活动。“生物经历并体验其自己行为的结果，动作和体验或经历的形式的紧密联系就是我们所称的经验。”[4]“做”与“受”、有机体与环境、主体与客体、行动与材料都统一

1 张华．经验课程论 [M]. 上海：上海教育出版社，2000：230.

2 张华．经验课程论 [M]. 上海：上海教育出版社，2000：233.

3 张华．经验课程论 [M]. 上海：上海教育出版社，2000：233.

4 约翰・杜威．哲学的改造 [M]. 张颖，译．西安：陕西人民出版社，2004：49.

于“经验”之中。经验“不仅包括人们做些什么和遭遇些什么，他们追求些什么，爱些什么，相信和坚持些什么，而且也包括人们是怎样活动和怎样受到影响的，他们怎样操作和遭遇，他们怎样渴望和享受，以及他们观看、信仰和想象的方式”[1]。“经验什么”和“怎么经验”是统一于人的“经验”之中，是经验的“两套意义”。杜威的经验哲学把传统哲学中“侧身旁观”的静思的人拉入人生的激流中，积极投身于“做人”之“做”的高度参与之中，这是在世哲学。人生在世之“在”就是不断地“做事”的过程，“做事”就是人与世界进行相互作用的过程，人的“在世存在”都躲避不了通过“做事”与世界建立起的交互作用，在“做事”的变动不居与变幻莫测的激流中寻找人生的意义。建立在经验主义哲学基础上的经验主义教育，反对远离儿童生活的系统化抽象知识的学习，转而在实际生活与实践中、在“做”与“受”构成的经验中进行学习、开展教育。

20世纪中上期，杜威的自然主义经验论拉开了以经验为游戏立意的大幕，重塑了游戏的教育存在。杜威批评福禄贝尔的神秘象征主义教育脱离儿童的生活，用“经验”架起了一座联通生活与教育的桥梁。游戏是儿童的基本生活方式，生活化的游戏是儿童经验生长的重要途径。在游戏中儿童通过“做”与“受”的统一实现经验的扩展与丰富。这与福禄贝尔的游戏改造观有很大的不同。游戏的经验立意把游戏从教学中解放出来，以真实生活为基调的儿童游戏在教育中获得独立的价值与地位，幼儿园里开始呈现一幅生动、活泼的游戏景象。

20世纪六七十年代，发展心理学的游戏研究赋予游戏以科学的发展价值。“游戏基于儿童天性又能促进发展”逐渐成为一个稳固的话语体系，在幼教领域不断扩大话语权。[2]发展心理学的游戏研究成果被应用到幼儿教育中，衍生出了一系列以发展为归旨的幼儿游戏课程模式。基于皮亚杰认知发生论的高宽课程首先提出“关键经验”（key experiences）的概念，关键经验是幼儿发展必不可少的需要直接获取的重要经验，是“课程设计者希望幼儿在活动中获得的，对达成教育目标至关重要的学习经验”[3]。从皮亚杰的理论来看，守恒、可逆等经验

1 约翰·杜威．哲学的改造 [M]. 张颖，译．西安：陕西人民出版社，2004：49.

2 吴楚珊．被建构的儿童游戏——基于儿童游戏话语的考古学判读 [D]. 广州：广州大学，2019：28.

3 冯晓霞．幼儿园课程 [M]. 北京：北京师范大学出版社，2001：3.

的获得对儿童具有重要的作用，为儿童发展所必需。[1]“核心经验”（core experiences）是当代幼教领域“对杜威‘以经验为基础的教育’的理论探索与实践尝试”[2]。它是幼儿在某一领域的学习与发展中必须掌握的关键知识、能力和学习品质，是某个领域中跨越不同学习内容的“公约数”[3]。“关键经验”“核心经验”的提出从幼儿园课程的高度夯实了游戏的经验立意并强化了在目标指引下游戏实施的经验引领。这弥补了杜威时期幼儿园游戏“教师立场匮乏”[4]的问题，体现了儿童、社会、学科多向度的综合。

（二）游戏的“经验”迷途：意义的悬搁与限制

从学校课程实践来看，在处理经验与学科的关系方面存在独特的“钟摆”现象，但在学前教育领域基本形成了对经验取向的一致性共识。基于儿童的经验、扩展与丰富他们的经验是幼儿园游戏的基本立足点，“关键经验”“核心经验”的提出更是夯实了游戏的经验立意。但是，“经验”的复归、确定并获得追捧的同时，也埋伏着盲从的风险，忽视对其内涵的考量与现状的审视容易使“经验”成为一个“被玩坏”的概念。从当下游戏在幼儿园中的处境来看，这并非无病呻吟。

首先，游戏中的经验是谁的经验？在互通式角色游戏“忙碌的医院”中，按照“挂号—取号—看病—取药—打针”的流程到医院就诊，这显然不是儿童的经验，而是老师认为的儿童应当通过游戏而获得的经验，说到底是成人的经验。儿童的真实经验可能是对穿着白大褂、戴着口罩的医生的陌生与害怕，也可能是“打针很痛”的切身体验等等，这些不是概括化与流程化的，而是情绪化、情感化的，是与儿童自身体验密切相关的情境或片段。当固定的看病流程不是基于儿童现有经验及其切身体会，那么以固定看病流程来架构的游戏就只有机械的动作，却没有发自内心的情感与行动，在游戏中儿童木然的表情与呆板一致的动作已然说明了问题。当同行参观的一位老师装作病人露出痛苦的表情向“医生”求救的时候，“医生”板着脸说：“排队！”原本怀有敏锐感知与丰

1　叶平枝．在幼儿教育课程改革背景下重新审视关键经验的意义、内涵与特征 [J]. 学前教育研究，2008(11).

2　刘宝根．幼儿学习与发展的核心经验探讨 [J]. 幼儿教育（教育科学版），2008（9）.

3　刘宝根．幼儿学习与发展的核心经验探讨 [J]. 幼儿教育（教育科学版），2008（9）.

4　叶平枝．在幼儿教育课程改革背景下重新审视关键经验的意义、内涵与特征 [J]. 学前教育研究，2008（11）.

富情感的儿童做着大人般的超越自身年龄的行为，这并不令人欣慰，而是可悲的。当经验不属于儿童，儿童只是在游戏中体验着非自身经验的事情的时候，是不会有深刻的内心感受与体会的，或者这样的感受与体会只是由对新异刺激的好奇感带来的一时兴奋与激动，但是当刺激持续作用，这种感受就会归于平淡。

其次，经验就是经历吗？如果经验就是经历，只代表“经历过的事情”，那么基于这种经验的教育就只是“过场式”的教育。在幼儿园，老师和孩子很忙碌，一上午的时间里常常要做很多事情：做早操、户外自主活动、教学活动、吃点心等。孩子们在教师的催促下从一个点到另一个点，匆忙地在各个活动中“切换”，看似做了很多事，却像蜻蜓点水一般没有深入的感受。杜威说经验包括了有机体的“做”与“受”的统一过程，有机体对环境采取某种行动是“做”，环境对有机体行动的反应以及有机体对自己行动的意识是“受”。杜威的“经验”不是“经历过的事情”那么简单，而是自然地包括了有机体“做”之后从环境那儿获得“反馈”以及自己的感受，个体在“经历的事情”中的体验与感受是个体与周遭世界产生交互、建立联系后对自身的“回照”，这是生成意义的过程。“经历过的事情”如果没有切身体验与感受，如果没有触及个体的意义世界，本应是个体充盈生命意义的经验就只流于“动作”的堆砌，是没有多大意义的。“做”与“受”的“经验”统一需要儿童投入游戏中，与材料、伙伴充分接触与互动并由此而产生感受与体验——这是一个过程，需要相对充盈的时间与宽松的氛围。而在教师的催促下、仓促的时间里行动与感受统一的“经验”会被压缩成“走过场”的经历，失去生命意义的充分生成。

“走过场”的形式化教育，有使幼儿教育借用“经验”之名重新陷入理性主义巢窠的危险。“走过场”的形式化教育忽视幼儿已有经验，以成人的经验来取代儿童的经验，同时抽离了儿童对世界独特的理解与感知，儿童在成人经验的预设下只能按照成人的期许来完成规定的事情与动作。而成人的经验本质上也远离了人的“经验”的本然属性。“忙碌的医院”游戏中“挂号—取号—看病—取药—打针”的看病流程是成人对多次在医院就诊经验的概括与抽象，是抽离了不同的人对“看病”的具体理解与感知的对医院的理性、概括的认知。由此，不难发现，兜了一圈以后，幼儿教育虽然确立了“经验”的核心地位，但是在

"经验"的名义下理性主义仍在发挥着隐性而强大的作用。

经验并不排斥"理性"，经验是"做"与"受"的统一，是整体性存在的人与世界的交互作用，经验自然地蕴含与包含着理性。基于经验的教育要提防的是极端的理性——人仅以认知主体的"有限存在"与世界的交互作用。这样的人是"理性人"：将人的理智——能如实把握事物客观性的部分得到强化，而欲望、喜好、情绪、情感等非理智部分则被认为干扰人的理智而遭到摒弃。"理性人假设"是一种非完整性的人性假设，是基于"主客二分"的宇宙观的结果，是有限的非完整存在的人与周遭世界的交互作用。基于"有限存在"的人及其与世界的相互作用势必造就"有限意义"。只在"世界是什么"的层面"侧身旁观"于世界，而无法在"世界对我意味着什么""我该如何在这个世界存在"层面融于世界、与这个世界亲知亲熟。

皮亚杰的发生认识论以"理性人"架构幼儿与世界的关系，是基于"有限存在"的人性假设，他的理论"抽象始终高于具体，理性始终高于感性，普遍始终高于差异，人的自然的、感性的、个别的、独特的因素被作为初级阶段要加以克服和超越"[1]。皮亚杰对游戏的理解是"理性人假设"在游戏领域的延伸与拓展，他认为不同思维阶段的儿童的世界认识方式决定了他们在游戏中的行为表现。当以"理性人假设"来解释儿童游戏、以儿童的思维方式来约化游戏的时候，也即否定了作为人的游戏的整全与整合，框限了游戏可能的丰富意蕴与意涵。

对于儿童来说，他们与世界的交互是作为整全的人以一种融入与投入的方式与世界亲密地互动，在游戏中他们投入、沉迷、沉醉，在一种"物我两忘"的游戏境界中感受着、体验着，不仅感知着、认识着周遭世界，更是建立起了与世界的生命关联，也生成、流动着意义。而在形式化经验的教育中，成人经验对儿童经验的"侵占"却使游戏失去了作为儿童基本生活方式与日常经验的本真意义，虽然儿童也在游戏、在玩，但固定的流程、机械的动作与沉闷的气氛都使其与真正的游戏相去甚远，游戏中的儿童落入了"被游戏"的境地，这样的游戏经验失却了经验本应具有的"做"与"受"的统一性，失却了儿童全身

1 黄进．体验为本的游戏——再论"游戏是一种学习"[J]. 学前教育研究，2003（06）.

心投入游戏中的意义的涌现与流动。基于这样的经验的教育无法抵达儿童的意义世界，无法滋养他们的心灵、润泽他们的精神，也无法企及“过更好的生活”的本体论意义。

三、“中心论”对游戏意义的固封

“被围困”的儿童游戏可以归为两类：一类是在尊重与支持儿童游戏自主性的名义下，视教学为对游戏的“干扰”而进行的“放任自由”的游戏；另一类是将游戏囊括在教学的强力之下，使游戏化身为“教学游戏”。如前所述，“自主游戏以及游戏后的游戏讨论”属于第一类。在这类游戏中，游戏与教学“游离”，自主游戏中丰富的意义无法通向教育，意义无以在教育领域中延伸与拓展。教学游戏“小白兔采蘑菇”属于第二类，在“冷清的柜台与拥挤的等候区”“忙碌的医院”等互通式角色游戏中，虽然幼儿在自由地游戏，教师甚至都不在场，但是“成人意志”却通过游戏场馆、游戏材料的设置等隐性地“控制”着游戏，仍属于第二类游戏。这两类游戏都有其哲学观基础。

这两种游戏前者属于“儿童为中心”，后者属于“教师为中心”，是“中心论”教育取向的不同反映。“儿童为中心”充分尊重儿童游戏的自主与自由，而教学则被视为对游戏的干扰。而在“教师为中心”取向中，教师则位于中心位置，游戏主要由教师主导与设计。

（一）“中心论”的哲学源起

“中心论”教育取向是主体论哲学在教育领域的反映。“主体性”（subjectivity）的出现是人类发展到一定阶段的产物。

在人类发展之初，个体的生存依赖于自然、依附于群体，个体无法脱离群体而单独存在，人类混沌未开、主客不分，没有主体意识。随着人类生产力的逐步发展，人认识、利用、支配自然的能力提升，人之主体性也逐渐孕育。“主体性从本质上说是活动主体在同客体的相互作用中所表现出来的功能特性，是活动主体区别于活动客体的特殊性。”[1] 笛卡儿的“我思故我在”宣告了近代主体性原则的正式到来。笛卡儿把“我”当作心灵实体，当作一种纯粹的精神、

1 尹艳秋，叶绪江．主体间性教育对个体主体性教育的超越 [J]. 教育研究，2003（02）.

理性的存在。他将主体特权授予了人，认为主体就是自我、心灵或灵魂。“我”在“思”的指引下行动并成为行动主体，我思之自由即为主体性。这里的主体性是理性主义与主体性结合的产物。“我”以“思”成了绝对主体，所“思”之物是对立于“我”之主体的客体，这形成了主客体二元对立的基础。康德的“人为自然立法”夯实了主体性哲学的地基。

二元对立的主体性哲学在教育中集中体现在对教师与儿童（学生）关系的处理上，形成了“教师为中心”和“儿童为中心”两个取向。长期以来，“教师为中心”取向占有优势。教育一般被视为“教育者有目的、有计划、有组织地对受教育者施加影响，以期变革、改造受教育者，使其达到教育者预期目的的活动”[1]。在这里，教师是教育的自然主体，拥有教育的绝对主导权与主动性。而儿童（学生）则是被教育的对象，是与教师这一教育主体相对的教育客体。被对象化的儿童在教育中成为一种“物化”的存在，被填塞知识的“容器”、被塑造的“作品”、被制造的“产品”等都是被“物化”的儿童的隐喻。在幼儿教育中，幼儿的“年幼无知”与“涉世未深”似乎使“教师为中心”更成为一个顺理成章、不证自明的真理。黄进考察了《幼儿园暂行规程》(1952 年)、《幼儿教育纲要》(1981 年)、《幼儿园工作规程》(1996 年）等政策文件后指出：“从对于‘教育’一词的各种解释：培养、促进、教给、发展、增进、萌发，我们可以发现，幼儿在教育这一活动中被培养、被促进、被教给、被发展、被增进、被萌发的被动地位。”[2] 在“教师为中心”的取向下，教师的“教”在教育中占主导地位，而儿童的“学”则是在教师的“教”的主导下的一种“跟随”行为。

“儿童为中心”始于卢梭“性善论”的自然主义人性假设，福禄贝尔、蒙台梭利等延承并实践了卢梭的儿童观，而正式提出“儿童为中心”的是杜威。杜威认为，“传统教育”就是一种静听式教育，学校里的一切都是为“静听”准备的。“学校的重心在儿童之外，在教师、在教科书以及你所高兴的任何地方，唯独不在儿童自己即时的本能和活动之中。”[3] 由此，杜威提出教育重心的转移——“这是一种变革，这是一种革命，这是和哥白尼把天文学的中心从地球

---

1 冯建军 . 主体间性与教育交往 [J]. 高等教育研究，2001（11）.

2 黄进 . 游戏精神的缺失：幼儿园教育中的反游戏精神批判 [J]. 南京师大学报（社会科学版），2003（11）.

3 约翰·杜威 . 民主主义与教育 [M]. 王承绪，译 . 北京：人民教育出版社，2001:17.

转到太阳一样的那种革命。这里，儿童变成了太阳，而教育的一切措施则围绕着他们转动；儿童是中心，教育措施便围绕着他们而组织起来"[1]。杜威提出"儿童为中心"是希望教育能从儿童出发，从儿童的兴趣与需要出发，但他的本意并不止步于此，而是希望从儿童出发来引向社会，连接儿童个体与社会。同时，杜威的"儿童为中心"也绝非对教师作用的摒弃。但在二元对立的传统思维方式下教育的"钟摆"却从一端摆向了与之相反的另一端，将杜威"儿童为中心"的理论曲解为一种极端化的"非此即彼"的解释：儿童成为主体就意味着教师成为客体，"极端强调儿童，将成人置于一种轻贱的地位"[2]。

（二）"教师为中心"：对游戏的工具性占有

"教师为中心"是通过教育目的的设定、教育内容的选择、教育过程和教育方法的掌控等实现的，教师是实施教育行为的主体。与之相对，儿童是客体，游戏作为儿童的"专属"与象征在儿童被对象化的同时也被对象化，成为教师实施教学、达成教育目的的手段。在相当长的一段时间里，我国幼儿教育中的游戏主要以"教学游戏"的形式存在，是"在教师的领导下，为完成一定的教学目的，师幼遵守一定的游戏规则共同进行的活动"[3]。教师的作用在"教学游戏"中处于绝对的核心地位。《幼儿园暂行教学纲要（草案）》（1951 年）中写道："教师必须很好地领导和参加幼儿的游戏，供给游戏时所必需的材料，启发和建议幼儿创造游戏、选择材料、确定游戏的目的和方向。……游戏时要注意使幼儿遵守规则，随时予以纠正……游戏时要教导幼儿熟悉各种玩具的名称、使用方法以及保护玩具的习惯。"教师通过游戏方向的确定、材料的选择、游戏的启发和建议等全方位地"控制"着儿童的游戏。"教师为中心"的游戏教学模式在相当长的时间里存在于我国幼儿园，对我国幼教实践产生了深远的影响。虽然，当下我国幼儿园游戏教学的实施主要围绕着幼儿经验来展开，但是如前所述，在"为了儿童"的名义下，成人意志仍在隐性地"规划"或"指引"着儿童游戏，"教师为中心"仍在隐而不显地发挥着作用。

对游戏的工具性占有，也即游戏在教育中得以存在是以其能"辅助"教学、

1 约翰·杜威．民主主义与教育 [M]. 王承绪，译．北京：人民教育出版社，2001:17.

2 杨颖慧．儿童中心主义理论生命力的压抑及其彰显 [J]. 教育评论，2015（02）.

3 王春燕．中国学前课程百年发展与变革的历史研究 [M]. 北京：教育科学出版社，2004：106.

实现教育目的的价值而存在，这是一种游戏之于儿童的发展性价值，当代心理学、脑科学等新兴学科的研究为体现游戏的发展性价值“加筹加码”，在巩固游戏在教育中的地位的同时也使游戏的本体性价值，也即存在性价值——享乐、休闲的价值在教育中迷失。儿童为什么对游戏那么痴迷？对于这个问题，不乏先哲的回应：赫伊津哈说因为游戏使游戏者产生一种“被抓住、被震撼、被弄得神魂颠倒”的心理状态；伽达默尔说游戏的人在游戏中是一种“沉迷”“忘我”状态……恰恰是游戏使游戏者“沉沦”了、“沉迷”了，“主体”被游戏“裹挟”了而使人对游戏趋之若鹜、欲罢不能。这是游戏之于儿童的存在性价值：儿童全身心地投入游戏中，在此时此刻的游戏情境中人与物交融、身与心交融、情与意交融、思与感交融。同时，在这种“沉迷”中儿童与周遭世界做着充分而又亲密的交互：正是他们与游戏材料的密切交互激发想象才能使游戏产生，他们还得考虑现实环境与条件才能使游戏玩得起来，他们与伙伴协商、交流才能使游戏玩得下去。在游戏所带来的愉悦与满足的强大动力驱动下，儿童不得不使出“浑身解数”让游戏产生并进行下去。在这个过程中，儿童的各种天赋本能得以激发与实现，能力得以提升……游戏的发展性价值自然而然地显现了。

对游戏的工具性占有是在“教师为中心”框架下对游戏的对象化与手段化，它跳过了游戏之于儿童的存在性价值，只关注游戏之于儿童的发展性价值，这是跳跃了游戏之“体”而直接取其“用”，降格了游戏作为儿童基本生存样态与生活方式的“存在”，而当游戏之价值被取舍与片面利用的时候，必然使其在教育中的存在样态远离其本然面目，游戏的儿童陷入“被游戏”的境地。

（三）“儿童为中心”：对游戏意义的辖制

较之“教师为中心”，“儿童为中心”取向对儿童游戏更为宽容。但是，“儿童为中心”的基本立足点仍是主体性哲学，主要是以“有界自我”为特征的“认知主体”，在此取向下游戏之丰富意蕴受到辖制，同时也限制了游戏通向教育的多重可能。

首先，主体性游戏视域辖制了游戏的本体性意蕴。

教育中心从“教师为中心”向“儿童为中心”的转移促进了儿童游戏在幼儿教育中的复归，也使游戏不再依附于教育、教学，而凸显了游戏作为“儿童的”游戏的基本属性。但是，正是因为游戏是借助了“儿童为中心”的浪潮，“儿童的”这一游戏的从属性也在一定程度上辖制了游戏的本体性属性，也即，研究者“看”游戏、教师开展游戏都是从儿童视角出发的。当然，游戏作为儿童的基本存在样态与生活方式，从“儿童”的主体性视域来探讨儿童游戏本无可非议，但是近现代“认知主体”的儿童发展视域“框限”了儿童作为“存在主体”的丰富意涵，使得儿童游戏的研究也相对局限于游戏对儿童发展的作用、价值等有限意义，使游戏不仅被局限于“儿童的游戏”之主体性视线内，而且也被限制于“认知主体”的发展性意义之中。游戏不限于儿童，游戏生物学研究早已发现动物（尤其是高等哺乳动物）也常常游戏，游戏也早于人类文明而存在。——游戏是“意义隽永的形式”[1]，它的意义比“儿童的游戏”更广阔，比人类的文明更深远，游戏的主体性视域使游戏置于一种被限定依附的境地，辖制了游戏深远、丰盈的意义。

同时，有界自我的“认知主体”辖制了丰富意义的游戏通向教育的可能。

“儿童为中心”中的“儿童”的主体性意涵被打上了西方主体性哲学的有界自我的“认知主体”的深深烙印。在笛卡儿为主体性设定一个“我思”的基本假设与定位的基础上，莱布尼茨用“单子”来进一步解释人作为主体的“个体性”。他认为有无限个称为“单子”的实体，单子是没有窗户的、孤独的，然而却是精神实体，是灵魂，它内在于有形事物之中，其自身的生命力赋予万物生机和活力。单子是一面镜子，可以反映宇宙全体的面貌，这使笛卡儿的“自在”的“我思”主体获得了一种“自为”的含义。

皮亚杰儿童认知发展阶段论是典型的以“单子式”的“认知主体”为基本假设的理论，为“儿童为中心”提供了心理学的佐证。皮亚杰认为儿童认知的起源是主体与客体密切的相互作用，这是“破界”的、开放的发生认知发展观，但是认知发展确是“有界”的，不同文化、不同种族的儿童都要经历相同的从低级到高级的认知发展阶段。儿童发展有其“自成一体”的发展阶段与规律，这一发展规律就像一个铁的定律一样超越了种族与文化、历史与情境。

“认知”视域下的游戏对游戏意蕴的窄化已在前面详述。同时，“有界自我”的设定潜在地排斥外在的影响。皮亚杰的游戏理论是从其儿童认知发展理论派

1　约翰・赫伊津哈．游戏的人：文化中游戏成分的研究 [M]. 何道宽，译．广州：花城出版社，2007：5−6.

生的，他认为儿童现有的思维发展水平决定了他们的游戏水平。游戏是一种促进儿童与环境交互、实现“同化”作用的活动，它起到练习与巩固新的认知水平的作用。皮亚杰儿童认知发展理论不仅构筑了去文化、去情景的“孤独”的“思考者”的儿童形象，而且以其认知理论为轴心构建的儿童游戏与教育理论也勾画一幅去文化、去情景的“游戏图景”。

有界自我的“认知主体”假设夯实了“儿童为中心”的游戏取向，儿童不仅是游戏的主体，在游戏中也有自足发展的内在潜力与能力，而包括成人在内的外部影响则成了某种干扰，甚至是对儿童自主性的侵犯，成了一种“避讳”。这样，教师对游戏的放任自流与不管不顾似乎就是顺理成章的事情了。我们在儿童“自由游戏”与教学游离的案例中能够充分感受到在“儿童为中心”的名义下，教师对游戏与儿童的放任自流与不管不顾。儿童在游戏中的所作所为、所感所悟仅局限于儿童自身，无法在儿童、同伴、教师之间流转。教师对游戏的放任不顾直接框限了游戏的意义，游戏结束之时也是其意义止步之时，游戏中丰富、隽永的意义无法通向教育，无法在儿童、成人之间引起意义的回荡与共鸣。这是对儿童基本生存样态与生活方式的教育“无视”，也是一种教育的不作为。

第二章

CHAPTER 2

游戏与教育的聚散离合

现在从过去走来，向未来走去。当前游戏在我国幼儿教育中种种“被围困”的处境也有其形成脉络和历史缘由。虽然“幼儿园以游戏为基本活动”从政策上大致确定了游戏在我国幼儿教育中的身份与地位，但对“基本活动”的不同诠释决定了游戏在幼儿园中的实际境况。它是现在的——反映着当前社会物质文化水平以及游戏的教育价值与功能；它也是历史的——游戏与教育关系的历史发展之路铺就了游戏在幼儿园的现实境遇。游戏在我国幼儿园中的角色变迁述说着游戏的“前身”，也埋伏了游戏“现世”的种子。对游戏与教育关系的历史考察能使我们明晰游戏与教育关系的原初状态与发展脉络、缕析形成当前幼儿教育中游戏现实处境可能的历史原因，从而为“被围困”的儿童游戏探寻可能的突破途径。

第一节 游戏与教育的分与合

一、作为原始教育形式的游戏：自然融合

将原始社会时期的教育称为“原始教育”，是以高度分化的现代社会作为参照物的。我们以政治、经济、教育、文化等特有名词来指代相应的活动或对象，且具有相应的特定含义及其覆盖的界限。但是在人类文明发端的原始社会，混沌、包容是它的最大特征。卡西尔（Ernst Cassirer）说：“当科学思维想要描述和说明实在时，它一定要使用它的一般方法——分类和系统化的方法，生命被划分为各个独立的领域，它们彼此是清楚地区分了植物、动物、人的领域之间的界限。”[1]而原始社会的生命观或宇宙观“是综合的，不是分析的，生命没有被划分为类和亚类；它被看成是一个不中断的连续体，容不得任何泾渭分明的区别。各不同领域的界限并不是不可逾越的栅栏，不是流动不定的。”[2]原始社会的教育也不像现代社会那样有特定的实施场所——学校、专司其职的从教者——教师、系统化的教育材料与安排——教材及课程等。原始教育是一种“零碎的、不系统的、无专职教师的”[3]教育。美国教育史学家孟禄（Paul Monroe）在其《教育史教科书》中把原始教育称为“非进取性的适应性教育”（education as nonprogressive adjustment）。这是原始社会的人的一种自发的活动，是为了适应自然环境和社会生活的一种非专门化、非制度化的活动。

游戏是原始社会一种重要的技能习得方式。在人类社会发展初期，人类的生存环境是艰苦、恶劣的。在生产工具简陋、生产力低下等各种条件限制下，

1 恩斯特·卡西尔．人论 [M]. 甘阳，译．上海：上海译文出版社，1985：104.

2 恩斯特·卡西尔．人论 [M]. 甘阳，译．上海：上海译文出版社，1985：104.

3 张诗亚．西南民族文化教育溯源 [M]. 上海：上海教育出版社，1994：14.

在恶劣的自然环境中生存下去是当务之急。年幼的儿童要生存下去，除了长辈的庇佑还需要学习生存的技能。他们没有专职的教师，一般由经验丰富的长辈在具体的活动中自然而然地展开教育，是寓于生活中随情境自然生发的教育。这种教育的首要目的是传授与生活、生存密切相关的一些技能、习俗。游戏成了未来氏族成员——儿童模仿长辈、练习生存技能、适应环境的主要途径。也有学者称这种教育形态为“随境教育”，即“随着人们从事的具体活动（生产、生活、庆典等）自然而然展开的教育活动，是寓于其他活动之中的，是整个情境的一部分”[1]。人类学家列维－斯特劳斯（Claude Levi-Strauss）到巴西中部高原和亚马孙河流域考察印第安人的生活，在其 1955 年出版的《忧郁的热带》一书中记载了居住在亚马孙河流域马托格罗索高原的南比克瓦拉人的生活，其中描述了那里的男孩怎么通过情境化游戏来接受军事教育（攻击的时间、埋伏的技巧、发信号的技能以及如何制作攻击武器等）的：

南比克瓦拉人习惯在黎明发起攻击，他们埋伏的方式是在丛林的不同地点隔一定的距离，有人藏在那里。每个人颈间挂一个哨子，攻击的讯号是吹哨子，由一个人传给下一个人。哨子是用绳子绑在一起的两根竹管。打仗用的箭和平常用来打射大型动物的完全一样，不过在矛状的顶端有锯齿形的刃。浸过箭毒的箭头，在打猎的时候经常用，但从不用来打仗，因为被射中的敌人在毒药散布于身体里面的时候就能把箭拔出来。[2]

宗教仪式作为一种特殊的游戏发挥着重要的教化功能。原始社会的人类面临着众多不确定的因素，如自然灾害、野兽攻击、部落冲突与战争等，宗教仪式成了他们企盼神灵庇佑、维护部落（团体氏族）秩序、企求内心平静的特殊方式。“成人礼”是一些原始部落为承认年轻人成为成人、具有进入社会的资格而举行的宗教仪式，是年轻人从儿童迈向成人必经的经历。人类学家本尼迪克特（Ruth Benedict）在《文化模式》一书中记载了美国西南荒芜高原上的祖尼族儿童的“成人礼”：

1　袁宝华 . 原始教育重释——人类学视野中的原始教育 [D]. 重庆：西南师范大学，2001.

2　列维－斯特劳斯 . 忧郁的热带 [M]. 王志明，译 . 北京：生活 · 读书 · 新知三联书店，2000：391.

祖尼儿童在5~9岁期间获得第一次参加成人礼的资格。戴着卡奇纳斯面具的假扮神用丝兰鞭抽打这些孩子，以“驱除不祥事件”，使未来诸事顺利。当这些孩子十四岁左右，还要被更强壮的假扮神鞭打一次。这时他们会戴上卡奇纳斯面具，并让他们知道，扮演卡奇纳斯的舞蹈者不是来自圣湖的超自然物，而是他的邻居和亲属。最后一次鞭打完，让四个个子最高的孩子同那些曾鞭打他们的吓人的卡奇纳斯相对而立。祭司摘下头上的面具，戴到孩子头上。丝兰鞭从卡奇纳斯手中拿下，放在孩子手中，命令他们鞭打卡奇纳斯。之后，祭司对孩子讲一个男孩无意中泄露了卡奇纳斯是人扮演的秘密而被面具神杀害的传说。现在这些男孩成了崇拜者的成员并可以扮演面具神了。他们成了有资产的已婚男子之后才能制造面具，举行面具入会式。他们再次受到那些卡奇纳斯的鞭打。面具一旦属己，他的家就有了价值，他死后，面具会随葬。[1]

“人类社会的重要原创活动从一开始就全部渗透着游戏。……文明生活的重要原生力量——法律与秩序、商业与利润、工艺与文艺、诗歌、智慧与科学，都源自神话和仪式，都根植于游戏的原始土壤中。”[2]原始社会中这种“成人礼”的宗教仪式展现了当时的人们超生物本能的社会生活，用游戏的形式表达了文明初期人类对生活与世界的理解，这是文化滥觞期的特质——游戏的性质。这种宗教仪式也承担着强大的教化功能。张诗亚先生在分析“成人礼”对个体的影响时说：“在这种浓郁的宗教氛围和强烈的感情体验下完成其全过程的教育，往往能收到事半功倍的效果，使受教育者全身心地激奋不已，终生不忘，并在今后的行动中自觉地流露出其持久的影响，很多经历过成年礼的老人至今还能清楚地描述几十年前的情景，甚至一字不差地讲出当时被告诫的话语或自己诵过的誓词。”[3]

我国一部分少数民族长期处于原始社会形态中，他们的教育也保存着与生活、与游戏同一的原初形态。云南省基诺族的教育就长期保留着原始的特性：

基诺族位于云南省西双版纳傣族自治州，那里在解放前没有文字，也没有学校，在基诺语中连“老师”或“先生”等词也没有，其教育组织形式，在15岁以前，主要是

1 露丝·本尼迪克特．文化模式 [M]. 王炜，等译．北京：生活·读书·新知三联书店，1988：56−57.

2 约翰·赫伊津哈．游戏的人：文化中游戏成分的研究 [M]. 何道宽，译．广州：花城出版社，2007：4−5.

3 张诗亚．祭坛与讲坛——西南民族宗教教育比较研究 [M]. 昆明：云南教育出版社，1992：132.

家庭教育，并辅以长者的影响和培养。而男子到了15岁以后，则受到另一种形式的教育，就是"饶考"。参加"饶考"的手续十分简单，到了一定年龄的年轻人，一般只要携带上一些酒，到"饶考"组织的驻地，同全体成员享乐一番，就算是入了"饶考"。……"饶考"的活动场所是一至数户热心和善的老人的家，也算是这个组织的驻地，被称为"尼高撮"，即"玩乐之家"的意思……"饶考"的教育活动比较多样，主要有：过年的歌会活动、体育竞赛活动；日常在"尼高撮"竹楼里的社交活动；战争时期的军事教育活动。这些教育活动是以相互学习、能者为师的方式进行的，是同劳动、游戏及其他社会实践紧密结合在一起的，所有男性青年在学习上是完全平等的。[1]

综前所述，游戏与教育，在原始形态的社会中是融合不分的。这种融合认为教育与游戏都是人的生活，原始教育是一种"非进取性的适应性教育"，教育是为了学习生活所必需的基本技能、掌握群体的文化习俗从而能适应自然、群体而存活下来，游戏成了他们模仿长辈、练习生存技能、适应环境的主要途径之一。为了适应自然环境，原始人在狩猎、搭建等"游戏"中学习基本生活技能。为了适应群体生活，原始人在各种宗教仪式的"游戏"中接受本族群的文化习俗与族群要求。教育自然地融于游戏之中，儿童在游戏中自然而然地受到教化与滋养。

在古希腊语中，"游戏"和"教育"是同一个词（paideia），区别在于发音时重音位置的不同。"重音落在第二个音节上，是'教育'（pie dee ´ ah）；重音落在最后一个音节上，是'游戏'（pie dee ah ´）。这两个词都源于希腊语中'孩子'一词（pais）。"[2] 游戏与教育的同一性是游戏与教育关系的原初形态，随着人类社会的发展与人类文明的演进，游戏与教育的关系也在演变与发展。

二、限于"儿戏"的游戏：相互分离

由于生产方式的改进、生产力的提高，人类社会出现了剩余产品，随即出现了私有财产与阶级分化。人类知识经验也日益丰富，一部分人从物质生产劳动中脱离出来专门从事文化活动，整理、总结日常生活经验。作为记载、保存

1 冯春林，崔兴盛，殷质聪，王其芬．基诺族原始社会形态教育初探 [J]. 昆明师院学报（哲社版），1980（05）.

2 詹姆斯·约翰森，詹姆斯·克里斯蒂，弗朗西斯·华德．游戏、儿童发展与早期教育 [M]. 马柯，译．南京：南京师范大学出版社，2013：2.

人类知识经验的载体——文字出现了，这改变了传统的亲授与口授为主的经验传递方式。同时这也需要年轻一代来掌握这种经验传递方式，专门传递以文字为载体的知识经验的教育机构——学校应运而生。

专门教育机构的产生标志着游戏与教育相互交融的原始状态开始变化，游戏与教育走上了分离之路。在西方，“大概从17世纪末开始……学校代替学徒制成为教育的方式，这意味着儿童不再与成年人混在一起，不是直接通过与成年人的接触来学会生活。尽管步履蹒跚、姗姗来迟，但儿童最终与成年人分开，这种分隔犹如检疫隔离，之后儿童才被松手放归于世界。这种隔离机构就是学校”[1]。尽管原始形态的教育活动仍然存在，但是，学校的产生意味着教育从人类生活中脱离出来，开始走上专门化、制度化之路。“以文字为学习对象和重要媒介的教学方式，取代了原始教育时代以观察、模仿和游戏为主要机制的教学方式。”[2]游戏丧失了以往具有的教育功能，从而退出了教育领域，而被归属于身心柔弱还不能承担学业压力的学前儿童的“专利”，学前期被看作游戏期。

印刷术的发明加剧了游戏与教育的分离。一方面印刷术使学校教育的知识传播变得更为便利与系统化，这大大提高了学校传递、传播人类知识经验的效率，而游戏等生活化经验传递的方式则显得低效与落后。另一方面，印刷术更潜在地改变着人的思维方式。书籍的印刷形式创造了一种全新的组织内容方式，从而推动了一种新的思想组织方式：“印刷书籍所具有的一成不变的线性特点——一句一句排列的序列性，它的分段，按字母顺序的索引，标准化的拼写和语法——导致一种詹姆斯·乔伊斯（James Joyce）戏称为‘ABC式’的思维习惯，即一种跟排版结构非常相似的意识结构。”[3]当信息从耳朵转移到眼睛，从口语转移到排版，意味着逻辑、条理、静默、沉思的思维受到强化，学校以印刷品——书籍作为学习的主要材料，加快了信息传递的速度，提高了信息传递的效率，也强化了学校中逻辑思维的培养，而这些与游戏的品性是格格不入的。

1 菲利普·阿利埃斯.儿童的世纪：旧制度下的儿童和家庭生活 [M].沈坚，朱晓罕，译.北京：北京大学出版社，2013：序言，3.

2 刘焱.幼儿园游戏教学论 [M].北京：中国社会出版社，2017：91.

3 尼尔·波兹曼.童年的消逝 [M].吴燕莛，译.北京：中信出版集团，2015：45.

基督教作为西方最具影响力的宗教，其教义的核心——“原罪论”和游戏更是水火不容，使教育与游戏的分离达到了历史顶峰。“原罪论”认为任何人天生就是有罪的，他们的罪来自其祖先——亚当与夏娃。亚当与夏娃违背了与上帝的约定，擅自偷吃了分辨善恶树上的果子，这一悖逆带来了罪。自由意志引导亚当和夏娃堕落，它是社会上所有罪的核心和不幸，是人的原罪。教育的首要任务就是去限制儿童的自由意志。18 世纪英国神学家约翰·卫斯理（John Wesley）提出：

要及时摧毁他们（儿童）的自我意志，在他们能够自己奔跑之前，在他们能够明白地说话之前，就要开展进行这项工作了。假如你不想要诅咒这个孩子的话，那么不管会造成什么样的痛苦，摧毁他们的自由意志吧。让孩子从一岁大的时候就被教导会害怕处罚并且轻声地哭泣……假如你不想要诅咒这个孩子的话，那么不管造成什么样的痛苦，摧毁他们的自我意志吧。[1]

卫斯理列出一系列孩子从一出生就跟着他一起来到这个世界的具有干扰性的“心灵疾病”（spiritual diseases），包括无神论、自我膜拜、骄傲、对物质的喜爱、愤怒、狡猾、诈骗以及缺乏怜悯心和正义。游戏在他眼里是心灵疾病的一种表现，“眼神的欲望一定不可以被美丽的玩物、善良的玩具、红色的鞋子、项链和有褶边的衣服来喂饱”[2]。在卫斯理的管理下，当时的一所女子住宿学校的一天生活就严格恪守着这种教义：无论寒暑，女孩子们在清晨四点就得起床，用一小时的时间进行宗教早课，接着去做反思和自我检视。五点钟，她们必须参加集体礼拜，然后读书直到吃早餐。学校在下午五点钟放学，在晚餐之前，学生要离开团体去做一个小时的私人祷告，然后她们可以散散步，直到吃晚餐。七点钟，她们又再一次参加集体礼拜，一个小时后，从年纪最小的孩子开始，依次上床就寝。卫斯理不允许她们有游戏的时间，他宣称：“当孩子的时候玩游戏，将来当她是女人的时候，就会去玩乐。”[3]

在中国古代，游戏与学习、教育的渐行渐远直至对立，与我国古代特有

1 Robert Southey.The life of wesley[M].London：Oxford University Press，1925：304.

2 Curnock,N.The journal of the Rev. John wesley[M].London：The Epworth Press，1938：357.

3 Robert Southey.The life of wesley[M].London：Oxford University Press，1925：304.

的养士和选士制度有着较为直接的关系。春秋时期，社会生产力的发展促进了社会内部生产关系的变化，体力劳动和脑力劳动之间进一步分工，社会上出现了一个专门从事知识生产活动并用知识为统治者服务的阶层——“士”。“招贤纳士”成为当时各诸侯国统治者巩固自己政权的策略。“士”阶层的出现刺激了私学的发展，也改变了人们对读书的看法。读书的功利目的被社会普遍认同，“学而优则仕”被视为人生的追求。在这样的社会背景下，游戏成为读书的对立面则遭到贬弃。在古代思想家的作品中不乏对游戏消极、贬抑的态度。韩非在《韩非子·难三》中写道：“管仲之所谓‘言室满室，言堂满堂’者，非特谓游戏饮食之言也，必谓大物也。”《淮南子》中有：“以戈猎、博弈之日诵《诗》读《书》，闻识必博矣。”韩愈的《劝学解》中有“业精于勤荒于嬉，行成于思毁于随”。《三字经》告慰人们：“勤有功，戏无益。”读书和游戏，一褒一贬，高下立见。

同时，我国古代社会教育的政治价值与道德追求也潜在地排斥游戏。“学而优则仕”直接指明教育的政治机制导向。孔子提出“仁智统一”，追求“内圣外王”的教育理想，培养受教育者的道德人格（德性）是教育的至高目标。“志”集中体现了对“士”的道德标准与意志品质的要求，“身可危也，而志不可夺也”[1]。而游戏则被认为是“使人的志气一蹶不振而导致人消糜的祸害”[2]，如《尚书》中的《周书·旅獒》写道：“以人为戏弄则丧其德，以器物为戏弄则丧其志”，这是“玩物丧志”一说的来源。对于幼儿游戏的态度相对还比较宽容，但也只被视为一种时光的消磨与消遣。游戏只是“儿戏”，是碎屑、无意义的代名词，难登大雅之堂。成人期望幼儿早早摆脱稚气，表现得像成人那样的沉稳、成熟，尽快进入成人的状态。王充在《论衡·自纪》中有：“建武三年，充生。为小儿，与侪伦遨戏，不好狎侮。侪伦好掩雀、捕蝉、戏钱、林熙，充独不肯，诵奇之。六岁教书，恭愿仁顺，礼敬具备，矜庄寂寥，有臣人之志。”同龄小伙伴在玩“掩雀、捕蝉、戏钱、林熙”等游戏，而王充却不参与，小小年纪就“恭愿仁顺，礼敬具备，矜庄寂寥”，被认为是一个有“臣人之志”的人。在我国古代，虽然也有一些思想家表现出对游戏的认可，如庄子的“逍遥游”、李贽的

1 冯友兰．中国哲学史新编（下）[M]．北京：人民出版社，2017：9．

2 吴楚珊．被建构的儿童游戏——基于儿童游戏话语的考古学判读 [D]．广州：广州大学，2019．

"童心说"、王阳明对"乐嬉游而惮拘检"[1]的儿童天性的独到理解，但是没有实质性地改变游戏与学习、教育分离甚至对立的状态。一直到19世纪末20世纪初，随着西方思潮的传入与传播，游戏与教育在我国才逐渐走上结合之路。

综前所述，游戏与教育的分离是多股力量合力使然。首先，学校的产生使教育从人的日常生活中脱离出来而走上专门化、制度化之路。教育的形式化发展使其与儿童的生活相脱离，游戏也与教育日行渐远。"学校"在一定意义上就像一个"隔离场"区隔了生活与教育，而游戏则成了"儿戏"被关在校门之外。其次，文字、印刷术的发明使得书面文字为载体的学习材料成为重要教学媒介，大大提高了人类知识经验传播的效率，促进了学校教育取代游戏、观察等生活化、情境化的教学方式。最后，特定时代的儿童观也深刻地影响着游戏与教育的关系。游戏是儿童的符号与象征，如何看待儿童直接影响到如何看待游戏。基督教"原罪论"视儿童的本能与自由意志是需要抑制与克服的，展现儿童自由意志的游戏自然遭到唾弃与贬抑。教育不仅不支持儿童游戏，而且要压制儿童游戏的本能与欲望。在我国"学而优则仕"的传统观念影响下只有勤学苦读追求功名利禄才是年轻人的"正业"，游戏被置于与"学习"相对立的"儿戏"，游戏不但无益于学习，反而是学习的干扰。

从根本上说，一定历史时期的游戏与教育的关系是特定历史时期生产力和生产关系的体现。特定时期的生产力与生产关系决定着当时的游戏与教育的关系，而生产关系的转变、生产力的发展也推动着游戏与教育关系的流变与发展……

三、教育化的游戏：复归与结合

随着社会生产力的发展，新型生产关系——资本主义生产关系在封建社会母体中孕育，为人们从沉重的中世纪神权桎梏中摆脱出来创造了物质基础。文艺复兴运动打破了人们长期以来的思想禁锢，"上帝死了"，"人"显现出来，新型儿童观也随之涌动与生长，游戏重新回到教育中……

1 明代哲学家王阳明在《训蒙大意示教读刘伯颂等》一文中写道：大抵童子之情，乐嬉游而惮拘检，如草木之始萌芽，舒畅之则条达，催挠之则衰萎。今教童子，必使其趋向鼓舞，中心喜悦，则其进自不能已。

（一）游戏成为教学法

法国思想家、教育家卢梭（Jean-Jacques Rousseau）是“发现儿童”的第一人，他塑造了一个自然、生动、活泼的儿童形象——“爱弥儿”，是“人们看待儿童的观点的一个重要的转折点”[1]，也奠定了西方近现代儿童观的基调。与基督教“原罪论”下的儿童观不同，卢梭以“性善论”的人性立场重塑“儿童”，提出“出自造物主之手的东西，都是好的”[2]。他肯定并高扬儿童的独立价值，“儿童是有他特有的看法、想法和感情的”[3]，在万物中，人类有人类的地位，在人一生中，儿童有儿童的地位与价值。卢梭反对束缚儿童自由、扼杀儿童天性，崇尚一种“归于自然”（back to nature）的自然主义教育，认为应“先让他们性格的种子自由自在地表现出来，不要对它有任何束缚，以便在他们还不知道装佯的年岁时，辨别他们哪些欲望是直接由自然产生的，哪些是由心想出来的”[4]，这样，才能更好地顺其天性培养他们。游戏，在卢梭看来，正是儿童天性与本能的充分展现，他在《爱弥儿》中写道：

> 人哪，人要以慈悲为怀，这是你们第一个天职；无论是任何年龄，无论任何人，对人类而言，只要他不是个异物，就要善待他。除了仁慈之外，你们还有什么样的明智之举呢？爱护儿童吧，帮他们做游戏，让他们快快乐乐，培养他们可爱的本能。[5]

“性善论”基调下“游戏是儿童的天性，应受到保护”打通了游戏回归教育的路径。游戏逐渐回归教育，重获教育中的“合法身份”。如果说原始社会教育与游戏的融合是一种原生态的、混沌不分的状态的话，那么这时期教育与游戏的结合是一种理性的结合，它是借由“性善论”的人性假设促使儿童游戏在教育中复归。理性的结合体现在游戏并不以自然、生活的姿态回到教育中，而是以一种被“改造”[6]的方式在教育中，尤其是幼儿教育中获得重生。这种对游戏

---

1 弗罗斯特 S E. 西方教育的历史与哲学基础 [M]. 吴元训，等译 . 北京：华夏出版社，1987.

2 卢梭 . 爱弥儿 [M]. 李平沤，译 . 北京：商务印书馆，1996：5.

3 卢梭 . 爱弥儿 [M]. 李平沤，译 . 北京：商务印书馆，1996：6.

4 卢梭 . 爱弥儿 [M]. 李平沤，译 . 北京：商务印书馆，1996：5.

5 卢梭 . 爱弥儿 [M]. 李平沤，译 . 北京：商务印书馆，1996：69.

6 刘焱认为在学前教育领域运用游戏有三种策略：筛选、改造与再造。参见：刘焱 . 幼儿园游戏教学论 [M]. 北京：中国社会出版社，2017：48-51.

的“改造”是“设计和编织出符合教育者意图的‘教育性游戏’，使儿童的自然活动朝着教育者预期的方向发展，产生教育者期望的效果”[1]。“游戏教学法”应运而生，它是“基于对儿童自然游戏的观察和分析，从中抽取出若干在教育上有价值的‘游戏因素’，结合教育者期望幼儿学习掌握的教育内容，并使之系统化”[2]。游戏的“改造”，以福禄贝尔、蒙台梭利的幼儿园游戏教学体系为代表。

“幼儿园之父”福禄贝尔是第一个系统地研究儿童游戏并把它作为幼儿园教育基础的教育家。福禄贝尔认为游戏是幼儿期儿童生活的一个要素，是人内在本质的自发表现，是“内在本质出于其本身的必要性和需要的向外表现”[3]。游戏和手工作业是幼儿时期最主要的活动。他认为自然界是上帝的恩赐物，是使人们认识上帝的大学校，为适应儿童教育的特殊需要，需仿照大自然的性质、性状及法则制造简易的物件，作为儿童认识万物和理解自然的初步手段。福禄贝尔创制了一套供幼儿操作的玩具——“恩物”，意为适合儿童特点的上帝的恩赐物。“恩物”的基本形状是圆球体、立方体和圆柱体，圆球体最能体现上帝精神的统一，是运动与无限变化的象征。幼儿通过玩球，体会到包含在球体中的“万物统一”的法则。除了“恩物”，福禄贝尔还编写了一些音乐游戏、手指游戏以及运动游戏。意大利教育家蒙台梭利从儿童游戏中抽取了“材料的自选与操作”等因素，结合她为幼儿设计的发展任务（如感知觉、智力、语言和读写算基本技能等），形成了一套以蒙台梭利教具为核心的蒙台梭利教学法。幼儿能够自由选择教具，但是教具的操作比较固定，教具具有自我纠错的功能，能引导幼儿正确操作教具。福禄贝尔和蒙台梭利都采用“改造”后的游戏来达到某种教育的目的，前者是为了让幼儿了解材料的象征意义，后者是通过操作教具来掌握特殊的技能。他们为儿童设计专门的游戏材料或者设计带有明确教育目的的游戏，通过对儿童游戏的理性“改造”使得游戏成为一种专门化的教学方法。

可见，儿童游戏是在启蒙运动之后，在“儿童”被发现之后的衍生物，卢梭“性善论”的人性假设使得游戏作为儿童的一种天性而获得肯定，游戏也在

1 刘焱．幼儿园游戏教学论 [M]. 北京：中国社会出版社，2017：50.

2 刘焱．幼儿园游戏教学论 [M]. 北京：中国社会出版社，2017：50.

3 福禄贝尔．人的教育 [M]. 孙祖复，译．北京：人民教育出版社，1991：33.

教育中重新复归。但是游戏与教育的再度结合与日常生活状态下游戏与教育的自然融合“大相径庭”，它是一种理性的结合。日常生活中的游戏被视为“危险、有害的”[1]，在教育中是不受认可的，只有被教育者有意改造过的符合教育意图与目的的游戏，才能应用到教育中。

（二）生活化游戏的“复归”

卢梭自然主义教育思想在美国与实用主义思潮合流，推进了游戏与教育更深层的结合，其代表人物是杜威。如果说卢梭为游戏在教育中的“复归”叩开了大门，福禄贝尔等幼儿教育家确定了游戏作为教学法，那么杜威则重塑了游戏在教育之域中的“存在”。

杜威提出“教育即生活，教育即生长”，教育作为儿童的一种生活并不是为了未来做准备，儿童当下的生活就有其意义与价值。杜威认为经验是儿童学习的基础，经验是人与环境相互作用的结果，人与环境的相互作用就是各种活动。儿童生来就具有对环境进行探索的本能与冲动，在这种本能的驱使下，儿童主动地与环境相互作用，获得经验的成长。游戏是儿童与环境交互作用的重要活动，是幼年期儿童一种重要的生活经验。幼儿在游戏中形成对世界的认识与理解，在游戏中获得经验的生长，这是儿童的本能冲动驱使的，也是儿童社会化的需要。这改变了游戏在教育中的存在样态，生活化的游戏取代了被“改造”过的游戏，以真实生活为基调的儿童游戏在教育中获得独立的价值与地位。儿童的想象游戏、角色游戏成为幼儿园重要的游戏活动。纽约的“游戏学校”（play school）便是在杜威教育思想指引下开办的一所学校，学校里所有的工作都围绕幼儿的游戏活动组织起来：

这所学校的儿童都处在上幼儿园的年龄和来自实际活动的机会很有限的家庭。在学校里，每个儿童有自己铺着地毯的一块地板，还有屏风把他与别人完全隔开，使他的活动真正是个人的。室内有一个小小的工作间，学生在那里可以制造或改制游戏所需要的各种物品。使用的工具都是大的，还用上了各式各样的木片。在房间周围的大橱里和架子上，堆放着各种各样的材料：玩具、大大小小的积木、黏土、零碎布料、针

1　刘焱．幼儿园游戏教学论 [M]. 北京：中国社会出版社，2006：103-104.

线以及一套蒙台梭利教具。每个儿童有自己的剪刀、纸张、各种颜料以及铅笔，可以随心所欲地使用他选来的所有这些材料。他可以挑选他所喜欢的东西独自去做，也可以布置某项较大规模的建设，如一条铁轨和一些车站，或一间布娃娃的屋子，一座小小的城镇或农场，然后利用手中的材料实施自己的想法。一件工作常常要持续数日，这当中还有不少临时加入的工作，如安置线路和信号，做泥盘，做布娃娃的家具或新衣服等。教师的作用就是教儿童掌握各种程序和工具，不过不是事先安排好的，而是他们在建造活动中有需要才教的。教师随时观察各个儿童的弱点和能力，并在适当的时候去激励或阻止他的活动。除了由于把握材料而使儿童的动作控制力得到了发展外，他们的灵巧和创造性也有了不断的提高。[1]

杜威的教育思想很快在美国受到拥戴，顺势在20世纪上半期刮起了一股强劲的进步主义教育风潮。1910年到1920年美国创办了许多新学校，如有机教育学校（school of organic education）、游戏学校（play school）等，这些学校给予儿童充分的自由与尊重，儿童生活化游戏在这些学校里开展着。但好景不长，进步主义教育运动在30年代达到鼎盛时期，却在十几年的时间中快速下滑。美国教育家克雷明（Lawrence Cremin）说道："反压制变成了否定权威，承认感情变成了对合理性的否定，放纵被当作是自由！学校的中心几乎完全放置于非智力甚至反智力的事情上。……令人吃惊的并不是进步教育的失败，而是它竟然失败得如此之快。'进步教育'这个词不再受到教育家们的欢迎。"[2]

游戏在教育中的"复归"是文艺复兴时期"儿童"被"发现"的浪潮下的产物，"儿童为中心"是游戏得以回归教育的基本前提，这也成为较长时期里幼儿园游戏的基本取向。卢梭自然主义教育思想开辟了"儿童为中心"的先河，福禄贝尔、蒙台梭利等都是沿着卢梭"儿童为中心"的脉络来探讨儿童与游戏的。但正式提出"儿童为中心"的是杜威，杜威反对以赫尔巴特为代表的"教师为中心"的传统教育，提出教育重心的转移，应以"儿童为中心"。"发现儿童"毫无疑问是人类文明的一大进步，"儿童为中心"也是人类教育史上的一大飞跃，儿童跃居教育的前台，游戏作为儿童的象征与标志跃居教育的前台，这都具有非

1 杜威．我们的学校与社会·明日之学校[M]．赵祥麟，等译．北京：人民教育出版社，1994：284.

2 克雷明．学校的变革[M]．单中惠，译．济南：山东教育出版社，2009：307.

常积极的意义。但是正如杜威所言，“把各种因素孤立起来看，坚持一个要素而牺牲另一个因素，使它们相互对立起来，这较之发现每个因素所属的现实要容易得多”[1]。“儿童为中心”立即被当成“教师为中心”的对立物，在极端化的理解下，教师成了儿童的对立面，教育成了游戏的对立面。教师与儿童、教育与游戏的“二元对立”是进步主义教育由兴盛立即走向衰落的思维肇始，也使“儿童为中心”成为一个可望而不可即的梦想。

四、基于游戏的课程：深入结合

20 世纪三四十年代以后，在多重力量的推动之下，游戏与教育呈现出深入结合的趋势。多重力量包括心理学等新兴学科的儿童游戏研究、儿童基本权利的保障、幼儿教育的快速发展等。

第一股推动力量来自心理学等新兴学科的儿童游戏研究。心理学，尤其是儿童发展心理学的兴起为游戏与教育的结合注入了强劲的动力，其主要节点是 20 世纪 50 年代左右精神分析学派关注游戏的精神释放与情感发展的价值。20 世纪六七十年代以来，以皮亚杰、维果茨基等人为代表的认知心理学派蓬勃兴起，使得从认知发展视角来研究游戏得以重视。20 世纪 90 年代以来，在计算机脑成像技术的辅助下，神经科学的发展揭示游戏深层机制，为游戏研究另辟新路。“通过游戏促进儿童发展”成为新时代游戏与教育结合的基本立足点。

第二股推动力量来自儿童基本权利的保障。1959 年，联合国大会通过的《儿童权利宣言》，规定了保障儿童健康成长、发展、受教育等十项基本原则。第七条原则写道：“儿童应有游戏和娱乐的充分机会，应使游戏和娱乐达到与教育相同的目的；社会和公众事务当局应尽力设法使儿童得享此种权利。”1989 年，联合国大会通过的《儿童权利公约》中又重申：“缔约国确认儿童有权享有休息和闲暇，从事与儿童年龄相宜的游戏和娱乐活动，以及自由参加文化生活和艺术活动；缔约国应尊重并促进儿童充分参加文化和艺术生活的权利，并应鼓励提供从事文化、艺术、娱乐和休闲活动的适当和均等的机会。”自此，游戏成为儿童的基本权利，社会有责任为保障儿童的基本权利创造积极条件，学前教育应尊重、接纳并支持幼儿的游戏。

1 杜威 . 我们的学校与社会・明日之学校 [M]. 赵祥麟，等译 . 北京：人民教育出版社，1994.

第三股力量来自幼儿教育自身的快速发展。20世纪六七十年代以来，幼儿教育获得了前所未有的发展，幼托机构数量快速增长，幼儿教育价值日益获得社会的认可。在儿童游戏研究与儿童游戏权利保障的推动下，游戏在幼儿教育中日益获得重视。

这一时期学前教育中游戏与教育的结合是以心理学的游戏研究为理论基础的，心理学在儿童游戏研究中“大放异彩”，也在幼教实践中“开花结果”，促进了游戏与教育的深层结合。发展心理学等新兴学科的游戏研究成果被应用于幼教实践，涌现了一批有代表性的游戏课程模式。按照将游戏纳入课程的方式，幼儿园课程分为三类：非游戏课程模式、非干预性游戏课程模式和干预性游戏课程模式。[1] 非游戏课程（non-play curriculum）模式关注游戏的娱乐功能，但是游戏是被排斥在课程之外的。非干预性游戏课程模式（hands-off play curriculum）以精神分析学派游戏理论为基础，认为游戏有满足愿望和治疗创伤的作用，儿童可以通过游戏进行自我疗愈与自我指导，而成人只需为他们提供适宜的环境，提供丰富的游戏材料、大量的游戏机会和足够长的自主游戏时间，让儿童的内在力量得以展现，来获得自我治疗。教师是儿童的依恋对象，但不能以任何方式干预儿童，只有当儿童遇到困难时才给予反应。干预性游戏课程模式（intervenient play curriculum）强调游戏功能的整体性，突出游戏的认知价值，主张在游戏过程中渗透教育目标，发挥教师在儿童游戏过程中的指导作用。[2] 受社会文化历史学派的影响，游戏被认为是“一种需要成人指导的活动，适度的成人、儿童交往在游戏发生发展中具有决定性作用，游戏的教育价值和游戏本身的发展取决于成人对游戏的指导”[3]。干预性游戏课程模式产生于这种背景之下，“强调游戏对儿童认知、社会性发展的作用，强调课程中应大量纳入游戏，创设整套游戏活动；注重教师对游戏的适度干预，主张在儿童游戏过程中渗透教育目标；认为只有当成人与儿童在游戏中相互作用，游戏取向课程模式才能充分发挥促进儿童发展的功能”[4]。

1　朱丹．美国游戏取向课程模式的特点及其演变 [J]. 学前教育研究，2005（12）.

2　Frost, J. L ., Wortham, S. C., Reifel, S. Play and child development[M].Upper Saddle River，New Jersey, 2001：294–339.

3　丁海东．学前游戏论 [M]. 大连：辽宁师范大学出版社，2003：5–18.

4　朱丹．美国游戏取向课程模式的特点及其演变 [J]. 学前教育研究，2005（12）.

不同的游戏课程在处理游戏与教育、儿童与教师的关系上也各不相同。如“非游戏课程模式”实则是一种对游戏排斥的课程模式，“非干预性游戏课程模式”凸显儿童游戏的自主性与自由度而弱化了教育的作用，“干预性游戏课程模式”则强调教师的教育作用。不同理念下各种游戏课程模式反映出不同的游戏与教育的结合方式，这一方面反映出游戏与教育的多种结合的可能，另一方面也反映了业界对游戏与教育结合问题的“摇摆不定”，即游戏与教育到底该如何结合？如何处理游戏中游戏与教师、儿童与教师的关系等，依然是有待探索的问题。

第二节 游戏在我国幼儿园中的角色变迁

在幼儿园普及之前，绝大部分中国儿童在入学之前都是在家庭与邻里生活中度过的，也在游戏的浸润中成长，获得自然的教化。专门的学前教育机构——幼儿园的创办与发展使得年幼儿童能走出相对狭小的生活空间来到幼儿园中过集体化的生活，也在幼儿园里玩各种游戏。幼儿园场域中的游戏总是带着社会、成人对幼儿的种种期许，不同时代的社会期许与教育期望赋予了游戏不同的价值与角色，游戏在我国幼儿园中历经着不同角色的变迁。

中国历史上最早的一所官办学前教育机构是1903年（光绪二十九年）在当时的两湖总督张之洞的推动下创办的湖北武昌蒙养院，随后我国幼儿园的名称经历了“蒙养院—幼稚园—幼儿园”的演变。我们对游戏在我国幼儿园中的角色变迁的考察从蒙养院开始。本节的研究主要从我国历史上的学前教育相关法律法规入手，因为“学前教育法规的规范性、强制性等特点决定了它们对游戏理念和实践起着普遍的规范和指引作用”[1]。可以说，学前教育法律法规中的

1 杨恩慧，邱学青．游戏内涵在我国学前教育法规中的历史演变及其启示 [J]. 学前教育研究，2019（02）.

“游戏”是特定历史时期游戏在幼儿园中的角色与地位的突出写照。

一、作为“体育运动”的游戏

19世纪末期，清政府面临内忧外患的紧张时局，为了巩固政权、缓和内外矛盾，被迫于1901年实施“新政”，教育改革是其中重要内容之一。1902年，清政府颁布《钦定学堂章程》，这是我国近代第一部成文的学制章程。1903年又颁布了《奏定学堂章程》(又称“癸卯学制”)，其中的《奏定蒙养院章程及家庭教育法章程》是我国近代教育史上第一部有关学前教育的国家法规。该法规共包含四章内容：蒙养家教合一章、保育教导要旨及条目章、屋场图书器具章和管理人事务章。游戏作为蒙养院保育教导条目(游戏、歌谣、谈话、手技)之首在《蒙养院章程及家庭教育法章程》的第二节中出现：

> 第二节 蒙养院保育之法，在就儿童最易通晓之事情、最所喜好之事物，渐次启发涵养之，与初等小学之授以学科者迥然有别。其保育教导之条目如下：
>
> 一、游戏 游戏分为随意游戏及同人游戏两种：随意游戏者使儿童各自运动，同人游戏者合众幼儿为诸种之运动，且使合唱歌谣，以节气进退；要在使其心情愉快活泼，身体健适安全，且养成儿童爱众乐群之习气。[1]

蒙养院中的游戏是一种处于初始阶段的体育运动。对游戏的这一定位受到了日本的《幼儿园保育及设备规程》(1899)的影响，《幼儿园保育及设备规程》中对于游戏的规定如下：

> 游戏包括自主游戏和集体游戏。自主游戏是让幼儿随意运动。集体游戏是开展集体唱歌等活动。以此来使幼儿心情愉快，促进身体健康。[2]

《幼儿园保育及设备规程》中的“自主游戏和集体游戏”对应于《蒙养院章程及家庭教育法章程》中的“随意游戏和同人游戏”，只是语言表述不同，其要义如出一辙。当时清政府在内忧外患的紧张时局下被迫实施“新政”，而“明治维新”之后日本成为亚洲第一个走上工业化道路的国家并跻身世界强国之列，

---

1 中国学前教育史编写组．中国学前教育史资料选[M]．北京：人民教育出版社，1989：96.

2 中国学前教育史编写组．中国学前教育史资料选[M]．北京：人民教育出版社，1989：96.

“取法日本”成了当时清政府教育改革的“向导之卒”。但是“橘生淮南则为橘，生于淮北则为枳”，他国经验用于本国实际难免“水土不服”。将一直受到封建制度排斥的游戏突然列于启蒙教育机构保教条目之首，其意义无疑是历史性的突破，但游戏局限于“运动”的范畴，或更多意义上是教育活动之余的“消闲”，仍处于幼儿教育的边缘。

二、作为“活动”的游戏

1922 年 9 月，国民政府学制会议审议通过了《学制系统改革案》，确立了新学制“六三三制”（又称“壬戌学制”），蒙养院改为幼稚园，设立在小学之下，以六周岁以下儿童为教育对象。1932 年 10 月，教育部公布《幼稚园课程标准》，并于 1936 年 7 月发布修订版，将幼稚园活动分为音乐、社会和常识、游戏、故事和儿童、工作、餐点以及静息七项。在此课程标准中，游戏成为幼稚园中的“活动”，其目标与内容见表 2-1。

表 2-1《幼稚园课程标准》中的游戏[1]

课程范围	目标	内容大要	最低限度
（三）游戏	1. 增进儿童身体的健康。 2. 顺应爱好游戏的自然倾向，而兴以适当的游戏活动。 3. 发展筋肉的连合作用，并训练感觉和躯肢的敏活反应。 4. 训练互助、协作、合群守纪律、公正、耐苦等社会性。	1. 计数游戏。（如搬运豆囊、抛掷皮球等，可兼习计数。） 2. 故事表演和唱歌表演的游戏。 3. 节奏的（例如听音而作鸟飞兽走等的游戏）和舞蹈的游戏。 4. 感觉游戏。（闭目摸索、听音找人等联系触觉、听觉、视觉等的游戏。） 5. 应用简单用具（如秋千、滑梯、木马、跷跷板等）的游戏。 6. 摹拟游戏。（如小兵操、猫捉老鼠等的摹拟动作。） 7. 我国各地方固有的各种良好游戏。	1. 能参加群儿的集合，成行成圈，自觉协调。 2. 能使用园中所涉及的欧系器具五种以上。 3. 知道游戏的简要规则。

国民政府新学制改革深受杜威实用主义教育思想的影响。它肇始于 1919 年在太原召开的第五次教联会年会，那时正在华访问的杜威在胡适的陪同下参加了此会。“此次会议很大程度上标志着中国教育拉开了从师从日本转向师从美国、从师法赫尔巴特教育学说转向师法杜威实用主义教育哲学的大幕。”[2] 在杜

1 杨恩慧. 游戏在我国学前教育法规中演变的研究 [D]. 南京：南京师范大学，2016.

2 仲建维，涂悦. 外来的杠杆：20 世纪 20 年代中国教育改革中的杜威 [J]. 华师大学报（教育科学版），2019（03）.

威的经验主义教育思想中，儿童的学习是主动的经验获取与发展的过程，经验的发展离不开儿童的活动。在《幼稚园课程标准》中，“活动”首先被提出来了，并以活动的形式来组织幼稚园课程。游戏是幼儿的基本活动之一，这超越了蒙养院时期游戏仅作为一种体育运动的定位。《幼稚园课程标准》主要编订者陈鹤琴认为：“总体来说，游戏是一种复杂的活动。”[1] 他把幼儿游戏分为：发展身体的游戏（觉官游戏、动作游戏）、发展社交的游戏（团体游戏）、发展言语的游戏（言语游戏、歌唱游戏）、发展手的游戏（手工游戏、球戏）、发展人生观的游戏（化装游戏、手指游戏）等。

从一种“体育运动”到幼稚园课程中的一种“活动”，游戏在我国幼稚园中的角色有了质的改变。游戏作为儿童天性与本能的展现在幼儿教育中获得肯定，这在中国历史上无疑具有划时代的意义。蔡元培、胡适、陈鹤琴、陶行知等将杜威教育思想引入中国，在我国教育界掀起了一场革命。杜威的“儿童为中心”“教育无目的”“教育即生活”“做中学”等理念也奠定了我国幼儿教育改革“从儿童出发”“一切为了儿童”的基调。但是正如美国进步主义教育在美国风靡了十余年后快速走下坡路一样，在杜威实用主义教育理念指导下的“活教育”[2] 改革的持续时间也不长。究其原因，从大环境来说是“西学中用”的“水土不服”，实用主义教育理念在中国缺乏政治文化环境的有力支撑。从教育层面来讲，或许当时一位幼稚园教师的实际感受能说明一定的问题：

课表上虽然写着上什么课，但要看儿童的兴趣而伸缩变动。他们喜欢做就做，他们不喜欢做就结束。唱游时，平常开始时总是先走圆圈，但陈校长说这样太呆板，于是我们就让小朋友随便走，结果秩序凌乱。别的课也是这样，认为说话前先举手也太呆板，但自由发言的结果你一句我一句，乱得很。[3]

如进步主义教育对杜威“儿童为中心”的极端化理解一样，从这位老师的话语中也能体会到相同的问题：“儿童为中心”就是依从儿童的兴趣，他们想干

---

1 北京市教育科学研究所编．陈鹤琴全集（第一卷）[M]．南京：江苏教育出版社，1987：15.

2 陈鹤琴批评旧教育是“死教育”，针对课程、教材的盲目和呆板等情况提出要使教师“教活书，活教书，教书活”，使儿童“读活书，活读书，读书活”，并把这一教育主张定义为“活教育”。

3 “活教育”调查小组．上海幼师附小和幼稚园调查报告 [J]．人民教育，1952（02）// 王春燕．中国学前课程百年发展与演变的历史研究 [M]．北京：教育科学出版社，2004：81.

吗就干吗，教师不能干涉。“儿童为中心”是杜威反对传统教育“教师为中心”而提出来的，但并非否定教师的作用。“非此即彼”的“二元对立”思维取向也正是杜威旗帜鲜明地反对的：“人类喜欢用极端对立的方式去思考，他们惯用‘非此即彼’（either/or）的公式来阐述他们的信念，认为在两个极端之间没有种种调和的可能性。”[1] 杜威提醒“新教育”要提防的危险：“一种新的运动往往有种危险，即当它抛弃了它将取而代之的一些目标和方法时，它可能只是消极地而不是积极地、建设性地提出它的原则，在实践中，它是从被它抛弃的东西里获得解决问题的启示。”[2] 也即，对“儿童为中心”的诠释及以此为指引的新教育改革是从“教师为中心”这一“被抛弃的东西里获得解决问题的启示”，从而又落入另一个极端化的泥沼——“儿童为中心”建立在怎么反对“教师为中心”、怎么放弃教师的作用之上。从上述一线教师的困惑中就能感受到他们知道原先的教育太“呆板”，没有激发幼儿的主动性与自由感，但是失去了要求，又陷入了“无政府主义”的散乱无序之中，老师显得手足无措，不知道该做些什么了。这个问题在近百年后的今天还在一定程度上困扰着一线幼儿教师，也是学界关于幼儿园游戏实施中探讨的核心问题之一。

三、作为“主导活动”的游戏

1951 年 10 月，中央人民政府政务院公布并宣布试行《关于改革学制的规定》，将幼稚园改为幼儿园，教育对象是 3~7 岁的儿童。1952 年 3 月，教育部颁布《幼儿园暂行规程（草案）》，这是新中国成立初期我国幼儿教育的纲领性文件，从学制、教养原则、教养活动项目、入园与结业、设置与领导、组织编制、会议制度、经费、设备等方面对幼儿园工作做了规定。在这里，游戏再次归入“体育活动”：

第一六条 幼儿园的教养活动项目，暂定如下：

一、体育（包括日常生活、卫生习惯、体操、游戏、舞蹈、律动等）。

二、语言（包括谈话、讲述故事、歌谣、谜语）。

---

1 约翰·杜威．我们怎样思维·经验与教育 [M]. 姜文闵，译．北京：人民教育出版社，2005：248.

2 约翰·杜威．我们怎样思维·经验与教育 [M]. 姜文闵，译．北京：人民教育出版社，2005：250.

三、认识环境（包括日常生活环境、社会环境、自然环境）。

四、图画、手工（包括图画、纸工、泥工、其他材料作业等）。

五、音乐（包括唱歌、表情唱歌、听音乐、乐器表演）。

六、计算（包括认识数目、心算、度量）。

虽然新中国成立初期游戏是作为幼儿园体育活动中的一个子项目出现的，但是“其对于游戏内涵的理解却并未像蒙养院时期那样将游戏与身体运动等同”[1]。1956 年，教育部委托北京师范大学学前教育研究室编写了《幼儿园教育工作指南(初稿)》，该《指南》在很大程度上吸收了苏联《幼儿园教养员工作指南》（1938）的思想，体现了新中国成立初期我国幼儿园教育的主导性观念与改革特点。其中关于游戏的表述是：

幼儿园的全部教育任务是通过各种活动实现的。幼儿园的主导活动是游戏。

“幼儿园的主导活动”是新中国成立初期对游戏的基本定位。对于“主导活动”，列昂节夫（Alexei Leontyev）认为：“它并不是儿童在某一发展阶段最常见的普通活动，它也绝不占据儿童的大部分时间，其关键不在于占据时间的多少……我们之所以将这类活动称为主导活动，主要是因为这种活动的发展与儿童心理发生最重要的变化有关系，在这种活动中儿童新的、更高发展阶段的心理过程得以完成。”[2] 从苏联引入的“主导活动”概念，将游戏引入了心理学的范畴，游戏不仅仅是儿童的玩耍、游乐等各种显而易见的活动，更是与儿童心理发展有密切联系的、能推动儿童心理发展的活动，也即，“游戏不光指向外部的动作，还指向内部的心理”[3]。游戏作为幼儿园“主导活动”的心理学诠释大大深化、丰富了游戏的内涵，游戏被赋予更为丰富的价值，游戏的类型也被扩展与丰富了。1952 年教育部印发《幼儿园体育教学纲要》，对游戏的类型做了较为细致的分类（见表 2–2）：

1 杨恩慧. 游戏在我国学前教育法规中演变的研究 [D]. 南京：南京师范大学，2016.

2 邱学青. 学前儿童游戏（第二版）[M]. 南京：江苏教育出版社，2008：73.

3 杨恩慧. 游戏在我国学前教育法规中演变的研究 [D]. 南京：南京师范大学，2016.

表 2-2 《幼儿园体育教学纲要》中的游戏

类别	小班	中班	大班
游戏	1. 活动游戏 (1) 有主题的游戏，例如：小白兔、五只小鸟等。 (2) 无主题游戏，例如：赛跑、传递东西、捉迷藏等。 2. 创造性游戏 (1) 模仿游戏 (2) 建筑游戏 3. 教育性游戏 (1) 认识物体颜色、形状和大小的游戏，例如各种拼图游戏。 (2) 确定物体的数量和位置的游戏。 (3) 根据特点（声音、形状、动作等）认识物体游戏，例如猜谜游戏。 4. 消遣性的游戏，例如吹肥皂泡、放风筝等。	继续小班，提高其程度，并增加： 1. 活动游戏 (1) 民间游戏。例如：跳绳、跳牛皮筋、打陀螺、滚铁环等。 2. 创造性游戏 (1) 故事游戏 3 教育性游戏 (1) 计算游戏 4. 消遣性游戏	继续中班，提高其程度，并增加： 1. 活动游戏 越过障碍物的赛跑游戏。 2. 创造性游戏 (1) 军事游戏 (2) 扮演戏剧游戏 (3) 大型的建筑游戏 3. 教育性游戏 (1) 语言游戏，例如讲故事、描述物体与图画、说笑话。 (2) 棋类游戏 4. 消遣性游戏

表 2–2 中表述的“教育性游戏”是这一时期幼儿园中一种独特的游戏形式。“教育性游戏”也称为“教学游戏”，它是一种“在教师的领导下，为完成一定的教学目的，师幼遵守一定的游戏规则共同进行的活动”[1]。它通常借用游戏的手段来提高幼儿的学习兴趣、达到教学目的，游戏的工具性价值获得充分肯定。游戏的工具性价值是在教学的框架下，在对儿童施加有目的的教育影响的过程中实现的，“教学能够帮助儿童掌握可以丰富游戏的有条理、有系统的知识。……儿童游戏的内容在教学的影响下大大丰富起来，而儿童之所以能够更广泛地参加游戏，是因为在教学过程中全体儿童掌握了大纲所规定的教材”[2]。

新中国成立初期我国幼儿教育改革参考了苏联的模式，与民国时期的“活教育”形成了较为强烈的对比。与“活教育”注重幼儿直接经验的获得相反，苏联模式下的学前教育注重幼儿间接经验——系统化科学知识的获得。乌申斯基（Ushinsky）认为，“智慧不外是经过良好组织的知识系统，……只有来自事物本质的系统（当然是合理的系统）才能够使我们完全掌握知识”[3]。与“活教育”中“单元教学”的横向联系的结构相反，苏联模式下的幼儿教育采用不同科目

1 王春燕．中国学前课程百年发展与演变的历史研究 [M]. 北京：教育科学出版社，2004：106.

2 苏罗金娜．学前教育学 [M]. 高天浪，译．北京：人民教育出版社，1960：195.

3 苏罗金娜．学前教育学 [M]. 高天浪，译．北京：人民教育出版社，1960：79.

下的纵向发展序列，《幼儿园暂行规程（草案）》把幼儿园课程分为体育、语言、认识环境、图画和手工、音乐、计算六科。它是“以一定的文化知识、行为习惯为基础，按照一定的标准，从不同的知识领域（科学、道德、艺术）选择一定的内容，根据知识的逻辑体系，按照一定的逻辑顺序及学科本身的体系，从简单到复杂，从具体到抽象，由浅入深地来呈现学科知识”[1]。与“活教育”以儿童兴趣与需要为中心相反，苏联模式下的幼儿教育“以教师为中心”，注重在教师有目的、有计划的教学组织下促进儿童的发展。教师在游戏中处于核心地位，规划、领导着幼儿游戏的进行。《幼儿园暂行教学纲要（草案）》（1951 年 7 月）中写道：

> 教师必须很好地领导和参加幼儿的游戏，供给游戏时所必需的材料，启发和建议幼儿创造游戏、选择材料、确定游戏的目的和方向。
>
> 游戏时要注意使幼儿遵守规则，随时予以纠正……游戏时要教导幼儿熟悉各种玩具的名称、使用方法以及保护玩具的习惯。
>
> 教育性游戏要多利用实物比较、选择、认识和执行简单任务等方法来进行。

“幼儿园的主导活动是游戏”的政策直接借鉴了苏联《幼儿园教养员工作指南》（1938）。“幼儿园的主导活动是游戏”是当时苏联“加强作业和游戏中的教学因素”的幼教政策下对游戏的一个基本定位。“加强作业和游戏中的教学因素”的政策是“苏联学前教育专家在知识系统化理论的吸引下和在学制变化的强大社会压力面前‘所做的一种理论努力’。”[2]在美苏冷战、小学学制缩短等多重压力下，以克鲁普斯卡娅（H.K.Kpynckag）为代表的幼教专家强调了知识体系在学前期的重要性，加强了对儿童潜在发展可能性问题以及实现这些可能性的最适宜教育条件的研究。当时的研究成果证明，游戏是发掘儿童发展可能并实现这些可能的适宜性教育条件。由此，“必须加强游戏和作业中的教学因素”的政策应运而生。杜继纲认为，20 世纪 60 年代我国幼教界对“幼儿园的主导活动是游戏”的理解与实施“不过是重复了苏联学界‘必须加强游戏和作业中的

1　王春燕. 中国学前课程百年发展与演变的历史研究 [M]. 北京：教育科学出版社，2004：108.

2　杜继纲. 对“以游戏为基本活动”理念的历史与理论分析 [J]. 学前教育研究，2011（11）.

教学因素’的提法，有着鲜明的时代局限性”[1]。“必须加强游戏和作业中的教学因素”将游戏纳入系统知识传授的教学之中，游戏成为教师开展教学、实现教学目标的有效手段。

相对于“儿童为中心”的理念，“教师为中心”取向更为顺应中国传统文化与观念，苏联的游戏教学模式也更与我国“重教学、轻游戏”的传统教育观念相契合：游戏不再是与学习对立的“儿戏”，而变身为“教学游戏”，成为促进教学的有效手段。由此，传统观念与苏联模式合流，汇流成一股强大的合力，对游戏作为“主导活动”的心理学的“科学注解”更是加强与巩固了“重教学、轻游戏”的幼教实践。长期以来，人们看不到“儿童初期粗糙的、原始的经验的意义，以及零散经验与系统知识之间的连续性”[2]，而总是觉得只有经过教师组织的学科知识才是最系统的和最有效的。这成了我国幼儿园一线教师的一种“惯习”：教学是主要的，游戏是次要的，游戏只有在教师的引领与组织下才能促进儿童成长。虽然当今许多教师在意识层面形成了对游戏价值与意义的普遍认同，但“重教学、轻游戏”的“惯习”仍然潜移默化地“左右”着教师的教学与行为，深深影响着游戏在幼儿园中的存在样态。

四、作为“基本活动”的游戏

“文革”时期（1966—1976 年），我国的幼儿教育遭受了重创，幼儿园正常的教育秩序被打乱了，游戏在幼儿园中的发展是停滞的。1978 年党的十一届三中全会召开，党和国家的工作重点转移到社会主义现代化建设上来，我国的幼儿教育迎来了曙光，游戏在幼儿园中也重获生机。1979 年 11 月教育部出台《城市幼儿园工作条例（试行草案）》，“游戏和作业”作为单列的一章，与“卫生保健和体育锻炼”“思想品德教育”“教养员、保育员和其他工作人员”“组织、编制及设备”并列，其中规定：

> 游戏是幼儿的基本活动，是向幼儿进行初步的全面发展教育的重要手段。

1981 年，教育部颁布《幼儿园教育纲要（试行草案）》，这是我国学前教育

1　杜继纲 . 对“以游戏为基本活动”理念的历史与理论分析 [J]. 学前教育研究，2011（11）.

2　杜继纲 . 对“以游戏为基本活动”理念的历史与理论分析 [J]. 学前教育研究，2011（11）.

史上一项重要的法规性文件，在相当长的时间里对我国学前教育的发展起着重要的指导作用。它从年龄特点与教育任务、教育内容与要求、教育手段及注意事项三个方面对我国幼儿园教育工作做了规定。游戏再次作为幼儿生活中的基本活动得到肯定：

由于幼儿生理、心理发展的特点，幼儿最喜爱游戏，因此游戏成为幼儿生活中的基本活动。在游戏中幼儿最易接受教育，游戏在幼儿园整个教育工作中有极为重要的地位，是进行体、智、德、美全面发展教育的有力手段。

1989 年 6 月国家教委发布《幼儿园工作规程（试行）》（1996 年 3 月正式试行），明确指出幼儿园的教育工作应遵循“以游戏为基本活动，寓教育于各项活动之中”的原则，游戏正式成为幼儿园的基本活动。《幼儿园工作规程（试行）》的第二十四条中还强调：

应充分尊重幼儿选择游戏的意愿，鼓励幼儿制作玩具，根据幼儿的实际经验和兴趣，在游戏过程中给予适当指导，保持愉快的情绪，促进幼儿能力和个性的全面发展。

同年 9 月，新中国成立以来第一部学前教育行政法规《幼儿园管理条例》颁布，对幼儿园的行政事务、保教工作、奖励与处罚等做了规定，在保教工作部分重申了：

幼儿园应当以游戏为基本活动形式。

20 世纪 90 年代，《幼儿园工作规程（试行）》与《幼儿园管理条例》得以继续贯彻执行，“游戏作为幼儿园的基本活动”被延续了下来。2001 年，教育部颁发《幼儿园教育指导纲要（试行）》，游戏作为幼儿园的“基本活动”再次得到强调：

幼儿园教育应尊重幼儿的人格和权利，尊重幼儿身心发展的规律和学习特点，以游戏为基本活动，保教并重，关注个别差异，促进每个幼儿富有个性的发展。

20 世纪八九十年代是中国幼儿教育快速发展的时期，游戏在幼儿园中角色的变化是在多种因素触发下产生的。这一时期中国社会发生着巨变，幼儿教育也裹挟其中。苏联分科课程模式的弊端日益显露并引起重视。分科课程模式按照各学科逻辑化的系统性知识来划分课程，与学前儿童的心理特征相去甚远，“学科的逻辑”与“儿童的逻辑”之间的鸿沟使得幼儿园教学脱离幼儿的生活，抑制幼儿的主动性，忽视幼儿的内在需求。改革开放以后，我国幼儿教育逐渐打破了苏联模式“一言堂”的局面，积极吸收与借鉴国外多元化教育理论与实践经验，认知发展理论、社会学习理论、人本主义理论、多元智力理论以及瑞吉欧教育实践、高宽课程等欧美国家的幼教理论与经验纷纷涌入中国。同时，“儿童的世纪”到来，对儿童生存状态与发展的关注达到了前所未有的高度，儿童的权利获得了法律的保护。继1959年联合国大会通过《儿童权利宣言》之后，1989年联合国大会又通过了具有法律约束力的国际公约《儿童权利公约》，保障儿童基本的生命权和生存权，游戏由儿童的“福利”上升为儿童的“权利”并获得法律保护。中国作为《儿童权利公约》的缔约国之一，履行《儿童权利公约》的需要有力地推动了幼儿教育改革，并深刻地影响着游戏作为儿童的基本权利在幼儿园中的实现。

2012年，《3~6岁儿童学习与发展指南》发布，游戏从幼儿学习特点的角度得到强化：

> 幼儿的学习是以直接经验为基础，在游戏和日常生活中进行的。要珍视游戏和生活的独特价值，创设丰富的教育环境，合理安排一日生活，最大限度地支持和满足幼儿通过直接感知、实际操作和亲身体验获取经验的需要，严禁“拔苗助长”式的超前教育和强化训练。

20世纪八九十年代至今，游戏在我国幼儿园中逐渐确立了“基本活动”的角色。但是具体地看这一时期学前教育政策文件，仍能发现其中的一些变化。首先，游戏的手段性质在逐渐弱化，作为“基本活动”的本体性价值在逐渐凸显。《城市幼儿园工作条例（试行草案）》中游戏是幼儿全面发展教育的“重要手段”，《幼儿园教育纲要（试行草案）》中游戏是幼儿全面发展教育的“有力手段”，但在之后的《幼儿园工作规程（试行）》《幼儿园管理条例》《幼儿园教育指导纲要（试行）》《3~6岁儿童学习与发展指南》中均未出现“手段”的字眼，而是逐渐强化游戏是“基本活动”，从基本活动的层面来肯定游戏而不附加教育的重要手段作为条件，游戏在幼儿园中存在的认识根基在演变：游戏作为教育手段的工具性价值在弱化，而作为幼儿或幼儿园的“基本活动”的本体性价值逐渐凸显。

同时，还有一个变化是游戏作为“基本活动”的属权定位的变化，即游戏是“谁”的基本活动。从《城市幼儿园工作条例（试行草案）》中“游戏是幼儿的基本活动”，到《幼儿园教育纲要（试行草案）》中“游戏成为幼儿生活中的基本活动”，再到《幼儿园工作规程（试行）》中“幼儿园的教育工作以游戏为基本活动”，最后到《幼儿园管理条例》“幼儿园应当以游戏为基本活动形式”。从“幼儿的基本活动”到“幼儿园的基本活动”的演变，体现了对游戏角色的定位视角从幼儿个体发展到幼儿园教育的转变，标志着游戏在我国幼儿教育中基础性活动地位的真正确立。

新时期游戏作为幼儿园的“基本活动”的角色定位虽然与新中国成立初期的“主导活动”相比有很大的不同，但也有学者经过历史考察指出游戏的“基本活动”定位主要是从“主导活动”发展而来的。刘焱说：“早在20世纪60年代，我国心理学界就肯定了游戏对幼儿身心发展的特殊意义，提出了‘游戏是学前儿童的主导活动’这样一个命题……此后，随着我国儿童心理学的发展，游戏是学前儿童的主导活动的提法又逐渐演变为‘游戏是学前儿童的基本活动’。”[1]《城市幼儿园工作条例（试行草案）》（1979）和《幼儿园教育纲要（试行草案）》（1981）中游戏从“主导活动”变为“基本活动”，但在不同名称下游戏仍是一种为教育、教学服务的“手段”，游戏在幼儿园中的存在样态仍然是新中国成立初期作为“主导活动”的教学化形式的遗留与延续，具有很明显的“崇苏”痕迹。在相当长的一段时间里，游戏在幼儿园中仍主要以“教学游戏”的形式存在。1985年，吴燕和、戴娜·戴维森（Dana Davidson）等学者对中国、美国和日本的三所幼儿园进行民族志研究，里面记录了中国昆明一所幼儿园里积木游戏[2]的一个片段，便是一个典型的“教学游戏”的场景：

孩子们被要求坐在桌子旁边，入座后，向老师给每个孩子分发木制拼花积木。积

1 刘焱．幼儿园游戏教学论[M]．北京：中国社会出版社，2017：1.

2 孩子们在游戏中使用的积木是韦克斯勒（Wechsler）幼儿智力测验的版本，这些积木是为测量智商而设计的，在该幼儿园被用作教学工具。

木放在一个小盒子里，其中有几张结构图片，可供孩子们参考。这时，向老师对孩子们说："我们都知道怎么搭积木，对吗？看着图来搭，我们玩这类游戏时，必须动脑子，对吗？你完成了，就举手，我们中的一位老师会过去，看看你是否搭对了。现在开始，一定要尽力按顺序搭。"随后，孩子们开始静静地进行搭积木活动。那些不按顺序做的孩子被老师纠正。有一个孩子的盒子歪斜地放在桌子上，向老师把它摆正放在桌子的右上角。十分钟后，大部分孩子完成了。老师走过来检查他们的完成情况。如果孩子们搭建正确（也就是说完全按照图纸搭）后还有些时间，老师就要求他们一件一件地拆开，再重新搭建。如果老师发现了错误，就让孩子改过来。十五分钟的搭建拆开、重建后，有些孩子开始失去耐心，在椅子上坐不住了，和同桌小声说话。王老师说："保持安静！做功课的时候，不能讲话，要安安静静地做！"[1]

"幼儿园以游戏为基本活动"政策从出台到具体的实施是对"基本活动"理解不断深化的过程，也是新的游戏理念与传统游戏观念交互与碰撞的过程。20世纪八九十年代以来，我国幼教界努力突破游戏手段化的固封，广泛吸收与借鉴多元化游戏与教育理论，结合我国实际来探讨游戏与教育可能的结合形式，探索本土化的游戏教育路径。17年后，约瑟夫·托宾（Joseph Tobin）等学者重新踏上吴燕和、戴娜·戴维森的足迹，来到当年那所昆明的幼儿园，惊喜地看到这所幼儿园里游戏发生的变化：

（1985年）孩子们在练习中使用的积木是韦克斯勒（Wechsler）幼儿智力测验的版本，这些为测量智商而设计的积木，在大观幼儿园被用作教学工具。2002年幼儿园的积木游戏与其相比，有天壤之别，虽然老师仍然相信和期望通过积木游戏培养孩子们的空间知觉和智力发展，但这类活动不再被安排成或设计成为通过教学来提高智力的活动。在2002年的录像中，我们听到老师告诉孩子们："一会儿，我要带大家到楼下的积木室去搭积木，你打算用积木搭些什么呢？想搭什么就搭什么，我们看看谁搭得最棒。"正如这章前面所描述的那样，在整个积木室的活动时间里，孩子们跑着，笑着，尖叫着，老师也参与到游戏中，气氛活跃而愉快。

……

1 Tobin, J., Wu, Y., Davidson, D.Preschool in three cultures: Japan, China, and the United States[M]. New Haven, CT: Yale University Press，1989:109.

（变化）反映在董老师对此活动的思考中，她说："过去每个孩子用一小盒积木进行游戏，现在看来，这样限制了他们的创造性和想象力。独自玩积木的孩子错过了和其他人分享和合作的乐趣。现在，我们使用积木给孩子们提供了一起玩的机会，也为他们提供了较大的建构、交流和合作的空间，这些活动有利于培养孩子们的创造性和想象力。"[1]

对比两个时期同一所幼儿园里的游戏景象，游戏作为教学手段的工具性价值在逐渐弱化，而作为"基本活动"的本体价值正在逐渐凸显，"幼儿园以游戏为基本活动"在幼儿园游戏开展中发挥着积极的政策指引作用。

综前所述，游戏在我国幼儿园中从清末的"体育运动"、民国时期的"活动"、新中国成立初期的"主导活动"再到党的十一届三中全会以后的"基本活动"并一直延续到现在。游戏在我国幼儿园中的角色变迁是游戏与幼儿教育的中国结合之路，也是游戏与教育聚散离合的整体发展"图景"在我国的本土展现。这一路的演变与发展，既具有游戏与教育关系转变的一般特征，又具有中国传统与实践探索交织的本土特征。一路走来，游戏逐渐地从我国幼儿教育的"边缘"走向"中心"，游戏的价值与意义逐渐获得认可，游戏地位也逐步提升。但是，从对游戏在当前我国幼儿园的现状探视中仍不难发现，"儿童为中心""教师为中心"的"二元对立"问题仍根深蒂固地左右着一线教师，在"为了儿童"下成人逻辑仍"盘踞"在游戏课程设计与实施过程之中，儿童自主游戏与教学的"游离"框限了游戏之丰富意蕴进入教学的可能，以心理学为主要视域的理论研究面临着教学实践的重重困惑与迷茫。——如第一章所呈现的，游戏"被围困"了，无法充分展现作为"基本活动"的意涵。

"被围困"的游戏有种种"现象"或形态，但其本质是作为儿童基本存在样态与生活方式的游戏之丰富意义与独特魅力在幼儿园中受到辖制，儿童游戏之丰富意义无法在幼儿园教育场域中舒展、延伸与扩展。那么游戏"突围"的核心也即如何还游戏之儿童基本存在样态与生活方式之本然"存在"，让游戏之丰富意义在幼儿园教育场域中自由舒展，并在游戏与教育的交互作用中促成儿童意义世界的生成与扩展。

---

1 约瑟夫·托宾，薛烨，唐泽真弓．重访三种文化中的幼儿园 [M]. 朱家雄，薛烨，译．上海：华东师范大学出版社，2014：38.

第三章

CHAPTER 3

游戏：儿童意义世界建构的场域

教育是育人的事业，育人之根本是“意义成人”：引领儿童进入世界，与世界建立起丰富的联系，在这个世界充实而有意义地生活。游戏是儿童的基本存在样态与生活方式，儿童总是满腔热情地投入游戏中，心甘情愿地服从于游戏，在游戏中获得无与伦比的享受与满足，也获得了自然的濡化与身心的发展。通过游戏，儿童进入这个世界，与世界建立起种种联系，建构着自身的意义世界，过着充实而有意义的生活。游戏使儿童“意义成人”，这是游戏的教育灵魂，是架通游戏与教育的桥梁。

第一节 游戏与儿童游戏

一、何为游戏

对于游戏，不同的理论有不同的理解。精力过剩论（席勒和斯宾塞）、精力匮乏论（拉扎鲁斯）、游戏复演说（霍尔）、预演说（格鲁斯）等古典游戏理论侧重于采用哲学思辨的方式来探寻游戏的生物学根基，游戏宣泄说（弗洛伊德）、认知发展游戏说（皮亚杰）、历史文化游戏说（维果茨基）等现代游戏理论则更关注游戏对儿童发展的作用。给游戏下一个明确的定义不是一件容易的事情。“长期以来，游戏一直在学术上没有明确的定义。”[1] 当下，放弃明确的“下定义”的方式，转而从维特根斯坦“家族相似性”（family resemblance）的视角来理解与阐释游戏成为一种新的思路。

以“下定义”的方法来框定一个概念是柏拉图以来的本质主义的概念理解方式：“下定义的方法即是对概念进行分析，直至找到它最本质的部分，这个本质即是此概念的意义。……只有本质才是决定此概念之为此概念的意义。”[2] 下定义的概念是确定的、排他的，一个定义的确定也即框限了一个范围，给游戏下一个定义也就框定了游戏的范围，而排除了其他非游戏的活动。维特根斯坦主张从“家族相似性”的视角来理解“游戏”，它包容丰富多样但又具有一定相似性的游戏。并不是说这些“相似性”是每个游戏都具备的，维特根斯坦说：“观察各种游戏活动，我们不会‘看’到各个游戏活动都具有的贯穿在所有游戏活动中的共同之处，而只会看到各种游戏活动之间所具有的各种各样的相似性，

1 Pramling, Niklas et al. Play-responsive teaching in early childhood education[M]. Gewerbestrasse：Springer Nature Switzerland AG,2019：33.

2 徐国艳 . 维特根斯坦“家族相似性”的概念刍议 [J]. 社科纵横，2012（3）.

这些相似之处盘根错节形成一个复杂的网络。”[1] 犹如一个家族中“‘家族成员’之间可能存在‘家族相似’，例如眼睛颜色或身高，但这些不一定是‘家族’的所有成员所共有的，也不是该家族所独有的（也包括其他‘家族’可能有棕色的眼睛或高个子的人）”[2]。各种特征“十字交叉”不规则地相交，成为一种与“下定义”不同的理解“游戏”的方法，即认为某些特征是儿童游戏活动的特征，但不一定是所有这些游戏所独有或共有的。

在这一思路下，我们不把“游戏”看成是某种具体形式的活动，而是把它看作是由各种形式的游戏组成的“游戏家族”，各种游戏之间有一些“家族相似性”。笔者认为，“游戏”的“家族相似性”包括：有一个想象（as if）的情境；有内在规则；无目的；自由的、开放的；愉悦与满足的。

游戏是游戏者想象的一个虚拟世界或情境。无论是儿童早期的运动游戏、角色游戏、建构游戏，还是到后来的规则性游戏、竞赛游戏等，都是在“想象”一个虚拟世界或情境。弗洛伊德认为，游戏的儿童“在脑子里想象了一个与世隔绝的天地”[3]，他将游戏看作是儿童凭借想象进行的虚拟活动。想象一个虚拟世界或情境就是为游戏建构了一个规则，从而规定了儿童游戏行为的标准或界限。因此，游戏具有一定的内在规则。在角色游戏中，两个孩子玩“过家家”，扮演母亲的孩子就要做出一系列照顾孩子的“母亲”行为，而扮演孩子的那位则要做出接受照顾的“孩子”行为。情境的想象与角色的分配规定了游戏者各自的游戏行为，为游戏的进行定下了“规则”：在建构游戏中，孩子用积木等材料来搭建桥梁、房屋等，是依据头脑中对桥梁、房屋的想象，并按照想象中的桥梁、房屋的构造来进行游戏；在运动游戏中，孩子用铁环玩“滚圈”游戏，是想象铁环能滚起来，并在游戏中尽量保证铁环滚起来而不倒下……这些游戏想象在前台，规则在后台，规则隐含在游戏之中。而在规则性游戏与竞赛游戏中，规则在前台，想象在后台：游戏有明确的规则，而构建一个规则其实就是构想了一个虚拟世界。如棋类游戏的规则就是虚拟了一个战争世界以及各种角

---

1 维特根斯坦．哲学研究 [M].陈嘉映，译．上海：上海人民出版社，2005：66.

2 Pramling, Niklas et al. Play-responsive teaching in early childhood education[M]. Gewerbestrasse：Springer Nature Switzerland AG, 2019：34.

3 弗洛伊德．论创造力与无意识 [M]. 孙恺祥，译．北京：中国展望出版社，1987：42.

色和行为。游戏中儿童在想象（as if）与现实（as is）之间能自如切换，也即，游戏中儿童能在想象之域自由驰骋，但同时他们又能依据各种现实条件与材料、游戏伙伴之间的种种关系，协调与处理想象与现实之间的关系，如伙伴之间相互协商游戏角色与情境、考虑现实的游戏材料来游戏。

以维特根斯坦“家族相似性”的思路来理解游戏，“有一个想象情境”并不排斥其他不具有想象情境的游戏。大部分游戏都有一个想象情境，但有一些游戏却没有。如一般两岁以内的孩子还不会想象，他们的行为具有很强的情境依赖性，他们无法脱离于当前情境来想象另一个情境，因此两岁以内的婴幼儿更乐意玩练习性游戏或探索性游戏，如婴儿把玩一个小皮球或把它送到嘴里啃咬；婴儿把一个玩具故意扔到地上，待妈妈捡起来递给他后又扔到地上，他哈哈大笑，乐此不疲……这样游戏的乐趣在于感觉器官或运动器官在使用过程中所获得的快感，孩子为了获得某种愉快体验而单纯重复某个动作或活动。这种游戏在“想象情境”上是欠缺的，但是在无目的、自由的、开放的、愉悦与满足等特征上满足游戏的“家族相似性”，也属于游戏。鉴于本研究的内容，3~6岁幼儿的游戏是笔者重点关注的。3~6岁幼儿期是想象性游戏的高峰期，想象性游戏是幼儿以一定的现实条件（材料、场地、情境）为依托借由想象为游戏材料赋意，创造游戏情境来开展的游戏。因此，“有一个想象的情境”是笔者重点关注的游戏“家族相似性”之一。

游戏是无目的的。游戏没有一个外在于自身的目的或目标要去达成，它有其自身的完满性，也即游戏是自成目的的。——就目的的外在性与预设性而言，游戏没有目的。但是，就目的的内在性与行动性而言，游戏也是有目的的：游戏的目的与游戏者的当前行为、游戏的当下情境紧密地交织在一起，在竞赛性游戏中，游戏者总是奔着“我要赢”的态度或目的去游戏，“我要赢”的目的与游戏者的比赛态度、游戏行动与规划紧密地交融，成为即刻当下的行为所向与行动指引，具有现实的指导意蕴。游戏的目的或许可以换一种说法：游戏的目的是游戏者对游戏的认真投入，这是成为游戏中的一员所必需的，没有对游戏的认真与投入就是对游戏的不尊重，甚至是一个“搅局者”。

与游戏的无目的相联系，游戏是自由与开放的。游戏的自由与开放一方面反映在游戏规则上，游戏规则是儿童主动接受并自觉遵守的。在想象居主导地位的游戏中，规则隐含于想象情境中并随着想象而变化，儿童是规则的履行者也是“制定者”，规则由儿童说了算。在规则居主导的游戏中，规则并不一定是儿童提出的，但是儿童自觉自愿地接受并履行规则，规则成为游戏的结构性要素，有的游戏规则在儿童协商下也可做改变。游戏的发展方向也是开放、不确定的，游戏的内容、玩法、方向随着儿童与环境的互动并由此激发的想象而生成与变化。

游戏是令人愉悦与满足的。这是从游戏者在游戏过程中的体验来说的，“游戏性体验正是游戏的魅力所在”[1]。游戏者在游戏中可能有各种喜怒哀惧的丰富表情，但是游戏里的忧伤是“愉悦的忧伤”、恐惧是“安全的恐惧”——在不同的表情下游戏者内部的体验都是愉悦与满足的。

二、“儿童的”游戏

游戏是儿童游戏，也即游戏是属于儿童的。对于儿童游戏的“属儿童性”，可从两个方面来理解：

第一，游戏的“属儿童性”并不是说游戏的发起者一定是儿童，而“属儿童性”的关键在于儿童是否能积极主动地投入游戏中，是否能与环境做自主、自由的交互作用。自主性游戏一般是儿童发起的，但是如果儿童在游戏中受到教师的种种限制与约束，或者由于教师的干涉而破坏了儿童的自主性，儿童丧失了兴趣而使游戏无法进行下去，也即在游戏中被种种外来的力量破坏了与环境自由、自主的交互作用，那么即使是儿童自主发起的游戏也会失却游戏之儿童属性，就不能称之为“儿童的”游戏。相反，有的游戏是教师发起的，但是在游戏中教师给予幼儿充分的自主与自由，可以根据游戏的进展协商规则或改变玩法，儿童的积极性与参与度很高，那么这样的游戏同样是“儿童的”游戏。如山东利津县幼儿园开展的“利津游戏”[2]，它以儿童民间游戏为特色，包括攻城门、炒黄豆、老鹰捉小鸡、跳房子、翻绳等百余种民间游戏。这些是教师设计、组织发起的，有一定结构的游戏，但是在游戏中儿童身心投入、高度参

---

1 刘焱．幼儿园游戏教学论 [M]. 北京：中国社会出版社，2017：74.

2 利津游戏，山东省利津县幼儿园户外游戏的简称，由利津县第二实验幼儿园园长赵兰会及其研究团队历经十余年探索创建。其特色之一是挖掘、整理和创新传统民间游戏，幼儿园成为活动着的传统民间游戏博物馆。

与，在他们自己的游戏中享受着属于他们的快乐。

第二，游戏的“属儿童性”还指游戏中儿童拥有游戏性态度或状态。杜威主张从儿童在游戏中的态度或状态来看儿童是否真的在游戏。他说：“游戏是一种态度，……游戏不等于是儿童的外部活动。更确切地说，它是儿童的精神态度的完整性和统一性的标志。它是儿童全部能力、思想以具体化的和令人满意的形式表现的身体运动、他自己的印象和兴趣等的自由运动和相互作用。”[1]那么儿童的游戏性态度或状态具体是什么？西克森特米赫利（Mihaly Csikszentmihalyi）对成人游戏性体验的研究给了我们启发，他用flow（可译为“河水般的流动”）来代表人在顺利地进行所喜爱的活动时所产生的主观体验。游戏中的flow是这样的体验：

首先是专注。在那一刻，自我、现实……一切的一切似乎都远远地遁去了，全副身心都被当前的活动占据了；第二，活动就是目的，目的与手段是一致的，无矛盾和冲突；第三，能够立即得到与目标有关的信息反馈，灵感迸发、思如泉涌，每做一个动作几乎同时就能觉察到它的正确与否；第四，对自己能力的自信，感觉到自己完全有力量去影响别的事物，能够驾驭和控制活动的进行。这种感觉好像是一条畅通无阻的河流。[2]

概括一下，游戏中的flow体验可以浓缩为自主与自由、投入（专注）和“我能”的状态。

“自主与自由”是指游戏对于儿童来说是“我要玩”而不是“要我玩”，是“我想玩就玩，我不想玩我就不玩”。游戏看似是“随心所欲”的，但是这里的“随心所欲”并不是肆意妄为，而是“随心所欲而不逾矩”。因为一个游戏总是包含着“规则”，游戏者如果想玩这个游戏那么必须遵守游戏规则，否则游戏就进行不下去。以角色游戏为例，角色游戏必然包含着“规则”，扮演医生，就应当像医生一样行动，扮演病人则有另一套行为规则。但是游戏中的规则是儿童自觉自愿遵守的，参与游戏所带来的愉悦感与满足感战胜了规则对即刻行为冲动的约束，儿童“心甘情愿”地服从规则，展现出超乎日常行为的自制力与控制力。所以，儿童自主自愿地对规则的服从构成了自由自主地进行游戏的

1 约翰·杜威．我们的学校与社会·明日之学校 [M]. 赵祥麟，等译．北京：人民教育出版社，1994：86-87.

2 刘焱．幼儿园游戏教学论 [M]. 北京：中国社会出版社，2017：36-37.

前提。

“投入（专注）”是一种游戏中儿童与游戏材料、游戏伙伴进行着积极的交互作用时全身心融入游戏情境之中的状态。在这种状态里，儿童在“物我两忘”的同一境界中、在身心融汇的自由行动中，实现一种涌动着生命蓬勃生机的对人生意义的终极体验，形成主体与周遭世界的交汇与融合。游戏的形态、方式或外部特征等不能作为评判游戏的终极指标，而游戏者的“游戏性体验才是内在于游戏者的，是游戏者在游戏过程中实实在在的‘获得’”[1]。

“我能”是儿童在与游戏材料、游戏伙伴的自由、充分地交互作用中产生的胜任感与成就感。游戏没有外在目的，游戏的目的是自身的活动，游戏中的儿童没有外在的束缚，不用在意他人的评价，他们赋予材料以自身独特的意义，可以自由地尝试错误、变换玩法来达到自身的目的或解决游戏中遇到的问题。儿童在游戏中获得“对物体、行动、关系的支配感，使儿童在此时此地最充分地自我实现，感到情绪安宁舒适”[2]。“我能”的感觉就是这种能操控自身与环境的相互作用的自由与自如。

三、作为儿童之事的游戏

交互作用是人存在的基本方式，人存在于世就是与周遭世界进行着各种各样的交互作用。就现实性的人而言，人与世界的交互作用展现为“做事”。人在世存在的展开就是“做事”的展开。

“做事”不仅在于完成所做之“事”，更在于在做事中“成人”。“以人与物之间的互动和人与人之间的交往为形式，‘事’从不同方面成就人，并赋予人以多重存在规定。……与本然的对象不同，人的存在内含意义之维：人既追问世界的意义，也追寻自身之‘在’的意义，这种意义的追求同样与‘事’难以分离。在其现实性上，‘事’同时构成了意义生成之源。”[3]“事”不仅改变、改造着外物，也在改变着人心。“唯（虽）能其事，不能其心，不贵。”[4]人之“事”与人之“心”无法相分，“心”既制约着事，也在“事”的展开中丰富、深化、发展。

1 刘焱．幼儿园游戏教学论 [M]. 北京：中国社会出版社，2017：37.

2 黄人颂．学前教育学参考资料（上册）[M]. 北京：人民教育出版社，1991：142.

3 杨国荣．“事”与人的存在 [J]. 中国社会科学，2009（07）.

4 《简帛书法选》编辑组．郭店楚墓竹简・性自命出 [M]. 北京：文物出版社，2002：37.

通过“事”“能其心”，这首先体现在通过“做事”获得能力的提升。有能力一般也被称为“本事大”，“本事”一词也体现了人的能力是在“事”中展现的，也是在“做事”中提升的。同时，“做事”之“能其心”也体现在关涉价值层面的品格的提升。有人问王阳明：“静时亦觉意思好，才遇事便不同，如何？”王阳明说：“是徒知静养，而不用克己工夫也。如此临事，便要倾倒。人须在事上磨，方立得住；方能静亦定、动亦定。”[1]“静”意味着与“事”无涉的相对静止状态，“动”就是做事的状态，只有在“事”中磨砺、反省，“克己工夫”，所知“方立得住”，否则“便要倾倒”。孟子亦认为人的“浩然正气”，“必有事焉”。在“做事”的过程中，人在与世界的交互作用中，感受到真切的世界，也感受到处于世界中的自身的真切，这是一种真切的存在感。这种存在感可以视为对世界和人自身实在性的最直接、最真切的确认，它既非基于主观臆断或思辨推绎，也非来自想象，而是源于现实之“事”。在这种真切、直接的“做事”的存在中，在与世界的密切交互作用中人生成意义，成就自身。

虽然儿童与成人一样都存在于世，都跟周遭世界处于各种交互作用之中，这也意味着都处于种种“做事”的状态中，但成人之“事”与儿童之“事”不同。成人与儿童各自的能力、资质不同。成人所做的“事”一般是“正儿八经”的事，在社会空间与身份职责上，成人需要承担更多的社会责任与经济负担，需要做能获得经济利益或者社会效益的事。年幼儿童也带有强烈的做事冲动——杜威说儿童总是带着强烈的做事冲动来到这个世上，这在儿童早期表现为强烈的操作物体的冲动，看到什么都想动手玩一玩，随着儿童生活经验的丰富他们也想做与大人一样的事情，如警察、医生、司机等，但是能力、经验的不足限制了他们来做这些“正儿八经”的事的可能。而另一种“事”则缓解了儿童强烈的“做事”冲动与行事能力不足之间的矛盾，为儿童“做”“正儿八经”的事提供了可能，这种“事”就是游戏。

“与休闲、消遣具有相关性的艺术、体育等活动，包括艺术领域的创作与欣赏、体育方面的训练与参赛，都表现为人之‘做’意义上的‘事’。”[2]游戏是“事”的一种特定形态，是一种“闲事”。游戏虽是“闲事”，但儿童确是正儿八

1 王阳明．王阳明全集 [M]. 上海：上海古籍出版社，1992：12.

2 杨国荣．“事”与人的存在 [J]. 中国社会科学，2009（07）.

经地来游戏的，他们对之投入满腔的热忱，投入超乎对待其他事情的严肃与认真。赫伊津哈是这样描述游戏者在游戏时的严肃与认真的：

虽然我们意识到游戏是“假装”的，但这绝不会妨碍我们以极端正经的态度去游戏，全神贯注，全身心投入，进入狂喜的境界，至少暂时完完全全把那个麻烦的“假装”感觉抛到九霄云外。任何时候的任何游戏都可以使人进入忘乎所以的境界。游戏和严肃的差别是变动不羁的。游戏的自卑感常常会被严肃的优越感抵消。游戏转变成严肃，严肃又可以转变成游戏。游戏可能会上升到美和崇高的境界，甚至远远高于严肃之上。[1]

游戏是儿童“正儿八经”地做“假装”的事情，它不是严肃的对立面，而恰恰是儿童最大的“严肃”。儿童之所以对游戏投入满腔的热情与别样的严肃，因为这是儿童自己的“事”。日常生活中总有种种约束，经验与能力的不足限制了儿童做想做的“事”的可能，但在游戏中却不同，他们任由思绪飞跃、想象驰骋，“从心所欲”地做着自己的“事情”。在无与伦比的严肃与认真面前，“麻烦的‘假装’感觉被抛到九霄云外”，“游戏转变成严肃”，“假装”的游戏成了儿童最大的“真实”。在游戏这一严肃的“事情”中，儿童也获得自身最真实的“存在”。在游戏中儿童做着自己，也成就着自己。无怪乎维果茨基说，在游戏中，儿童的表现总是超越他的一般年龄，超越他的日常行动，“比自己高出一个头”[2]。

第二节 儿童的意义世界及其建构

“人是悬挂在由他们自己编织的意义之网上的动物。”[3] 意义，是人与周遭世

1 约翰·赫伊津哈．游戏的人：文化中游戏成分的研究 [M]. 何道宽，译．广州：花城出版社，2007：10.

2 列夫·维果茨基．社会中的心智——高级心理过程的发展 [M]. 麻彦坤，译．北京：北京师范大学出版社，2018：128.

3 克利福德·格尔兹．文化的解释 [M]. 纳日碧日戈，等译．上海：上海人民出版社，1999：26.

界在主观意识层面的联结，是人在与周遭世界“打交道”之后返回人自身的一种主观关照。儿童，是人在世存在的最初阶段，是人进入这个世界、与周遭世界建立各种关系的原初与起点。儿童在与周遭世界的交互中生发着属于自己的独特、丰沛、多姿的意义世界……

一、人的存在与意义

“存在”的概念最早“源于拉丁语 esse，与‘思维’‘意识’相对，是物质的同义语”[1]。古希腊时期的“存在”一直是在本体论层面上来理解，把“存在”当作世界的“本原”。如米利都学派的泰勒斯认为水是具有本体论意义的“存在”、德谟克利特认为原子是构成万物的本原等等。这样的“存在”是独立于人的意识之外的客观存在，而追究、认识独立于人的“存在”成了人的使命。这可以说是西方近代理性崇拜的历史根源，也构成了哲学上理性主义传统的本体论。在“知识就是力量”的时代号角下，理性，尤其是工具理性推动了自然科学的长足进步，也创造了巨大的人类财富。但是，人在不断“向外”认识与探索的同时，却忘却了“向内”返还自身、探寻人生意义之路，世界的诗意逐渐隐退，人与世界的关系日益萎缩成有限介入的关系。

对人存在境遇的关注与反思是海德格尔存在论哲学的现实基础。在海德格尔看来，如此种种“存在”，都仅仅是“存在者”，而并非“存在”本身。海德格尔认为，理性主义传统的本体论是一种无根的本体论，因为它迷失了人的“存在”而只追求对“存在者”的认知。进而海德格尔认为应回到人的日常生活中去领会“存在”，回到人对自身生存状态的体验来追问存在的意义。他认为，人存在的核心问题是意义问题，“关于‘存有之意义’的问题乃是一切问题中的问题”[2]。意义具有生存论性质，“意义是此在的一种生存论性质，而不是一种什么属性，依附于存在者，躲在存在者‘后面’，或者作为中间领域漂游在什么地方”[3]。美籍犹太教哲学家 A. J. 赫舍尔在探寻“人是谁”的问题上也认为意义是人存在的必然：“人的存在从来就不是纯粹的存在；它总是牵涉到意义。意义的向

1 金炳华，等 . 哲学大辞典 [Z]. 上海：上海辞书出版社，2001:100.

2 海德格尔 . 哲学论纲（从本有而来）[M]. 孙周兴，译 . 北京：商务印书馆，2012：12.

3 海德格尔 . 存在与时间 [M].陈嘉映，王庆节，译 . 北京：生活 · 读书 · 新知三联书店，2016：177.

度是做人所固有的……他可能创造意义，也可能破坏意义；但他不能脱离意义而生存……对意义的关注，即全部创造性活动的目的，不是自我输入的；它是人的存在的必然性。”[1]人的“在世存在”是不断追求意义而获得内心充裕、精神丰沛的过程。意义，使人不仅以一种动物的样态而生存，更以“人”的独特样态与丰富之姿在世界中诗意地栖居。世界，不仅是人生存的物质场所或占有之地，更因为意义的联结而成为人依居的家园，“把世界作为如此这般熟悉之所而依寓之、逗留之”[2]。

那么什么是意义？“意义”的两种英文表述可以代表对意义的一般理解：一是 meaning，与 mean（意谓）有词源关系，意为含义、意蕴，主要指事物所具有的意义（意思）；二是 significance，意为价值、作用，指一个事物对另一个事物或人是有价值、效用的。笔者认为，事物的价值与作用不会凭空产生，总是在事物（对具体的人）所具有的意蕴上衍生，脱离于事物对不同人所具有的独特意蕴而谈其对人的价值、作用是一种超脱于人之“存在”的意义，这正是本研究在探寻游戏的意义中需要警惕的。也即，以存在论视角来理解，人在在世存在中与世界的种种“交手”使得事物展现出对人的独特意蕴，进而才能衍生出对人的价值与作用。所以，meaning 的“意义”是一个广义的意义概念，不仅具存在论意蕴，更具基础性与包容性，包含着 significance 的“意义”。而 significance 的“意义”则是由 meaning 衍生与派生的，可以说是一种以价值与效用为取向的意义。

在本研究中，“意义”主要取 meaning 的“意蕴、意涵”的理解，其内在也衍生与蕴含着 significance 的价值意涵。具体地说，意义，“来自人在其世界中的牵涉”[3]，是人在与周遭世界的交互作用中形成的对周遭世界及其与自身关系的整体性理解与感受。“有意义”是指事物（在人与之的交互中）拥有丰富的意蕴与意涵，同时在事物对人所具有的独特意蕴中自然衍生、展现对人的价值。

人的在世存在是在不断地与世界的种种“交手”中意义生成、流转与丰富

1 赫舍尔．人是谁 [M]. 隗仁莲，安希孟，译．贵阳：贵州人民出版社，1994:46-47.

2 海德格尔．存在与时间 [M].陈嘉映，王庆节，译．北京：生活·读书·新知三联书店，2016：67.

3 里克曼．狄尔泰 [M]. 殷晓蓉，吴晓明，译．北京：社会科学出版社，1989：209.

的过程，意义好比水流，流转着、生成着、变化着。随着人与世界种种“交手”的经验丰富与拓展，意义会汇集成一个世界——意义世界，它是由意义之流汇集而成的河流。意义世界是人在与周遭世界的交互作用中形成的对周遭世界及其与自身关系的理解与感受的时空集结。意义世界是时间与空间的融合与交汇：“世”是时间，意义世界从过去走来，凝结成“当下”，向未来流淌；“界”是空间，与世界“交手”的疆域汇集成意义的空间。“世”与“界”融汇而成个体独特、丰富、多彩的意义世界。

具体地说，人的意义世界由“是什么”“意味着什么”“应当成为什么”等诸问题构成。“是什么”指向世界事实层面的规定，是人对周遭世界的共识性认识。“意味着什么”是在人与世界的“交手”（交互）中产生的周遭世界对个体的独特意蕴与意涵，展示着周遭世界与个体的独特联系。在与周遭世界“交互”中，人在获得对世界“是什么”和“意味着什么”的理解的同时，也产生对世界及其与自身关系的独特感受，并进而引发对“过什么样的生活”“成为什么样的人”等“应当成为什么”的愿景与趋向。

二、儿童的意义世界

儿童的意义世界是儿童在与周遭世界的交互作用中形成的对周遭世界及其与自身关系的理解与感受的集结，是一个由“是什么”“意味着什么”“应当成为什么”等诸问题构成的意义时空。以“一块石头”在儿童与之“交手”中形成的意义世界为例，这块石头是“石头”而不是别的什么，这是对石头“是什么”的基本事实的理解，是一种共识性认识。同时，如果儿童与这块石头“交手”，产生了交互作用，即通过“某事”，石头从其本身“物”的存在而进入“某事”之“物”，那么它就与这个儿童形成了某种独特的联系，使得儿童对这块石头的理解超越了“是什么”的事实层面的规定，而有了“意味着什么”的独特意蕴。如果这块石头是与小朋友跑步比赛赢来的，那么它就意味着比赛的“奖品”，如果它是儿童自己挖来的，那它可能就意味着“珍贵的宝藏”……在与这块石头的相互作用中，这个儿童在形成对其独特理解的同时，也在体验与感受着比赛赢得胜利的喜悦与满足，或者获得一种探索新奇世界的惊奇与愉悦感，在这样的体验与感受中衍生出赢得更多比赛胜利的欲望，或者激发进一步探索世界的愿望与激情。这些构成了“应当成为什么”的意义范畴。以下来一一进行分析。

(一)“是什么”

“是什么”的问题首先表现为世界的可理解性。意义世界是个体主观构建的，但是它也有共同的现实基础——儿童共同生活的世界。生活于同一个世界在儿童意义世界中的表现就是意义世界首先展现为不同的儿童对世界“是什么”问题的共识性理解。

世界“是什么”的共识性理解首先体现在意义世界“首先通过常识的形态呈现出来”[1]。常识是“在日用常行中所形成的诸种观念和信念，这些观念和信念是人们在千百年的历史过程中逐渐沉积而成，并代代相传的。”[2] 常识是一种基于日常生活的共识，是不同人对世界的共同观念或信念。常识将世界纳入有序的、相对恒定的构架，对世界做有序的“安顿”，展现出世界的确定性与有序性。它是儿童日常生活展开和共同生活、存在的内在根据。同时，常识也构成了儿童意义世界的共同背景，对世界“是什么”所形成的常识性理解是不同儿童的意义世界的共识性背景，这种共识性理解使得儿童共同生活、相互理解与交流成为可能，是拥有不同意义世界的儿童相互理解、交流的基础。

科学是人对世界“是什么”形成的另一种认识。科学在近代取得了较为成熟的形态，它是以数学的方式来把握世界。不同于现象的直观，科学对世界的理解更多地呈现出理论性与逻辑性的特点，科学所显现的世界秩序也有别于日常经验的常规性，而是呈现为通过理论及逻辑而展示的系统构架。对于尚未进入学校进行系统知识学习的年幼儿童而言，科学层面对世界“是什么”的认识并不构成儿童意义世界“是什么”的核心，而在日常生活中积累的常识是年幼儿童对世界“是什么”认识的主体。相对于科学而言，常识更贴近儿童，它朝向“活生生的人”，是一种人化的知识。科学为了彰显其客观性，更接近物化，在本质上是疏离意义的。“单纯的事实并没有包括事物的全部规定：它略去了事物所涉及的多重关系及关系所赋予的事物的多重规定，从而呈现某种抽象的形态。”[3] 科学与意义相关联的前提是先分离，再做联系。所谓“科学为人类服务”，

1　杨国荣 . 论意义世界 [J]. 中国社会科学，2009（04）.

2　杨国荣 . 论意义世界 [J]. 中国社会科学，2009（04）.

3　杨国荣 . 论意义世界 [J]. 中国社会科学，2009（04）.

本质含义指科学知识本身与人相区隔的客观性，它“自成一体”以后，再与人相连，从而谈及科学对人的意义与价值。当然，科学与常识并不是截然对立的，科学在人深入了解世界“是什么”中功不可没，推动着人类深入地理解这个世界，随着时间的推进一些科学的认识也会变成常识。但就年幼儿童意义世界的特点而言，科学与年幼儿童相对“疏远”，应警惕那些远离儿童生活、儿童难以理解的晦涩难懂的系统化科学知识，而应基于儿童亲在、亲熟的日常生活促成儿童对世界的理解与感受。

（二）“意味着什么”

世界“是什么”是儿童对世界达成的“共识”，具有公共意义；“意味着什么”是“在世存在”的儿童在与世界的种种“交手”中形成的对世界的独特理解，更具个体意义。意义产生于儿童与世界的“交手”，正因不同的儿童与世界的不同的“交手”使得世界在呈现公共品质与意义的同时也展现着“个体交涉”的独特意蕴。

如果说世界“是什么”的问题是传统认识论追求的，那么“意味着什么”则是存在论追求的，超越世界“是什么”的认识论而探寻世界对“在世存在”的人的独特意义也正是海德格尔存在论的核心问题。在海德格尔看来，以往哲学对世界“是什么”的追问、探究都只是对“存在者”的追问，而并非“存在”。就人“存在”的现象学而言，“我们总已经活动在对存在的某种领会中了”[1]。也即，人的存在与意义、意蕴不可分离，“意味着什么”比“是什么”对人的“存在”更具根本性的意义，是人存在的本质。“世界从来就不是像笛卡儿等人以为的那样仅仅是‘存在者的集合’，它原本地表现为我们的存在域——周围环境、活动的空间和让我们化入其中的东西。”[2]海德格尔在《艺术作品的本源》一文中分析凡·高的作品《农妇的鞋》，农妇的鞋是“鞋”，但同时也超乎“鞋”的事实意义，而“诉说着一个充满生活诗情的世界，在物的表象下，涌动着生命意义的急流”[3]，这是人在“去存在”“去生活”的过程中世界对人展现的独特意蕴。

“意味着什么”在存在论上呈现出人之存在的独特性的同时，构成了年幼

1 海德格尔．存在与时间 [M].陈嘉映，王庆节，译．北京：生活·读书·新知三联书店，2016：7.

2 张文喜．“实践”与“操心”的时间性阐释——海德格尔、马克思论“存在与时间”[J].学习与探索，2002（03）.

3 张永清．生活世界与审美对象意义世界的本源 [J].学习与探索，2001（05）.

儿童与世界“交手”的独特性，是年幼儿童意义世界的核心。儿童对世界的原初认识与感受脱离不了他们与世界构成的种种关系，儿童在理解事物（或他人）时，总是基于整体情境之中事物（或他人）与自身关系的视角来理解这一事物（或他人）。对于他们来说，“意味着什么”在一定意义上超越了“是什么”而居于理解的核心。如对于两三岁的孩子来说，对“门”的理解不仅是对作为“门”这一类物体的一般化、概括性属性的认知，而可能特别指向他家里的“那扇门”，对他来说是可以经过它出去玩的“那扇门”，是傍晚爸爸妈妈下班回来“打开”的“那扇门”。“狗”对于一个孩童来说，并不仅是“狗”的一般属性概念，而可能特指邻居家那条看到他就摇尾巴的小狗，或者是家里那条陪他睡觉的玩具狗。“门”与“狗”因为与儿童独特的交互作用而拥有了儿童的独特意义，随着儿童经验的丰富与扩展以及理解能力的提升，他们会逐渐形成对不同的“门”的一般化、概括性的认知，同时也在丰富着“门”在不同的情境下的意蕴。

就获得方式而言，儿童关于世界“是什么”的常识与科学认识一般通过“被告知”或其他间接形式而获得，而“意味着什么”更多地建立在儿童与世界的种种“交手”之中，是一种亲熟的、亲在的意义获得。它是基于儿童自身行动、理解、体验而获得的知识，是一种亲在的个体知识。这也是一种认知，不过这种认知已超越了传统认识论“侧身旁观”的认知，而是一种“投身体验”的存在性认知。对年幼儿童而言，世界“意味着什么”的理解以个体与事物（或人）构成的“事”的场域中的关系为依据与出发点，具有强烈的亲个体属性。以下是笔者与一位三岁幼儿的一段对话（刚看完一本关于动物妈妈生宝宝的绘本）：

笔者：宝宝，你是谁生的呀？

幼儿：我是爸爸生的。

笔者：啊，你是爸爸生的呀，为什么？

幼儿：我喜欢爸爸呀，他对我最好了。

笔者：哦，你喜欢爸爸呀！

幼儿：他陪我玩，每天来幼儿园接我……

对于到底是谁生的并不是这个孩子关心的，而他在日常生活中与爸爸的亲密互动、相亲相爱使得爸爸成了“生他的人”，这乍一听很荒谬，但是如果从孩子的角度出发又并不荒谬，完全“说得通”。——这是“这个孩子”对“他的爸爸”的意义世界，它以孩子自己独特的理解与感受为核心，与儿童个体经验紧紧相连，赋予了“爸爸是什么”的本然事实属性之外的独特、丰富的意涵，这是这个孩子的存在及其存在的意义。在此，“我到底是谁生的？”已经变得不那么重要了，世界之“真”在孩子的意义世界里有了别样的意蕴。孩子们觉得圣诞老人是真的，因为他“真的在圣诞夜给他们送来了礼物”。家长们也尽力保护着圣诞老人的“真”，因为在圣诞老人给予孩子美妙感受与美好幻想面前，他的真与假又有什么重要的呢？世界的真真假假孩子们迟早有一天会“看透”，但是孩提时美好的童真与幻想却难保一生。

（三）“应当成为什么”

世界“是什么”的问题更多地指向现实存在，“意味着什么”建立在儿童与世界“交手”的基础上对世界及其与自身关系的独特理解，它自然地将人与世界的关系推向价值领域——产生自己与世界的整体感受，进而引发“成为什么样的人”“过什么样的生活”等“应当成为什么”的愿景与趋向。如对于“一束鲜花”，如果它是作为礼物由小伙伴赠送的，那么获赠的孩子在领会它是“一束鲜花”的事实含义以及“作为礼物”的独特意蕴的同时，也感受到获得礼物的愉悦以及朋友间传递的融融情谊。在获得被人关爱的满足的同时，也激发了这个孩子去关爱别人、表达情谊的憧憬与趋向。“一束鲜花”从一个“纯然之物”以及有限意义的存在，到进入与这个孩子交互的世界中承载了独特的意蕴，并引发了孩子别样的感受，从而构成了一个从认知到意蕴，再到价值关涉并引向行动的意义世界。

在世界“是什么”作为事物本然存在向“应当成为什么”的价值领域的推进中，“意味着什么”是枢纽，是意义推进的关键；也即，只有在儿童与周遭世界的“交手”中，世界才能进入人之“事”中，世界才可以从“物的集结”变为“人的世界”。刘铁芳认为：“世界是‘一切事物的总和’。‘物’拓展于空间，‘事’延宕于时间，世界是时间与空间的统一。‘事’是有‘物’的‘事’；‘物’是有‘事’的‘物’；构成世界的‘事’‘物’是不可分割的整体。”[1] 对世界“是什么”的

1 刘铁芳．人、世界、教育：意义的失落与追寻 [J]. 教育研究，1997（08）.

认知，可以不通过与世界的“交手”——“事”而获得，如常识的“被告知”是儿童获得世界“是什么”的认知的一种方式，也是儿童增长知识、扩展视野的重要渠道。但“被告知”的常识一般居于“是什么”的认识论范畴，难以企及价值观层面的意义。“被告知”的常识可以到达价值观层面，那也是因为“告知之人”与儿童的关系是亲熟的或其是儿童敬重的，也即“被告知”的常识到达价值观层面并不是因为常识本身与儿童自身产生联系，而是告知常识的人与儿童的亲密关系，如“我是妈妈生的，这是我妈妈告诉我的”。“亲其师，信其道”也告诉我们，对被告知的知识的“信”，是以“亲”的关系为基础的。只有通过与世界的“交手”，世界才能进入儿童之“事”中，儿童与世界也才能建立起亲熟、亲密的关系。世界“是什么”的事实规定在这种关系中被“意味着什么”的理解与感受超越，世界在儿童之“事”中展现出意义品质与价值关涉。

在此，对意义世界做“是什么”“意味着什么”和“应该成为什么”的依次“出场”的分析，并不是说三者依次形成并在意义世界中区隔存在，三者是相互交织与融合的，对于年幼儿童更是如此。“价值所体现的是事物与人的需要、理想、目的之间的关系，这种关系通过评价而得到具体的判定和确认。”[1]如果说，成人对周遭世界的理解以及周遭世界与自身的价值关系可能存在着某种“分离”，那么儿童在与世界“交手”的种种交互作用中构筑起对周遭世界及其与自身关系的独特理解，这样的理解本身是价值关涉的。狄尔泰（Wilhelm Dilthey）认为，人的“任何知觉形式都由一种生命关涉所规定，……我与他人（及事物）的关涉总是已经带有某种情绪色彩、价值预设等积极或消极、促进或压制的要素”[2]。人与事物、他人的原初关系因为人的生命关涉使得事实层面的规定与价值规定并非彼此悬隔，而是统一的。对于儿童来说，他们对世界的原初认识更具价值关涉性。儿童在理解事物（或他人）时，总是带着基于整体情境之中事物（或他人）与自身关系的视角来理解这一事物（或他人），本身就包含着自身的情绪与需要，也即价值关涉性。如上述“我是爸爸生的”的案例中，对于孩子来说到底是谁生的并不是他关心的，而爸爸与他的亲密关系以及情感纽带成了他理解爸爸的核心，这是价值关涉的。对于儿童来说，“是什么”

1 杨国荣．论意义世界 [J]. 中国社会科学，2009（04）.

2 高桦．狄尔泰的意义概念 [J]. 社会科学，2018（02）.

总是与“意味着什么”有着基于“生命关涉”的交织与牵涉。甚至，事物对自己“意味着什么”是事物“是什么”的纽结点或理解动机。正因为儿童对周遭世界的理解总以世界与自身的关系为参照，“是什么”自然地蕴含着“意味着什么”的价值指涉，由此，儿童存在于世与世界的种种互动与联系体现着儿童自身的“意志”（或自然倾向），儿童以“自己”的方式与世界交互并生成“自己”的意义世界。杨国荣说，“伦理之域的价值意义更多地指向善，与善的追求相联系但又有不同价值内涵的是审美活动”[1]。这在儿童身上表现得更为明显，儿童是“诗意”的审美存在。孩子看到河面的涟漪说是风留下的脚印；孩子打着手电筒散步说“这是我的拐杖，我拄着一束光”；孩子掉了牙，又长出一颗，说“我的牙齿又发芽了”……儿童以自己独特的方式与世界互动与联结，也构筑着自己独特的意义世界。

三、儿童意义世界的特点

儿童的意义世界中“是什么”“意味着什么”“应当成为什么”诸部分相互交织、不可分割，其意义世界具有整体性、混沌性的特征，同时也兼具涉身性、发展性等特点。

（一）整体性

笛卡儿的“我思故我在”区隔了人身心本源的统一性，它“假设心灵的功能是可由清晰的支配符号的规则解释的，因此其核心要素包含表征、形式化和基于规则的符号变换”[2]。包含着感知、欲望、情感、信念、行动的整体性的人被由符号、规则、表征支配的认知的人所取代，“我在”被框限于“我思”之中。

“我思”之“理性人”的人性假设贬抑了人的整体性存在。“在世存在”是人的基本状态，“我在”是“我思”之基本前提与基本现实。“在”使人作为整体性生命投身于世界之中，成为世界的一员。人在与周遭世界种种关联与交互中构筑的意义世界不是一个抽象的意义统一体，而是整体的、整全的。狄尔泰从生命哲学的视角来描绘作为整体意义性存在的人，认为意义作为整体性范畴，其根本着眼点要回到人原初的生命经验上，他把这种生命意义的具体作用称为

1　杨国荣．论意义世界 [J]. 中国社会科学，2009（04）.

2　刘晓力．交互隐喻与涉身哲学——认知科学新进路的哲学基础 [J]. 哲学研究，2005（10）.

"生命关涉"（Lebensbezug）：

从这个持存的基础中产生了不同的成就，而在这个持存基础中存在着的东西全部包含一种自我之生命关涉。正如所有东西在此都具有一个相对于生命关涉的位置，自我的状态也同样始终根据事物与人对它的关系而改变。这样的人和事情并不存在，好像它们对我来说只是对象且不包含压力或促进，一种追求之目标或意志之约束，顾及之重要性、要求和内在的接近或矛盾，距离和异己性。生命关涉——无论它被限制在给定的时刻还是延续着——使得这些人和对我来说的对象成为幸福的承载者，我此在的扩展，我力量的提升，或者它们在这种关涉中限制了我此在的活动空间，它们削弱了我的力量。[1]

"生命关涉"展现了意义的基本现实依据，意义始终是与我们的原初经验相涉的，与我们的生命融为一体。认识关系总是同时包含在存在关系之中，并以存在关系为存在根基与依据。人在投入世间、与周遭世界交互的时候，意义就以整全的方式在生命个体身上展开，它是不可分解与化约的。当我们说我们在世上被给予的首先是与我们"主体"相对的"客体"，然后通过一种"移情"作用在客体身上认识到某些客体是意义携带者时，这是一种误解。"在一切经验中最根本的东西，是我们在自己的处境中发现自己业已存在于存在着的整体之中的方式，以及在我们的处境理解自己的方式。"[2]这个世界在与人的交涉时本身就是一个意义世界，是一个意义关联的整体性的有机构成。意义世界不摒弃知识，而是包容了知识，"我无需为见而视而不见；我无需抛弃任何知识。恰好相反，我所观察知悉的一切——图像与运动、种类与实例、规律与数量——此时皆融汇成不可分割的整体"[3]。

儿童总是带着原初的生命冲动与激情全身心地投入这个世界中，他们的意义世界更是整体的、整全的。初始性的心灵状态是个体精神发展的起点，这种心灵状态更多指的是人生来具有的对周遭浑然又灵敏的感知力与感受性。儿童意义世界的丰富与充盈是建立在与世界原初相通的感受力上的，与世界相通的

1　高桦．狄尔泰的意义概念 [J]. 社会科学，2018（02）.

2　高桦．狄尔泰的意义概念 [J]. 社会科学，2018（02）.

3　马丁・布伯．我与你 [M]. 陈维钢，译．北京：生活・读书・新知三联书店，2002：5-6.

蓬勃感受力是儿童意义世界生生不息的源头。

儿童以与世界没有距离的包容与整全来理解与感受世间万物，这构成了人生初期儿童独特的内心世界，这可以理解为一种心灵内容的整合与整全。婴儿降临于世，是物我不分的。皮亚杰认为："幼儿没有显示出任何自我意识，也不能在内部给予的东西和外部给予的东西之间做出固定不变的划分。这种'非二分主义'一直持续到儿童有可能在与建构非我概念既对应又对立的情况下建构自我概念的时候。"[1] 婴儿最初完全是以转瞬即逝的感觉印象来看这个世界的，他们生活在此时此地，对于能够直接知觉到的范围之外的东西，他们没有意识。出生后 9 个月左右，婴儿开始建立起"客体永久性"[2]，到了大约 18 个月时，婴儿才能以基本成熟的形式对消失的物体进行心理表征。学前儿童理解事物的方式带有很强烈的"自我中心"，他们是泛灵论者，认为"万物有灵"。"儿童的特点就在把无生命的事物拿到手里，和它们交谈，仿佛它们就是些有生命的人。"[3] 天冷了，孩子给小树穿上衣服，怕它们着凉了；孩子和他心爱的毛绒娃娃聊天谈心……

同时，儿童理解世界、与世界"交涉"的方式也是整合与整全的。"个体以整体直观的方式与周遭事物相遇，个体获得的周遭事物的感知乃是整体性的、情感性的、模糊性的。"[4] 心理学中将儿童的心理过程分为感知、记忆、思维、语言、行为等等，是以抽象概括、分门归类的"后天思维"来理解儿童内心、分解儿童心理，但是儿童，总是义无反顾、全身心地"投入"世间，以整全的人的姿态与世界做着亲密的交互、产生着"生命关涉"的理解与感悟，其中裹挟着本能、冲动、欲望、情感……难以分离，也难以说清。

裹挟着情感、欲望等因素来理解世界并建构意义的儿童与成人有本质的不同，成人对周遭世界总在追求着它的"真"，我们眼里的"真"往往意味着符合逻辑的、合乎理性的或者经得起检验的，但是儿童对周遭世界的"真"或许并不那么在意，他们更在意周遭世界与自己的联系，总是在身心整体投入中获得

1 皮亚杰 . 发生认识论原理 [M]. 王宪钿，译 . 北京：商务印书馆，1985：22.

2 客体永久性（object permanence）是皮亚杰使用的术语，指儿童理解了物体是作为独立实体而存在的，即使个体不能知觉到物体的存在，它们仍然是存在的。

3 维柯 . 新科学 [M]. 朱光潜，译 . 北京：人民文学出版社，1996：98.

4 刘铁芳 . 追寻生命的整全：个体成人的教育哲学阐释 [M]. 北京：高等教育出版社，2017：6，67.

对世界整全性的感受与体验。这不属于逻辑的范畴，也超越理性的桎梏，或者说，这是前逻辑的、前理性的。由此，儿童与世界的关系达至了一种审美的境界，这是儿童诗意的存在。这首名为《很多》的诗出自一位4岁的幼儿：

我挥挥手，
就有很多手。
我跑步，
就有很多脚。
小狗朝我摇尾巴，
就有很多尾巴。
然后，
我打秋千，
就有很多我。[1]

——在成人眼里，“挥挥手”不可能有“很多手”，“跑步”也不会变出“很多脚”，“打秋千”也不会有“很多我”。而儿童却不这么认为，他们对世界的理解与感受是整体的、混沌的，他们不以客观性为标准、不以“正确”为逻辑，或者说，他们的“逻辑”是诗、是梦、是想象。世界，也正因儿童身心的整体投入、“生命关涉”的投身体验才有了审美的意蕴，它超越了客观标准的单一性，而包容多种可能的丰富意义。

与成人意义世界的分化和独立相比，儿童意义世界的整全与混沌不是落后，而恰恰是难能可贵的生命之初的真与纯。老子说，“常德不离，复归于婴儿”，认为真正有德性的人，是像婴孩那样有着自然、纯真天性的人，比较接近古人所说的“天人合一”的境界。世界正因为有人的存在，所以“它应不再是被各个彼此并列的部分充满的东西，而是在行为发生的地方的自身‘塌陷’”[2]，世界正因为孕育着生命，有儿童的存在，它不再仅仅是物的集结，而是涌动生命能量的缤纷人间。

1 果麦．孩子们的诗 [M]. 杭州：浙江文艺出版社，2017：44.

2 夏基松．现代西方哲学 [M]. 上海：上海人民出版社，2009：96.

（二）涉身性

身体是人存在的基本物质前提，如果没有身体，也就没有人的存在。常常听一些得了重病的人说，得了重病才知道其他都是空的，没有身体什么都没有了。的确，离开了肉身，人就不复存在，人的意义世界也就无从说起。但同时，身体不只是人存在的物质基础，身体与心灵还一起构筑了人的意义世界，意义世界本身就是涉身性的。

意义是人与周遭世界在主观意识层面的联结，是人在与周遭世界“打交道”之后返回人自身的一种主观关照。儿童与世界“打交道”的方式是基于身体的动作与行为的，他们用身体与这个世界“交涉”：一个小婴儿无意中用脚踢到了床边的摇铃，传来了“丁零丁零”的声音；第二次他又无意中踢到了，多次之后他发现他脚踢的动作与铃声的响起是有关联的，他就故意去踢，让铃声响起。他建立起了自己与世界最初的联系，这个联系是基于行动的身体联结。早期亲子关系的建立也是基于身体的。“恒河猴依恋实验”[1]中，婴猴有两个妈妈，一个铁丝妈妈（有奶），一个绒布妈妈（没奶）。大部分时间里婴猴喜欢紧紧依偎在绒布妈妈身上，只有当它饥饿的时候才会到铁丝妈妈那儿去吸奶，吃完又马上回到绒布妈妈身边。实验者认为与绒布妈妈的身体接触给予婴猴安全感的满足，使得它更愿意与没奶的绒布妈妈待在一起而不是有奶的铁丝妈妈。后续实验进一步发现，绒布妈妈与真正的猴子妈妈还是有区别的，绒布妈妈抚养大的婴猴存在着明显的生长缺陷，也容易出现心理问题，因为婴猴与绒布妈妈的身体接触是被动的、单调的，无法替代真实生活中母婴亲密、多样化的身体互动。

通过身体的动作与行为，儿童获得对世界最初的感知与感受。抚养者与婴幼儿的互动充满了各种基于身体的动作性游戏（玩耍）。“动作、动的感觉，以及动所带来的变化的感觉，是成人最早提供给婴儿的乐趣。”[2]抚养者让婴儿坐在膝盖上上下颠动、胳肢婴儿或把他们抛到空中再接住，婴儿享受着这种身体大

1　1959年，美国心理学家哈洛及其同事报告了一项“恒河猴依恋实验”的研究成果：让新生婴猴从出生第一天起同母亲分离，以后的165天中同两个母亲在一起——铁丝妈妈和绒布妈妈。铁丝妈妈的胸前挂着奶瓶，绒布妈妈没有。虽然当婴猴同铁丝妈妈在一起时能喝到奶，但它们不愿喝奶，宁愿同绒布妈妈待在一起。

2　凯瑟琳·贾维．游戏[M]．王蓓华，译．成都：四川教育出版社，2006：27.

幅度动作带来的不同感受，一般都会表现出很大的愉悦。同时，儿童也通过自主的身体动作来与世界"游戏"。皮亚杰曾经记录了一个儿童自己发明的动作游戏——把头往后仰。起初这个孩子通过这个动作从一个新的角度看本已熟悉的事物，但随后他在这个动作中获得了乐趣，以此来游戏："儿童一遍遍地重复这个动作，似乎越来越高兴，同时对该动作所能产生的外在结果（提供观察事物的新视角）却越来越不重视了。他大声笑着、把头竖直、往后仰、再竖直、再往后仰……"[1]

儿童通过身体获得对世界基本的感知与感受，进而逐渐建构其自身的意义世界。刘铁芳说："所谓身体，就是个人肉身以及包容在肉身之中的个体初始性的心理机制与心灵状态。"[2]身体不仅包括我们一般理解的人的肉身存在本身，同时也包括包容在肉身之中的个体基本心理活动。在相当长的一段时间里，儿童的心理活动与基于身体的动作紧密连接，他们通过基于身体的动作思考、感受，来建立自身与世界的联系。年幼儿童（两三岁）画画和成人画画不一样，成人一般会先想好了再落笔，画画之前会设想或构图，而年幼儿童一般想都不想就立即下笔。有的孩子会边画边说"我画了 ××"，然后再画，再说"这是 ××"。画面主题常常前后不一，缺乏连贯性。因为他们的"想"无法脱离"画"的动作，"想"与"画"紧密地交织在一起。我们一般理解的"认识"更多地指通过抽象概括性思维来反映、理解事物，但是，儿童在拥有抽象思维之前，就在思考、在动脑。"在语言发生之前已有智慧存在。但这时期的智慧主要在求得实际效果，而不在阐明实际的情况。"[3]年幼儿童语言发生之前的智慧与动作融为一体，力求获得实效性的满足，这是一种复杂的动作——"动作图式"（actionschemes）[4]，它按照空间—时间的结构和因果的结构来组织实现，最后成功地解决了许多动作方面的问题，如伸手取得远处的玩具或者隐藏的玩具、把积木从盒子里取出来等。"认知是一种高度涉身的、情境化的活动，甚至思维

1 Piaget，Jean. Play，dreams，and imitation in childhood[M].New York：W. W. Norton & Company，Inc，1962：91.

2 刘铁芳 . 追寻生命的整全：个体成人的教育哲学阐释 [M]. 北京：高等教育出版社，2017：86.

3 J. 皮亚杰，B. 英海尔德 . 儿童心理学 [M]. 吴福元，译 . 北京：商务印书馆，1981：5.

4 皮亚杰认为，动作图式（actionschemes）是指动作的结构或组织，这些动作在同伴或类似的环境中由于重复而引起迁移或概括。

的存在应当首先被看作是行动的存在。”[1]杜威也认同身体在心智中的作用，他说，“意志不是一种身体外部的力量。只要身体被组织起来执行某些特殊而复杂的行为，那意志（只要涉及身体控制）就是身体。通过构成身体的机制以及表达，意志已经赋予了它自己具体的存在”[2]。

儿童对“物”的理解与感受是涉身性的，对“人”的理解与感受同样也是涉身性的。道德是意义世界中伦理之域的价值意义在人现实生活中处理与他人、群体、社会关系的体现。生物进化论、神经科学等新兴学科对人类道德起源的研究证实了人类道德的涉身性。德瓦尔（Frans de Waal）等一批灵长目动物行为学家研究了黑猩猩与猴子的社会行为，认为尽管人类的道德行为比非人动物的道德行为要复杂得多，但是两者之间是相连续的——不同的动物间存在着善的本性连续，即情绪感染（emotional contagion）。“情绪感染是人类道德的基石”[3]：个体在感知到另一个个体表达其情感的表情、声音、动作时，会经由“知觉—动作机制（PAM）”在一瞬间不自觉且不由自主地模仿起另一个体相应部位的肌肉运动状态，从而产生相似的情感。在“情绪感染”的基础上，会发展“拟他性同情心”[4]（empathy），在具有自我与他者的区别意识并能对他者不同于自己的处境有所认知后，一个在一定程度上以他者自居又在一定程度上保持着与他者的区别意识的个体，就能基于“拟他性同情心”做出利他行为，利他意义上的道德行为就产生了。“镜像神经元”（mirror neurons）的发现进一步在细胞水平上证明了人类道德起源的“涉身性”：镜像神经元是一种具有特别能力的神经元，它能使高级哺乳动物像照镜子一样在头脑里通过内部模仿而即刻辨认出所观察对象的动作行为的潜在意义，并且做出相应的情感反应。霍夫曼（Hoffman）对婴儿移情发展的研究发现，婴儿最早出现的移情能力是新生儿的反应性哭泣[5]，看到别人哭新生儿也会哭泣，这是基于身体的对他人的敏锐感知与感受，是一种未分化的先天能力，在此基础上，移情能力逐步分化与发展，并出现亲社会行为。

---

1 Anderson，Micheall. Embodiedcognition：afieldguide，artificialintelligence[J]. www.elseviercom/locate/artint，2004.

2 约翰·杜威. 杜威全集：中期著作（第二卷）[M]. 邵强进，等译. 上海：华东师范大学出版社，2010：261.

3 德瓦尔. 灵长目与哲学家——道德是怎样演化而来的 [M]. 赵芊里，译. 上海：上海科技教育出版社，2013：34.

4 德瓦尔. 灵长目与哲学家——道德是怎样演化而来的 [M]. 赵芊里，译. 上海：上海科技教育出版社，2013：34.

5 刘秀丽，朱宇宁. 婴儿移情的研究综述 [J]. 东北师大学报（哲学社会科学版），2018（04）.

（三）混沌性

儿童是“自然之子”，他们不是如洛克所说的像“白板”一样一无所有地来到世上，而是带着祖先印记、遗传密码降临于世。他的“丰富世界来源于他历代祖先的世界，他的世界是历代祖先的世界的叠加、积淀、浓缩”[1]。儿童与生俱来的精神生活是古老的、动物式的、无意识的。荣格（Carl Gustav Jung）提出：“无意识是意识永不枯竭之源，意识在童年期由无意识发展而来。”[2]儿童身上镌刻了人类亿万年演变进化后的“种群密码”，这些密码保存着与自然一体、与世界一体的原始基因，它是人的天性。天性的内容是本能、无意识以及意识的先天形式。

人的意义世界深植于天性之无意识之上，这种无意识超越了个体无意识，是一种集体无意识。集体无意识，“并非来源于个体经验，并非从后天获得，而是先天就存在的”[3]。“集体”一词是指无意识不是个别的，而是普遍的。它组成了一种超个性的心理基础，并普遍地存在于我们每个人身上。荣格用海岛来比喻人的内心，高于水面的是意识，水面下由于潮汐运动而显露出来的是个人无意识，而所有孤立的海岛有共同的基础——隐藏在深海之下的海床，就是集体无意识。与弗洛伊德通过临床精神医学来探讨人的个体无意识不同，荣格用考古学和文学的研究方法来探究集体无意识。他发现，巨人或英雄、预知未来的先知、半人半兽的怪物以及带来罪孽和灾难的美女，反复地出现在一些神话和传说中。“这些神话意象往往具有结构学上的类似。”[4]荣格还发现在宗教和原始艺术中的图案常以花朵、十字、车轮为主，他称其为“曼陀罗式样”，遍布世界各地。荣格推断，在这些共同的原始意象背后，一定有共同的心理土壤，即集体无意识。集体无意识的内容是“原型”[5]（archetype），“集体无意识的必要及必须的反应把自己表现在原型的观念之中”[6]。原型指的只是那些尚未经过加工的

---

1 刘晓东．儿童的本能与儿童的教育 [J]. 学前教育研究，2002（02）．

2 荣格．怎样完善你的个性 [M]. 刘光彩，译．北京：中国国际广播出版社，1989：117.

3 荣格．心理学与文学 [M]. 冯川，苏克，译．北京：生活·读书·新知三联书店，1985：3-4.

4 荣格．心理学与文学 [M]. 冯川，苏克，译．北京：生活·读书·新知三联书店，1985：3.

5 原型（archetype）一词起源自古希腊语。一个词根（archein）的意思是“起源的或者古老的”，另一个词根（typos）则指“式样、模型或者类型”，组合起来就是“最初的式样”。

6 荣格．心理学与文学 [M]. 冯川，苏克，译．北京：生活·读书·新知三联书店，1985：74.

心理内容，“从根本上说是一种无意识的内容，当它逐渐成为意识及可以察觉时便发生改变，并且从其出现的个体意识中获得色彩”[1]。传说、神话、童话都是原型的表达方式。在荣格之前，也有与“原型”类似的表述，如神话研究中的“母题”、列维－布留尔（Lévy-Bruhl）的原始人类心理学中的“集体表现”、比较宗教学中的“想象范畴”、阿道夫·巴斯蒂安（Adolf Bastian）的“原始思维”等等。

儿童在与这个世界交互、通过个体经验来生成个体的意义世界之前，他们的意义世界就深深扎根在人类亿万年广袤、丰厚的文明土壤中，裹挟着亿万个祖辈的共同经验。“集体无意识”是人类个体意义世界共同的底色。“集体无意识”为儿童的意义世界打上了天性的原始烙印。荣格认为“集体无意识”是人主观世界中的“客观性”：

> 原型是经验的集结，它们像命运一样降临在我们头上。……集体无意识是彻头彻尾的客观性，它与世界一样宽广，它向整个世界开放。在那里，我是每一个主体的客体，与我平常的意识站在完全相反的位置，因为在意识之中我总是作为一个具有客体的主体而存在。在那完全的客观性中，我与世界完全同一，我在如此之深的程度上变成了这世界的一部分，因而我轻而易举地忘记了我真正是谁。[2]

儿童意义世界的混沌性一方面源于先天的“集体无意识”，另一方面源于后天意义生成过程的无意识，即个体无意识。儿童，尤其是年幼儿童与周遭世界的互动更多是混沌、无意识的，他们缺乏独立思考与反思的意识与能力，不会过滤性地吸收外界的影响，他们在与周遭世界无意识的互动中生成意义的世界。蒙台梭利认为年幼儿童拥有像海绵一样的“吸收性的心智”，在与环境的互动中无意识地“全盘吸收”外界影响，这部分影响会深埋在无意识层面影响一生。亲子依恋研究者发现儿童初期与抚养者（主要是父母）的亲子互动使儿童在生命最初的几年建立一个有关父母及其对待自己的方式的模型。这些关于自我和父母的模型一旦建立，就会维持下去，在潜意识层面运行[3]。

1 荣格．心理学与文学 [M]. 冯川，苏克，译．北京：生活·读书·新知三联书店，1985：54.

2 荣格．心理学与文学 [M]. 冯川，苏克，译．北京：生活·读书·新知三联书店，1985：2.

3 约翰·鲍尔比．安全基地：依恋关系起源 [M]. 余萍，刘若楠，译．北京：世界图书出版公司，2017：140.

相对于意识而言，无意识是未知的、混沌的。混沌，并不代表混乱，它是一种“复杂的秩序”[1]。“在东西方典籍关于世界初生状态的描述中，混沌都代表了一种促进万物生成、生命空间开启的神秘性本源性力量。”[2] 个体降生于世，首先是物我不分的。随着个体感知能力的发展，个体以整体直观的方式与周遭事物相遇，获得的对周遭事物的感知乃是整体性的、情感性的、模糊性的。意义世界混沌的初始状态有其积极意蕴。它没有清晰、明确的内容，也没有分门别类的具体划分，它以儿童初始的生命力与感受性来构建，这是一种基于“天人合一”“物我两忘”的初始生命样态的意义姿态，蕴含着蓬勃的生机和无限的可能。它向世界开放，主动积极地与世界互动，体验着世界的精彩；同时它也向自身开放，在与世界的互动中丰富、滋养着内心世界，构筑着自身独特、丰富的意义世界。

当然，儿童并不是完全受“集体无意识”之先天“客观性”决定的个体，早期经历所留下的“个体无意识”也并不如黑洞般深不可测、不可言说。人是被动与主动的结合，也是天性与文化的结合。儿童在受制于天性本能、早期无意识经验制约的同时，也发展着主动性与能动性。天性本能是儿童成长发展的基本倾向性，赋予儿童以成长的可能性，但是可能性不是现实，可能要转变为现实，取决于天性是如何与后天环境互动的，也即在儿童与周遭世界的交互作用中，在各种“做事”中，天性本能以及早期经历等的“无意识”世界在与后天环境的动态交互中决定着儿童的成长以及意义世界的生成与丰富。

（四）发展性

意义是人在与周遭世界“打交道”之后返回人自身的一种主观关照，这个意义建构的过程先是“往外”——人与周遭世界“打交道”，然后“朝内”——返回自身、关照自身。“外”与“内”的区分是因为有“我”与“世界”的区分。对于年幼儿童来说，“往外”“朝内”的意义建构过程多是无意识的、整体的、混沌的，源于年幼儿童并没把“我”与“世界”分得那么清楚。“我”与“世界”的区分与理解集中表现为人的自我意识，而自我意识是儿童意义世界建构的内

1　小威廉姆·E. 多尔 . 后现代课程观 [M]. 王红宇，译 . 北京：教育科学出版社，2000:132.

2　吴雅凌 . 神谱笺释 [M]. 北京：华夏出版社，2010:100.

在心理基础。处于人一生之初的儿童阶段是身心变化发展最快速的时期，“我”与“世界”的关系也在快速变化发展着，这使得儿童的意义世界也呈现发展性的特征。

自我意识（self-consciousness）也称自我，指的是个体对自己的各种身心状态的认识、体验和愿望。儿童的自我意识产生有一个过程。儿童最初的世界是“完全以他自己的身体和动作为中心的‘自我中心主义’，它完全是无意识的”[1]。婴儿的心理世界主客体不分，混沌一片，他们“没有显示出任何自我意识，也不能在内部给与的东西和外部给与的东西之间做出固定不变的划分”[2]。在这里，内部的（经验的）世界跟外部现实的世界之间不存在任何界限。如小婴儿无意间会啃咬自己的手脚，痛了会大哭，他意识不到是自己咬痛了自己。处于“主客体不分”的年幼儿童没有相对于周遭世界而言“独立”的意义世界，他们对世界的感知与理解紧紧依赖、融合于由动作引发的情境之中，意义世界成为他们早期经历的积淀而融于“个体无意识”之中。

婴儿的“我”与“世界”的关系在悄然变化，“我”慢慢地从与“世界”混沌不分中分离出来。皮亚杰认为，在儿童头十八个月的生长过程中，发生一种好比“哥白尼式的革命”，“或者更简单地说，发生一种普遍的‘脱离自我中心’的过程，使儿童把自己看作是由许多永久客体（即是以空间—时间状态组成的永久客体）组成的世界中的一个客体”[3]。他们不再把一切事情都归于自己的状态和行动，开始“以一个永久客体的世界（这个世界是按照它本身的空间—时间位移群并按照客观化的与空间化的因果关系所构成的）来代替一个变动不居的‘动画片’般的世界（这世界既无空间—时间的一致性又无外部物质的因果性）”[4]。

到了两周岁左右，儿童开始产生自我意识，其标志是使用代名词“我”。自我意识的出现，使得儿童能区分“我”与“世界”，意识到自己是一个独立的存在，儿童的意义世界也发生了质的转变，开始具有全新的意义。之前，儿童对这个世界的意义完全依赖于基于身体动作的即时情境，可以说他看到的和接触

1 J. 皮亚杰，B. 英海尔德 . 儿童心理学 [M]. 吴福元，译 . 北京：商务印书馆，1981：12.

2 J. 皮亚杰 . 发生认识论原理 [M]. 王宪钿，译 . 北京：商务印书馆，1981：24.

3 J. 皮亚杰，B. 英海尔德 . 儿童心理学 [M]. 吴福元，译 . 北京：商务印书馆，1981：12.

4 J. 皮亚杰，B. 英海尔德 . 儿童心理学 [M]. 吴福元，译 . 北京：商务印书馆，1981：13.

到的世界决定着其意义世界，事物指示儿童必须做什么：窗是用来开或关的，杯子是用来喝水的。此时，“事物都有其内在的动机力量，从而普遍地决定了儿童的行为”[1]。维果茨基认为，儿童受情境约束的根源在于早期意识的核心特点：动机和知觉的联合。在这一年龄阶段，“知觉通常不是独立的，而具有一种动作反应的整合性”[2]。这使得这一时期的儿童在情境中发现了自己，又同时被情境所约束。但到了两三岁以后，随着儿童自我意识的发展，意义世界开始独立于即刻情境的约束而发挥其在行为中的特殊作用，意义领域与视觉领域分离。这发生在游戏中。例如，游戏中儿童将木棍当作马来“骑马”、把木块当电话来“打电话”，这里木棍、木块已经超越了其本然的意义而被赋予了儿童自己的意义。但是，儿童游戏中“以物代物”的行为不同于成人的“象征”。例如，成人可以说“就当这支笔是北京，那支笔是上海”——意义完全超越于事物。儿童的游戏则不是，他之所以将木棍当作马，是因为两者具有形状上的相似性，他不可能把一个乒乓球当作马；也即，游戏中的儿童虽然可以在“脱离”情境的情况下赋予事物以儿童的意义，但是这种“赋予”不是“风马牛不相及”的，仍然在一定程度上“依附”于情境，受到材料特征与情境的制约。

儿童意义世界的生成与发展依托于其自我意识的产生与发展而呈现出从“完全受制于情境”到“依托于情境又超越于情境”再到“超越情境”的发展趋势。我们说儿童的意义世界具有无意识、混沌的特点，更多的是与成人的意义世界相比较而言的，它本身处于变化发展过程之中，呈现出从无意识到有意识、混沌到清晰的发展趋势。

四、儿童意义世界的建构

儿童的意义世界不是给予的，也不是从哪个地方寻找的，它是生成的。与世界的“交手”——交互作用（interaction）是儿童意义世界建构的根本途径，在交互作用中的“投身”体验是儿童意义世界生成的基本机制，通过表达、倾听与对话，儿童的意义世界又突破“个体疆域”的限制而实现扩展与丰富。

---

1 列夫·维果茨基．社会中的心智——高级心理过程的发展 [M]. 麻彦坤，译．北京：北京师范大学出版社，2018：120.

2 列夫·维果茨基．社会中的心智——高级心理过程的发展 [M]. 麻彦坤，译．北京：北京师范大学出版社，2018：120.

（一）交互作用

成人的意义世界仿佛可以脱离于与外界的交互作用，凭借自身的反思、想象来生成与扩展，但是没有与世界“交手”的直接经验的累积，反思、想象也就无依无据，意义也无从产生。与成人相比，儿童意义世界的生成具有更强烈的对现实交互的依赖性。年幼儿童与周遭世界“打交道”必须依托于实际的交互作用——人物交互或人人交互，儿童正是通过与周围世界的交互作用理解、感受世界并与世界建立起联系，这是儿童意义世界建构的基础。

对世界的认识构筑了儿童对周遭世界“是什么”的认识论范畴。皮亚杰探讨儿童认知的发生，他说：“认识既不是起因于一个有自我意识的主体，也不是起因于业已形成的（从主体的角度来看）、会把自己烙印在主体之上的客体；认识起因于主客体之间的相互作用，这种作用发生在主体和客体之间的中途，因而同时既包含着主体又包含着客体……”[1] 皮亚杰突破主客体二元对立，从主客体动态交互的视角来探讨儿童认知的发生与发展，为理解儿童认知发生与发展开辟了一条开放性的道路。他认为：“认识发端于主体（身体）作用于客体的动作，动作协调、内化最终成为用以转换、解释知识的逻辑（内化了的具体的动作结构）。”[2] 在这一过程中，一方面，主体内部原有知识在丰富的同时也会发生或多或少的改变，皮亚杰用“同化”与“顺应”[3] 来说明主体内部知识结构的变化；另一方面，主体作用于客观世界的实际动作也慢慢内化和抽象，逻辑数学范畴以运演结构的方式得以形成与发展。皮亚杰的交互作用侧重于儿童与“物”之世界的交互，且这种交互所发展的是儿童内在逻辑与认知能力，是在“理性人”框架下的“有限交互”。儿童与世界的交互不仅限于人—物交互，还有更为复杂的人—人交互，儿童与世界交互的结果也不仅限于认知的发展，更包括与周遭世界整全、丰富的联系。

与他人的交互为儿童理解与感受这个世界并建立其与自身的关系打开了另

1 皮亚杰．发生认识论原理 [M]. 王宪钿，译．上海：商务印书馆，1981：22-23.

2 颜士刚，冯友梅，李艺．“知识”及其把握方式再论——源于对认知心理学理论困境的思考 [J]. 电化教育研究，2019(05).

3 “同化”是指把外部环境中的有关信息吸收进来并结合到儿童已有的认知结构（也称“图式”）中，即个体把外界刺激所提供的信息整合到自己原有认知结构内的过程；“顺应”是指外部环境发生变化而原有认知结构无法同化新环境提供的信息时所引起的儿童认知结构发生重组与改造的过程，即个体的认知结构因外部刺激的影响而发生改变的过程。

一番天地。“依恋理论之父”鲍尔比（John Bowlby）研究发现，抚养者（主要是父母）与儿童初期的亲子互动使“儿童在生命最初的几年建立一个有关母亲及其对待自己的方式的模型，一个有关父亲及其对待自己的方式的模型以及一个与父母互动的模型，这些一起成为富有影响力的认知结构”[1]。这些模型建立在孩子与父母日常互动的基础之上，个体建构的自我模型反映了父母如何看待他们、如何与他们互动。这些模型一旦建立，就会维持下去，在潜意识层面持续运行。爱因斯沃斯（Mary Ainsworth）认为，“从生命早期开始，那些表现为安全型依恋模式的孩子与母亲的自由交流远远超过那些表现为非安全型依恋模式的孩子”[2]。作为安全型依恋模式的孩子的母亲，她们的特点是：能够持续地监测孩子的状态，孩子无论以何种方式或何时发出寻求关注的信号，她们都能够觉察到，并给予相应的回应。相比之下，发展出非安全型依恋模式的婴儿的母亲可能偶尔才会监测婴儿的状态，当她们注意到婴儿发出的信号时，可能会不恰当地给予回应或延迟回应的时间。生命初期母亲在抚养孩子的过程中，通过日常的交互作用而慢慢形成的依恋类型影响着以后母子之间的沟通。不仅如此，孩子的自我意识也深深受到母亲看待和对待他们的方式的影响。鲍尔比甚至认为：“母亲不能在他们身上看到的品质，他们也不可能看到。”[3]不是说这些儿童没有好的品质，而是因为母亲在与他们的互动中“忽视”了这些品质，这些品质慢慢被“掩盖”了，甚至消匿。

人与人的交互作用在儿童早期以亲子依恋的形式在他们与他人的关系以及自我的建构上打上烙印，这更多是无意识或潜意识的。随着儿童成长以及自我意识的形成与自我的建构，儿童与外界的交互作用有了来自内心的“回应”——他们开始回顾与反思自己的经历与经验，这也是一种交互作用，是儿童与自己的交互，是主体的“我”与客体的“我”的交互，是一种返回自身的回复与关照。儿童的经历不仅在即刻产生意义，同时也在回顾与反思中，持续地在儿童内心“回响”，意义得以进一步扩充与丰富。

1 约翰·鲍尔比．安全基地：依恋关系起源[M]．余萍，刘若楠，译．北京：世界图书出版公司，2017：140.

2 Ainsworth,M.,D.,S.,Bell,S.,M.,and Stayton,D.,J.,Individual differences in strange situation behavior of one-year-olds[M].in H.R. Schaffer (ed.) The origins of human social relations. London： Academic Press，1971：17-57.

3 约翰·鲍尔比．安全基地：依恋关系起源[M]．余萍，刘若楠，译．北京：世界图书出版公司，2017：142.

同时，随着成长，儿童与他人的交互关系也进一步扩展与复杂化，他们建立起了与家人、老师、同伴等复杂的人际脉络。随着言语的发展，儿童与他人的互动也增加了另一重要途径——对话。对话使两个或两个以上主体的意义世界进行基于言语的交互成为可能，在与他人的平等对话中，儿童意义的视域向他人开放，他也能进入他人的意义视域，多个视域的交融与沟通使原本囿于"个体"的意义世界在"公共"的领域中敞开，儿童在意义的相遇、相知与相融中扩展、丰富着自己的意义世界。

（二）"投身"体验

意义世界是人的意义世界，只有人才具有意义世界。作为人的意义世界，生命性是意义世界的首要属性，意义世界是人作为整全生命的个体在全身心地投入世界的过程中生成与丰富的。但是，人的存在及其意义却在一定程度上被"蒙蔽"了："我思故我在"撇去了人"浸润"在这个世界之中主客体融合、统一的本然存在状态，而以一种"侧身旁观"于世界的方式来规定人的"存在"、赋予人的存在以意义。当人"侧身旁观"世界，以一种审视、思辨、分析的姿态来看待世界的时候，其实已经摒弃了作为有灵性、鲜活的生命存在的人的属性，这是对人的异化。世界日渐"祛魅"，它不再是我们"存在之、逗留之、栖居之"的那个亲熟、鲜活的充满生机与魅力的世界了。

意义世界的属人性说到底是生命性，具有生命存在之意蕴的意义世界也需要通过整体生命投入的方式来生成与丰富，"世界可以当作对象来加以把握，但人的存在及其意义却只能依靠体验"[1]。"投身"体验是人意义世界生成的基本机制。狄尔泰认为周遭世界于"我"而言，因为"我"是一个活跃、生动的生命来到这个世界，所以世界因为有生命的我而具有"生命关涉"，"生命关涉——无论它被限制在给定的时刻还是延续着——使得这些人和对我来说的对象成为幸福的承载者，我此在的扩展，我力量的提升，或者它们在这种关涉中限制了我此在的活动空间，它们给我施加了一种压力，它们削弱了我的力量。"[2]

体验之意义因为融入了生命，所以不是一个抽象的意义统一体，它不能

1 黄进．体验为本的游戏——再论"游戏是一种学习"[J]．学前教育研究，2003（06）．

2 高桦．狄尔泰的意义概念[J]．社会科学，2018（02）．

与体验分开而纯粹自我建立，每个个别的体验都由一个整体富有意义地集合起来。“体验是一种可以生发与主体独特的‘自我’密切相关的独特领悟或意义。”[1]它是一种伴有情感反应的意义生成活动，或者说是一种产生意义的情感反应。人不是因为有认知才得以存在，而是存在包含着认知，认知关系总是同时被包含在存在关系之中。认知侧重把握事物的客观性方面，它遵循客观性原则，力求主体的愿望、喜好等不介入对客体的把握之中。体验所把握的不是单纯的客体，而是客体对主体的意义、关系。事实上，主体只会对与自己有关系或具有意义的事物产生体验。体验是“主体对客体在主体内心中的地位、意义、价值、距离感、亲近感、对象与自我同一性的把握和确认”[2]。在体验时，主体与客体的距离缩小了，由于整体生命性的融入，两者仿佛扭结在一起，体验中的客体是生命化的，也如席勒所说的“活的形象”，它成了此刻主体生命的一部分。对客体深刻的体验会自然生发意义，因为客体被赋予了“我”的个性化含义，即理解到它在我心目中的独特意义，或者形成某种联想、感悟。

儿童的周遭世界总是因为他们的需要、兴趣而与他们产生丰富而生动的联系，体验是他们认识、感受这个世界的基本方式，这在他们与世界的“游戏”中表现得更为突出。当一个孩子在玩一根棍子的时候，棍子不仅仅是一个由一定材质做成的长条状物体而已，儿童赋予了它超越其本然属性的更多意义，如把它“变成”金箍棒、小马、拐棍等等。之所以木棍得以超越其本然属性，是因为儿童要弄着棍子，通过与棍子亲密交互产生的动作体验感受着棍子及相关情境，儿童与棍子建立起了丰富而生动的联系，投入的体验激活了儿童的回忆，也激发了丰富的想象，“孙悟空要弄金箍棒”“‘我’骑马”“老爷爷拄拐棍”等丰富的游戏情境由此产生。亲密的交互引发了深刻的体验，深刻的体验激活了丰富的想象，丰富的想象创生着丰富的游戏情境，丰富的游戏情境也进一步激发着儿童深入地体验……循环往复，情境在丰富，体验在深入，意义也在不断地生成与扩展。

对于儿童而言，周遭世界并不是独立地伫立“在那儿”的，而是他们生活、玩耍的地方，他们在世界之中或者被世界包裹其中。自己家里的门，并不仅仅

1 陈佑清.体验及其生成[J].教育研究与实验，2002（02）.

2 陈佑清.体验及其生成[J].教育研究与实验，2002（02）.

是作为出入口的由木头或者金属制成的一个器具而独立存在，而是可以推开出门看外面新鲜世界、与同伴玩耍的"门"，或者是进来即有可口饭菜和爸爸妈妈呵护的家的门，是一个世界的"开关"。人生早期丰富、鲜活的生命感受以及意义生成具有丰富的存在发生论的意义。儿童"投身"于这个世界，以与世界融为一体的热情与激情来体会、感受这个他们身处其中的世界。在存在发生论的意义上，世界不是他们的对立物，也不是被认识的、被利用的世界，而是逗留之、栖居之、亲熟之的家园。

（三）在公共境遇中扩展与丰富

儿童意义世界是儿童在与周遭世界的互动中生成的，它更多是"个体经验"的产物，具有强烈的个体性。但是，儿童身处于人的世界中，与人的交往其实是不同意义世界的"相遇"与"照面"。因此，"儿童意义世界的生成与发展既是一个个体建构的过程，也是一种社会建构的过程"[1]。意义世界是个体生成的，但不是完全私密的，它同时处于"公共境遇"中。不同的意义世界的相遇通过意义世界拥有者——个体的行为、活动展现，也在共同行为、活动中相互"照面""交汇"。在自我表达、倾听以及与他者世界的对话交流中，不同的意义世界不仅相遇与照面，也在相互作用，促使着各自意义世界的扩展与丰富，同时还促进着公共意义世界的扩展与丰富。

个体意义世界的"相遇"与"照面"是基于表达的，而儿童意义世界的表达是多样化的。儿童的意义世界是整体的、混沌的，他们很难准确、如实地表达自己的意义世界。如前所述，早期抚养者的抚养方式对儿童的影响是在与儿童的日常交互中潜移默化、日积月累地成为儿童意义世界中内隐性的内容，这无法言说，也难以表达，更多是以儿童行为的方式在"表达"与"述说"。如孙彩平所言："那些意识无法搜寻到的过去则沉入无意识之海，成为下意识、自动化行为的构成因素。"[2] 正如儿童主要是在"做事"中、行动中来生成意义世界一样，他们也主要通过描述自己"所做之事"来表达自身的意义世界，这样的表达表现为一种回顾自己"所做之事"的方式。儿童回顾自己做过的一些事情或

1 鲁洁．教育，迷人的意义世界 [J]. 新课程，2007（08）.

2 孙彩平．回顾与前瞻——意义世界的时间现象及其德育意涵 [J]. 高等教育研究，2019（08）.

者玩过的游戏，使得曾经的经历在当下的回顾中再次得到体验。“在回顾的巡视中，过去不断回到当下的体验，加入当下。”[1] 有的儿童在回顾时会非常激动或兴奋，犹如在重新经历这件事情一般。回顾当时的情景具有很强的代入感，情境的代入感牵动着情绪的再次激发，这也体现了“意义世界时间的回溯和叠加特性”。

儿童意义世界的表达并不限于言语的表达，非言语的表达是通达儿童意义世界的另一种更为直观的方式。年幼儿童的意义世界是混沌、未分化的，即多处于无意识层面，而言语的表述一般是儿童对自己所能清晰感知的事情的表述，是意识层面意义世界的有限表达。同时，儿童相对有限的言语能力也限制了他们通过语言进行表达，我们经常看到有些孩子想说但是又说不出来，急得面红耳赤，越急就越说不清楚。非言语的表达是另一条通向儿童意义世界的途径，也是儿童回顾过去、生成与丰富其意义世界的另一种方式。瑞吉欧教育创立人马拉古奇（Loris Malaguzzi）说：“（儿童）有一百种语言，一百双手，一百个想法，一百种思考、游戏、说话的方式，一百种倾听、惊奇、爱的方式，一百种歌唱与了解的喜悦……”相对于用语言的间接表达，非语言的表达方式更直观，例如绘画。儿童把所做的事、玩过的游戏通过绘画的形式表达出来，这是从“做事”的直观到“绘画”的直观，两者同属于“第一信号系统”[2]。相对于用语言，对孩子来说，绘画更为容易。在语言和文字出现以前，人类祖先更多的是用图案、身体语言等表达方式进行交流，如结绳记事和岩画。所以，儿童无法用一般语言表达的心理活动，他们会通过绘画的形式表现出来，这更能反映他们内在或潜意识层面的情绪情感、动机、愿望等，甚至是一些记忆中被压抑的内容。

当然，用绘画来表达并不排斥语言，绘画的表现相当于将儿童所做之事在画面中“浮现”。根据画面再让儿童进行言语表述，这时的言语表述不再是去竭力表达头脑中远离当下的事情，而是结合画面来表述仿佛“在眼前”的事情，儿童一般会边指着画面边述说。画面所浮现的主要是事实或事件，代表儿

1 孙彩平 . 回顾与前瞻——意义世界的时间现象及其德育意涵 [J]. 高等教育研究，2019（08）.

2 第一信号系统与第二信号系统是巴甫洛夫学派生理学专门术语。第一信号系统是现实具体的刺激，如声、光、电、味等，第二信号系统是现实的抽象刺激，如语言文字。

童“做”了什么，而结合语言，儿童能将他们在“做事”过程中的所思、所想、所感表达出来。绘画结合语言的表达方式更有助于儿童回顾、整理发生过的事情，意义在这个过程中更加澄明与清晰。

与他人交流是不同意义世界的“相遇”与“照面”。表达是个体将自身的意义向他者展露，倾听是个体理解他人的意义世界；表达与倾听，构成了两个或多个意义世界的彼此敞开与交汇。海德格尔认为“‘能听’不光是彼此谈论的一个结果，相反地倒是彼此谈论的前提”[1]。“倾听”意味着个体主动地打开心扉，接纳与包容他人通过语言传达的信息与意义，使相互的对话与交流成为可能。“倾听”不等于“静听”，虽然从倾听者和静听者身体、表情等外部表现来说可能都在静静地听，但是“倾听”是“外静内动”的，它是倾听者主动、积极地来听他人述说的状态。它的前提是倾听者怀着包容的心态将自身的意义世界向表达者敞开，在积极地接受述说者传递的信息的同时，也在领会、理解言语信息包含的意蕴，与自身的意义世界沟通与汇流。如果他自身的意义世界是封闭的，那他是“听不进去”的或者说只能被动地接受性地“静听”，他的“听”只停留在信息接收的层面，而无法企及两个意义世界的相互理解与交流。杜威研究协会前主席瓦克斯（Leonard J. Waks）曾批判学校教育中“静听”式的教学模式：“当老师滔滔不绝、学生被动静听时，老师和学生们都在忍受无聊、精疲力竭以及疏离感。”[2] 被动静听出于双方意义世界的疏离，他们难以在精神上达成“在一起”的意义融合与交流。

表达、倾听都指向对话，或者说表达与倾听本身就蕴含着对话。在语言对话开始前，表达者真诚的表达与倾听者积极的倾听已经通过“理解”之隐线在两者的意义世界间架起了对话的“桥梁”，双方彼此敞开着各自的意义世界，倾听者基于表达者信息的传递、情感的流露在自身的意义世界里“回响”起对方的声音。言语的对话更进一步地实现双方意义世界的交流与理解。

---

1 马丁·海德格尔．荷尔德林诗的阐释 [M]. 孙周兴，译．北京：商务印书馆，2008:42.

2 Waks, L.J.Listening to teach：beyond didactic pedagogy[M].New York: State University of New York Press，2015:1.

第三节 意义在儿童游戏中绽出

游戏是儿童之事，是儿童与世界交互的独特方式。儿童总是义无反顾地“投身”其中，在游戏中与这个世界做着“亲密无间”的交互，身心沉浸其中，体验便油然而生。这是身体的舒展也是心灵的滋养，是生命的涌动也是意义的萌发。游戏是一种“意义隽永的形式”[1]，意义在儿童游戏中自然萌发，自由绽出……

一、庇护与导引：游戏的双重意义建构功能

游戏的一端连接着人的天性，一端维系着人所在的世界。“文化与天性是儿童游戏性质的双重规定。”[2]对于儿童的意义世界而言，游戏具有双重意义建构的功能：庇护天性，即庇佑与保护儿童意义世界的先天根基；引入世界，即引领儿童进入这个世界，在与世界的相互作用中建立联系、生成意义。

（一）庇护天性

人存在于世，首先是作为一个自然人而降临于世，自然所赋予的天性、禀赋、资质是个体的“自然预设”，是个体成人的可能。《中庸》中写道：“天命之谓性，率性之谓道，修道之谓教。”人的自然禀赋为“性”，顺着本性行事叫作“道”，按照“道”的原则修养叫作“教”，天性不可违。叔本华也说：“天性是人身上的自然性、宇宙性，它是自然意志、世界意志、宇宙意志。”[3]天性需要敬畏，不可违逆。卢梭说，大自然这个造物主手里的东西都是好的，到了人手上就变坏了。他以一种比较偏激的口吻告诫人类要敬畏自然、敬畏天性。孟子

1 约翰·赫伊津哈．游戏的人：文化中游戏成分的研究 [M]. 何道宽，译．广州：花城出版社，2007：5-6.

2 黄进．文化与天性——儿童游戏性质的双重规定 [J]. 幼儿教育（教育科学），2008（09）.

3 叔本华．作为意志和表象的世界 [M]. 石冲白，译．北京：商务印书馆，1992：134.

是“性善论”者，他提出人有“四端”和“良知”，保存这个善端尤为重要。“君子所以异于人者，以其存心也。君子以仁存心，以礼存心。”君子与常人的区别无外乎他们保存了“心”，保存了这个“善端”。“护”是对不可违的天性的敬畏，自然不可改良，自然的改良只能通过长期的自然进化才能实现。后天的教育要实现育人的目的离不开其成人的可能性与倾向性，教育首先是要符合人的天性。拉丁文中的“教育”是 educate，前缀 e 有“出”的意思，意为“引出”或“导出”，即把某种本来就潜在于人身上的东西引发出来。康德在《教育学》中也说：“人类应当通过自己的努力，把人性的全部自然禀赋逐渐地从自身发挥出来。”[1]

“游戏是人的天性”是人类游戏的初始命题，也是儿童游戏研究的基调。19世纪在达尔文生物进化论的影响下，最早的一批游戏理论（也被称为“经典游戏理论”）基于人的天性，从生物学起源出发来探讨游戏：席勒、斯宾塞的剩余精力说认为人的剩余精力需要发泄，于是产生了游戏；拉扎鲁斯则认为游戏是人恢复精力的一种方式；格罗斯认为游戏是人和动物共有的天赋本能，每个动物都有一个生活准备期，游戏就是准备生存、练习本能最好的形式；霍尔则认为游戏是祖先生活的一种复演。其中，“将儿童的游戏天性提升到人的本体论高度来认识的是德国哲学家席勒”[2]。席勒认为人的“游戏冲动”源自人感性本性与理性本性的矛盾，现实生活中这两个矛盾难以调和，“当他的感情支配了他的原则的时候，他就成为野人；或者当他的原则破坏了他的感情的时候，他就成为蛮人”[3]。而游戏则弥合了两者之间的鸿沟，在游戏中人成为“完整的人”。虽然这些游戏研究者对游戏的看法各不相同，但是均从人的天性与本能出发来理解游戏，这也为以后的游戏研究定下了基调。“此后的心理学和教育学研究在动物与儿童都具有‘游戏本能’这一观念上基本达成了共识。无论是福禄贝尔还是蒙台梭利、杜威，他们至少都在某种程度上将儿童的教育建立在这样一种先天性活动的基础之上。”[4]

1 康德 .《康德著作全集》第 9 卷 [M]. 李秋零，译 . 北京：中国人民大学出版社，2010：444.

2 黄进 . 文化与天性——儿童游戏性质的双重规定 [J]. 幼儿教育（教育科学），2008（09）.

3 席勒 . 审美书简 [M]. 徐恒醇，译 . 北京：中国文联出版公司，1983：74.

4 黄进 . 文化与天性——儿童游戏性质的双重规定 [J]. 幼儿教育（教育科学），2008（09）.

从意义发生的角度来说，首先，游戏庇护着儿童意义世界建构的原动力——“亲近世界”的冲动与本能。意义不是来自内部，也不是来自外部，意义发生在主客体关联的境遇中，“这意味着主体与客体的关联正是意义发生的基础与背景。”[1] 儿童来到这个世界，就带着“亲近”这个世界的本能与原始冲动，这是儿童与世界交互、产生各种关联的原始驱动力。人类小婴儿降临于世就不大“安分”，什么东西都想去碰一碰、玩一玩，对这个世界充满着好奇。随着儿童的成长，他们的活动范围越来越大，对身体动作的主动支配性也逐渐增强，在“亲近世界”的原始驱动下儿童与“世界”交互、“游戏”，建立起基于交互性活动的种种关系，使儿童意义世界的生成、扩展与丰富成为可能。

同时，游戏也庇护着儿童意义世界的根基——基于天性的整体感受力。基于原始生命冲动的蓬勃、敏锐的整体性感受力是人的意义世界生成与扩展的根基。人初到世间总是以一种“身心投入”的姿态来“拥抱”这个世界，“个体与世界的相遇首先是以模糊的、感性直观的方式进行的”[2]，生命初期婴幼儿的“物我不分”是一种原始的生命感受性，“儿童阶段以身体知觉去感受事物，形成的往往是个体对事物的整体性感知，同时形成个体身体对事物的开放姿态，激活基于身体的向着周遭事物的爱与亲近”[3]。刘铁芳认为，人与世界的关系大致经历了“四个基本阶段”：

> 早期是感情的综合阶段，人作为感性自然的存在，人与世界的联系是整体性的，未分化的；第二个阶段是感性认识的深化阶段，个体对事物的感知逐渐从模糊的整体转化为清晰的局部；第三阶段是理智的局部认识阶段，个体理智发展，个体对事物的认识也逐渐地趋于理智化；第四阶段是理性的综合阶段，随着个体的成熟，个体越来越多地认识到事物之间的内在联系，个体重新寻求自我与世界的整体性联系，以获得自我生存的意义。[4]

意义世界是人与周遭世界的关系在主观意识层面的联结。人意义世界的发

---

1 刘铁芳 . 追寻生命的整全：个体成人的教育哲学阐释 [M]. 北京：高等教育出版社，2017：66.

2 刘铁芳 . 追寻生命的整全：个体成人的教育哲学阐释 [M]. 北京：高等教育出版社，2017：68.

3 刘铁芳 . 追寻生命的整全：个体成人的教育哲学阐释 [M]. 北京：高等教育出版社，2017：68.

4 刘铁芳 . 追寻生命的整全：个体成人的教育哲学阐释 [M]. 北京：高等教育出版社，2017：68.

展也经历着从混沌、未分化到清晰、分化，再到深化、整体的转变。生命早期整体、混沌、未分化的意义世界并不是“未成熟、有待提升”的存在，而是成人以后意义世界生成的根基，其蓬勃的生命力、敏锐的感受性及整体感受力是成人意义世界得以生成与丰富的基础。成人的意义世界好比一棵大树，它的葱郁与繁茂来自深深扎根于土壤的根基，这块土壤是涌动着人原初生命活力的能量源泉，也激荡着原初感受力的蓬勃生机。

游戏是儿童以模糊的、感性直观的方式与世界“相遇”的主要活动形式。陈鹤琴先生说，小孩子是生来好动的，是以游戏为生命的。儿童总是全身心地“投入”游戏，游戏呵护着年幼儿童天然的对世界的亲近感与好奇心，保护年幼儿童那种懵懂的、天生的与自然、世界的“同一性”，保护他们蓬勃向上的原始生命力与敏锐的感受性。游戏中儿童自由舒展着人之天性、萌动着原初的生命感受，也铺垫着独特、丰润的意义世界的基础。培育一棵树不是去浇灌枝叶，而是要滋养树根，让年幼人类在游戏中生活，在游戏中舒展天性、释放本能，在游戏中润泽生命，为“意义成人”铺就丰厚的积淀与底蕴……

（二）引入世界

人来到这个世界意味着来到“人的世界”。对于这个世界，儿童是“后来者”，他们要“存在于世”，要适应这个先于他们而存在的世界，在这个世界中生存、生活，在这个世界中“成人”。教育在“庇护天性”的同时，也兼具着将年幼的儿童“引入世界”的使命。刘铁芳说，教育的过程是“把个体带入‘世界’‘之中’，让‘世界’成为‘人的世界’，‘人的生活的世界’。陌生于‘世界’的个体受教育导引，逐渐地进入‘世界之中’，让‘世界’不断地成为‘我’的‘生活的世界’”[1]。人“在世界中”生活，这是教育的基本事实，教育必然在人与世界生动、丰富的生活关系中展开。同时，这也是教育的归宿，将“初来乍到”的年幼人类“引入”世界，与世界建立起丰富、活泼的联系，在这个世界有意义地生活、诗意地栖居。

进入世界，在这个世界中生活，其本质是要与这个世界建立起内在的、丰沛的联系，即在“身处”世界的同时也构筑起内部丰富的意义世界。但是，在

1　刘铁芳．人、世界、教育：意义的失落与追寻 [J]. 教育研究，1997（08）．

科技繁荣与科学理性当道的今天，世界却日渐“祛魅”，人与世界亲熟、亲密的关系被人对世界利用、统摄的关系所取代。“自然界的事物不再与价值、意义相关，它是纯客观的、独立于人的、非生命的……世界的诗意开始隐退。”[1]教育在构筑人与世界的关系、引领儿童“进入世界”时也在价值引领与意义建构中“隐退”，而专注于知识的传递与理智的培养。幼儿教育也身处其中：提早学习学科知识、掌握各种技能导致本应享受童年惬意生活的学龄前儿童身心疲乏、“气喘吁吁”……

20世纪以来人类面临的种种问题与困扰促使人类反思自身与世界的关系，以及教育如何引领儿童“进入世界”。幼儿教育作为人类生命初期的教育，更是肩负着引领作为“后来者”的年幼儿童进入这个世界、构筑与世界种种关系的使命。幼儿教育要引领年幼儿童与世界建立一种整体的、亲熟的、内在的联系，在保有生命初期敏锐的直觉与感知能力基础上来构筑起丰富、独特的意义世界，在“保护天性”的同时带领年幼儿童“进入世界”。

游戏的一端连接着天性，另一端紧紧连接着“世界”。首先，游戏的产生有深刻的现实基础，游戏是儿童与周遭世界关系的反映。在日常生活中儿童形成对世界及其与自身关系的理解与感受，由此产生后续行为的冲动与方向，这是游戏产生的原因，也构成游戏的主要内容。一个没有看病经历的儿童是不会玩“看病”相关的游戏的，“看病”的实际经验构筑了他与医院、医生等“周遭”的种种关系，也形成了儿童对医院、医生的独特的理解与感受。这种感受可能是害怕、紧张，也可能是某种神秘感，由此产生了减少害怕与紧张感的愿望或想更多地了解医院、医生的愿望，这样的愿望得到保留（更多是无意识的），在某时某刻、某些材料的激发下被重新唤醒，并借由想象产生了“看病”的游戏。其次，游戏超越现实却反映现实、面向现实。借由想象，游戏超越了现实生活，虚拟了另一个与现实相区隔的“世界”，但是在游戏的世界中儿童又是以“玩”的方式面对着现实，在“意义”飞升的同时“沉降”现实。精神分析学派的游戏治疗通过游戏来帮助儿童解决心理困扰，在游戏中，儿童面对的不仅仅是由各种游戏材料（玩具）组成的“虚拟世界”，同时，也经由游戏材料意义的投

---

1 刘铁芳. 人、世界、教育：意义的失落与追寻 [J]. 教育研究，1997（08）.

射，面对着他们在现实生活中不愿或不忍面对的“现实”，处理着现实中的种种困扰与难题。再次，儿童总是在游戏的“框架内”（in frame）与“框架外”（out of frame）做自如切换，富有智慧地处理着想象与现实的关系。一个好的游戏者也是一个能够灵活调节自身、同伴、环境之间的关系的协调者，一个由多个玩伴组成的游戏群体好比一个现实的小社会，考验着游戏者的协调与组织能力。最后，多人进行的集体游戏使儿童个体置身于群体场域之中，个体现实生活与群体现实生活在游戏之域交互与交融，个体的生活经历得以扩展与丰富——游戏带领年幼的人类进入这个世界。这个过程是把儿童带入世界，让世界不仅是物的集结，更是“人的世界”，是人依寓、逗留与存在的世界。通过游戏，世界不再是陌生于儿童的外在的世界，而是亲熟、亲在的世界，游戏建构着儿童与世界活泼的、丰富的、富有意义的关系，改善着儿童的生活品质，也充实着他们的人生。

二、游戏中儿童意义世界的发生机制

游戏是“意义隽永的形式”[1]，由游戏者（儿童）、游戏材料、场地等构成的儿童游戏本身是一个意义丰富的世界。如前所述，“有一个想象（as if）的情境”是诸多儿童游戏的首要特点，如儿童早期的角色游戏、建构游戏以及后来出现的规则性游戏、竞赛游戏等，都是在“想象”一个虚拟世界或情境。“想象的情境”使游戏世界仿佛暂时“隔绝”了现实世界。在游戏的虚拟世界中，世界呈现出别样的意义，呈现一个属于游戏者（儿童）的意义世界，“是什么”“意味着什么”“应该成为什么”意义世界的诸问题也在儿童游戏世界中展现。首先，“物”与“人”是构成游戏的基本要素，儿童对游戏中的“物”与“人”有“是什么”的事实层面的理解。即使是再“天马行空”的游戏儿童也清楚其边界，如孩子假装吃“糖果”（石头）而不会真的吃下去[2]、“飞行员”从一堵墙上跳下来前会估量一下高度等等。其次，“想象”又使游戏中的“人”与“物”有了“意味着

1 约翰·赫伊津哈．游戏的人：文化中游戏成分的研究 [M]. 何道宽，译．广州：花城出版社，2007：5–6.

2 这里主要是指两岁以上的儿童游戏。两岁以内的儿童在游戏中会把“糖果”放入嘴里，因为他们对这个世界的意义完全依赖于即时的基于身体动作的情境之中。随着自我意识的发展，儿童的意义世界逐渐独立于即刻情境的约束，发挥其在行为中独立的作用，发生在游戏中——思维从客体中分离，动作是从观念而不是从事物中产生的，他们虽然把石头当成“糖果”，但知道这是假装的，而不是真的。详见本章儿童意义世界的发展性特点部分。

什么”的独特意蕴，如孩子拿着牙签煞有其事地给洋娃娃“打针”，扮演成“妈妈”的女孩细心地照顾着“女儿”，等等，“意味着什么”构成了游戏的核心，也使世界暂时飞离现实跃入意义丰盈的场域。在游戏中儿童与世界进行着亲密无间的交互，儿童“忘我”地投入其中、陶醉其中，形成对世界独特的理解与丰富的感受。最后，就“应当成为什么”的意义世界的价值之域而言，作为儿童之“事”的游戏呈现出比其他“事”更为丰富的意蕴，或者说游戏对游戏者的价值更具多向性。游戏拥有内容与形式双重的价值意涵。其一，儿童对游戏内容意涵的理解与感受引发儿童对“应当成为什么”的感悟与趋向。如在“娃娃家”游戏中儿童感受“家”的温暖，体会着“家人”之间传递的融融情意，引发他们关爱家人、传递温情的愿望与行动趋向。其二，游戏作为儿童之“事”的形式意涵所引发的儿童对“应当成为什么”的愿望与趋向。游戏是儿童之“事”，他们以超乎其他事情的严肃与认真来对待游戏，以满腔的热情投入其中、沉醉其中。这是身心的舒展、心灵的润泽、精神的陶冶。对于儿童而言，玩游戏就是享受一种游戏浸润的自由、幸福的生活。在游戏中儿童体验与感悟（对年幼儿童而言是无意识的）着一种“值得过的生活”，这也引发着他们过这种自由、幸福生活的愿望与趋向。当然，游戏并不都是“好”的。以游戏内容与形式的双重价值意涵来衡量：有的游戏内容消极，如一个孩童把一只小狗当作“怪物”殴打，无论这个游戏中孩子“玩”得多开心，它助长的是孩子欺负弱小、虐待小动物的行径，是需要制止并纠正的；有的游戏形式消极，如第一章游戏“实践之困”中儿童在教师规划、干涉下的游戏，处于“被游戏”的境地，无论内容多么有意义也并不是“好”的游戏。

“事”展现着世界与人的关系与意蕴，作为儿童之“事”的游戏是一个意义的世界，可以说这是儿童游戏的意义品质。但同时，“事”也“构成意义生成之源”[1]，人在做“事”中“成人”。游戏作为儿童之“事”不仅展现着儿童与世界的独特关系，也是儿童意义世界生成的场域，在游戏中儿童实现着“意义成人”。游戏中儿童意义世界的生成有其发生机制。

1 杨国荣．“事”与人的存在[J]．中国社会科学，2009（07）.

（一）游戏源于儿童意义世界的驱动

如前所述，现代儿童游戏研究受到认知发展心理学的深刻影响，皮亚杰对儿童游戏的认知视角解释成就了现代儿童游戏研究的“智能化”路径。这条路径为我们理解儿童游戏提供了一条明晰且颇具科学性的思路。但是，从根本上说，游戏智能化路径是“我思故我在”认识论主体哲学在儿童游戏研究中的反映，以儿童之“思”——思维发展来规定儿童之“在”——游戏，这是对儿童游戏的概化、约化与简化。复杂、多变的儿童游戏是否能如此约化？儿童游戏的原始驱动力真的源自儿童对世界的认识渴望吗？

维果茨基对儿童游戏的产生有不同的看法。他认为，皮亚杰的游戏理论是一种“学究式的游戏智能化理论”，它“把儿童的发展描述为其智力功能的发展，每个站在理论家面前的儿童都以或高或低的智力发展水平被定义，其智力从一个发展阶段移向另一个阶段”[1]。他认为这并不能真正反映儿童游戏的产生，而主张转向从非认知领域来探寻游戏的产生。他说：“如果忽视了孩子的需求以及能有效促进孩子行动的刺激物，我们将永远不能理解他们从一个发展阶段到下一个阶段的进步，因为每一个进步都与显著变化的动机、倾向以及刺激相关联。”[2]这是一条超越人之“思”的游戏理解思路。游戏的产生，并非孤立地源自儿童要去认识这个世界的冲动，而是源自他们种种行动的需要与动机，认识包含于其中而无法单独抽离。对于三岁以内的儿童来说，他们倾向于需要的即刻满足，不满足他们会不高兴，会哭闹。如果即刻的愿望没有马上被满足，它们不会被保留下来。到了三岁以后[3]，儿童出现了很多没有实现但是被保留下来的愿望（retained needs）。游戏就源自愿望被保留下来的那个点，那些没有实现却保留下来的愿望影响着儿童今后的行为，促发着游戏的发生。

沿此思路，愿望为什么会被保留？这些被保留下来的愿望又是什么？三岁

1　列夫·维果茨基．社会中的心智——高级心理过程的发展 [M]. 麻彦坤，译．北京：北京师范大学出版社，2018：115.

2　列夫·维果茨基．社会中的心智——高级心理过程的发展 [M]. 麻彦坤，译．北京：北京师范大学出版社，2018：115.

3　维果茨基认为三岁以前儿童的行为受制于情境的约束，不会超越情境开展想象，所以没有想象性游戏，想象性游戏要到儿童三岁以后才出现。对于三岁这个时间点也有不少学者产生怀疑，如范·奥尔斯（Van Oers）认为更小的儿童（两岁多）已经具有想象，能开展简单的想象性游戏。笔者在日常儿童观察中也发现，两岁多的儿童能进行简单的想象性游戏，如假装用空杯子喝水，给玩具娃娃吃东西等。儿童想象力及想象性游戏的出现与发展是一个连续的转变过程，并在历史背景、教养方式与儿童个体特征等多种因素的交织下变化。但在此节中，笔者仍然保留维果茨基的意见，暂不做具体探讨。

以前儿童的愿望难以保留，是因为儿童难以区分“自我”与周遭世界，他们的行为、知觉、感受受限于“此时此景”之中，“内部的（经验的）世界跟外部现实世界之间不存在任何界限”[1]。尼可拉斯·派拉蒙林（Niklas Pramling）等也认为“对于年幼他们来说，意义领域与感知领域是合而为一的”[2]。这一时期儿童的意义世界依托于所处的情境，与所处的情境融二为一。到了三岁以后，儿童自我意识的建立使儿童逐渐区分自己与周遭世界，意义世界也逐渐脱离情境的束缚而日趋独立，即刻情境中没有得到满足的愿望被保存下来，“保留的愿望”在对游戏材料的把玩与耍弄中被激发，获得释放，游戏由此产生。虽然这个过程儿童并没有意识到，但是日渐“独立”的意义世界却在儿童的行为中发挥着其巨大的作用。说到底，“保留的愿望”是儿童在对这个世界及其与自身关系中产生的日后行为的冲动与方向，是基于儿童日渐脱离于情境而独立的意义世界产生的行动趋向，这是游戏产生的渊源。

（二）游戏是儿童意义世界照进现实之镜

想象是游戏的内核，或者说正是因为儿童拥有想象才使游戏成为可能。没有得到满足的愿望被保留下来，经由想象在游戏中得以实现并获得满足。对于年幼儿童（两岁以前）和动物来说，“想象是完全不可能的事”[3]，这个年龄的儿童对周遭世界及其与自身的关系的理解与感受几乎完全受限于当前情境。当婴幼儿偶然碰到挂在床边的摇铃，摇铃就发出“丁零丁零”的声音，引发婴幼儿重复触碰摇铃的动作，动作是在对物体兴趣的支配下发生的。这时，婴幼儿行动的动机与知觉是统合的，“对事物的知觉与意义的统合既形成了婴幼儿发展的整体性，又导致了情境对婴幼儿的限制”[4]。所以，这一时期儿童的游戏完全受限于当前的情境，意义与情境所包括的物体（摇铃）与动作（手的触碰）是统一的、整合的。维果茨基用“物体 / 意义”[5]（object/meaning）的方式来表达这种

---

1 皮亚杰，J.，英海尔德，B. 儿童心理学 [M]. 吴福元，译 . 北京：商务印书馆，1981：19.

2 Pramling, Niklas., Wallerstedt, Cecilia. Play-responsive teaching in early childhood education[M]. Gewerbestrasse：Springer Nature Switzerland AG.2019：35.

3 列夫·维果茨基 . 社会中的心智——高级心理过程的发展 [M]. 麻彦坤，译 . 北京：北京师范大学出版社，2018：93.

4 席海燕 . 游戏：想象与规则发展的场域——维果茨基的游戏观透视 [J]. 学前教育研究，2015（04）.

5 列夫·维果茨基 . 社会中的心智——高级心理过程的发展 [M]. 麻彦坤，译 . 北京：北京师范大学出版社，2018：122.

知觉作用的结构，即意义附属于物体，“摇铃”对于婴儿而言就是在他的触碰下会发出“丁零丁零”的声音的物体，仅此而已。

三岁以后，自我意识的产生与发展使他们区分了自己与周遭，也使他们对周遭世界及其与自身关系的理解与感受能够脱离于即时情境（不是完全脱离，对情境仍有依附性）。在游戏时，儿童可以超越实物知觉的限制，以表象代替实物进行意义的转换，展开想象，如将木块当作饼干、车子、电话等等。此时，通过想象，原来“物体 / 意义”的知觉作用有了结构性的翻转，变成“意义 / 物体”（meaning/object），物体超越了其本然性的意义而拥有更多的意义，物体附属于意义。游戏中儿童的行动结构也发生了翻转，练习性游戏是“行动 / 意义”（action/meaning），行动决定了意义，“所能够做的远远超过了他所能了解的”[1]。但到了象征性游戏阶段，行动结构转变为“意义 / 行动”（meaning/action），意义决定了行动。维果茨基称这是一个“紧要关头”（critical moment），“当某个客体（如一根木棍）可以辅助儿童将马的意义与真实的马分离开来时，游戏可以在这个过程中提供一个过渡的平台……决定儿童与现实的基本架构在这一关键时刻剧烈变了”[2]。借助于想象，儿童赋予物体以超越其本然意义的意义，从而也使行动超越了本然的情境限制，儿童自己创造了一个想象情境。涉及想象情境的游戏是以规则为基础的游戏。儿童把自己想象成“妈妈”，那么“妈妈”的角色就规定了她的行为，她要做出符合她心中的“妈妈”的行为规则的行为。“这些规则不是事先定好的，而是从想象情境中衍生的。”[3] 儿童的想象一端依托于现实环境的刺激，另一端连接着自身的意义世界。儿童扮演“妈妈”的游戏不会凭空产生，必然借助于一定的实物与情境，如洋娃娃等一些玩具或生活用品。但是如果没有日常经验所保留下来的关于妈妈的意义，即对妈妈及其与自身关系的理解与感受，这些物品就没有激发想象的“土壤”，也无以激发想象，便无从产生游戏。所以，借由想象，通过游戏，儿童的意义世界照进现实。在游戏的情境中，儿童的意义世界得以展露与显现。

儿童的意义世界是不断生成与扩展的，不同阶段的儿童游戏也展现着处于

1　席海燕 . 游戏：想象与规则发展的场域——维果茨基的游戏观透视 [J]. 学前教育研究 .2015（04）.

2　列夫・维果茨基 . 社会中的心智——高级心理过程的发展 [M]. 麻彦坤，译 . 北京：北京师范大学出版社，2018：98.

3　列夫・维果茨基 . 社会中的心智——高级心理过程的发展 [M]. 麻彦坤，译 . 北京：北京师范大学出版社，2018：96.

不断生成与扩展中的儿童意义世界的变化。以想象性游戏为例，儿童想象游戏可以分为社会戏剧游戏和主题幻想游戏[1]，前者倾向于表现得“像什么”，后者则创造了一个想象的游戏世界。儿童最初的想象性游戏（两三岁）与真实情境很接近，是从一个十分接近真实情境的想象情境开始的。他们“复制”了一个真实发生的情境。或者说，游戏接近于实际已经发生过的某些事情的回忆，是一种“延迟模仿”。例如，儿童和洋娃娃玩游戏几乎是真实生活事件的重复。年龄较大的学龄前儿童（4~6 岁）“对社交表征、叙事结构、脚本、语言技能和其他象征性资源更有经验”[2]，他们的游戏在根植于日常生活经历的同时也吸收了各种符号资源，如书籍、电影、电视节目等。如儿童假扮成警察去追捕犯人，在追捕途中历经艰辛得到了某种魔力，终于抓获逃犯等等。儿童想象性游戏从开始几乎是生活事件的翻版到慢慢地融入更多的创造性想象的元素与内容，展现着儿童意义世界的自主性、复杂性与广延性的日益增强。

借由想象，游戏给予儿童充分实现愿望的可能。但是，即使是最投入的游戏，儿童也知道自己在游戏，这是假的，而不是真的。有一次笔者在幼儿园户外游戏场地上看到几个中班孩子在玩“糖果屋”的游戏，于是走近他们，做了一个“小实验”：

“这是什么？”我饶有兴趣地拿起一颗石头问。

“这是魔力糖果。”一个小女孩说。

“哦，是糖果啊，看起来很好吃啊！”说着我要把“糖果”放入嘴里。

“别吃！这是假的糖！”女孩连忙阻止我，并把“糖果”拿走了。

在游戏中石头不再是石头，而是糖果。但是，石头只是假装成了糖果，而不是真的可以吃的糖果。想象犹如飞入空中的风筝，在腾空的同时也被紧紧地拽在人的手中，它既是借由手中之力腾空的，也会经由人之手回到地面

1 Ditte Winther–Lindqvist. Playing with social identities: Play in the everyday life of a peer group in day care//Schousboe and D.Winther–Lindqvist .Children' s play and development: Cultural–historical perspectives[M] . New York: Springer, 2013: 29–54.

2 Ditte Winther–Lindqvist.Playing with social identities: Play in the everyday life of a peer group in day care// I. Schousboe and D.Winther–Lindqvist.Children' s play and development: Cultural–historical perspectives[M] . New York: Springer, 2013: 29–54.

这一现实。

在游戏中石头不再是石头，而是糖果。但是，石头只是假装成了糖果，而不是真的可以吃的糖果。想象犹如飞入空中的风筝，在腾空的同时也被紧紧地拽在人的手中，它既是借由手中之力腾空的，也经由人之手回到地面这一现实。孩子清楚地知晓游戏的框架或边界，这使得儿童在游戏中会出现两种情绪：一种是儿童需要根据角色与情节而表现出相应的情绪，如在情境中儿童会为了扮演的角色而哭泣（儿童害怕打针而哭泣）；另一种是无论角色的情绪如何，儿童都在游戏中享受着无比的快乐，即使他“哭”得再伤心，心里还是愉悦的。

想象在个体游戏中以个体想象的形式出现，而大量的儿童游戏是以两人及两人以上的集体游戏，集体游戏中，孩子们通过集体想象为玩具、材料赋予他们共同认可的含义，创造他们共同的游戏世界。同时，集体游戏也紧紧维系着现实，即共同的现实生活。因此，在集体游戏中，由于经过了“集体想象”，意义就有了集体基础。在游戏中，孩子们通过角色扮演探索日常生活的规则时会更加接近现实。例如，扮演母亲、公交车司机或者其他社会角色，因为有了共同的现实生活背景，个体的意义会受到群体的影响，对这些角色的理解与扮演会更清晰、更深入。

（三）游戏是儿童意义世界生成与扩展的自由之境

意义不是凭空产生的，也不是外部强加的，它是儿童在与周遭世界的互动中，在与人、物的交互作用中生成与扩展的。在游戏中，儿童热忱、认真地做着属于他们的事，与周遭世界进行着亲密的交互，生成与扩展着意义世界。

首先，游戏既超越现实又下降现实，儿童在游戏中理解、体验着与现实世界的各种关系。

借助想象的翅膀，儿童暂时超越现实（但不是脱离现实）创生丰富的游戏情境，赋予游戏材料多重意义。意义飞升于现实、高于现实，但是意义仍然是面向现实的，源于现实生活，并面向非当下的现实生活。儿童把牙签当作“针”来给洋娃娃打针，赋予牙签本然意义之外的游戏意义，但“打针”的这个游戏情境却是现实生活的写照。以牙签这个游戏材料为依托，儿童暂时脱离了当下的现实，而指向另一个“遥远”的现实。“儿童有意识地使用想象力可以帮助他们超越现实，从而下降现实并与现实玩耍。”[1]“遥远”的现实在这个游戏之前还只是某个经历留下的印迹，但是它在游戏情境中展现，赋予“遥远的现实”以实现的可能，当然这种实现并不是真的实现，而是虚拟的。当儿童将牙签当作“针”时，他们一般拿住牙签的平头，而用尖的一头来打针，把“针”打在洋娃娃或小动物的屁股上或者手臂上，打的时候还会说“别怕别怕，很快就打好了！”等话语，打完了甚至还会揉一下对方，安慰一下。我们看到孩子这样游戏都觉得他在打针，都理解他的意思，因为儿童游戏中表现的“打针”与我们意义世界中的“打针”是一样的。儿童游戏面向的现实是儿童所处的世界，也是与我们共有的世界——共同的意义世界。

精神分析学家弗洛伊德发现，儿童在游戏中会做一些在现实生活中引起他们不安与痛苦的事情，如孩子害怕看医生，但他们也喜欢玩“扮演医生”的游戏。弗洛伊德称这种现象为“强迫重复”。他认为游戏的对立面是现实生活，在游戏中儿童从现实生活中的被动体验者或受挫者变为游戏的主动执行者，通过游戏的“强迫重复”体验现实中的痛苦，也化解了痛苦，使现实生活中难以忍受的事情变得可以忍受。沙盘游戏是一种精神分析游戏治疗方法，它为儿童提供一个“自由和受保护的空间”[2]以及大量代表日常生活中各种事物的沙具，儿童可以自由、随意地挑选沙具在沙箱中游戏。在游戏中，儿童难以去正视的现实得以以一种相对安全、好玩的姿态呈现，他们自由地摆弄沙具、变换情境，在与沙具的游戏中理解、体验着与这个世界的关系，从而达成对现实的谅解，直至与之和解。儿童游戏虽然看似天马行空、变化跳跃，但这正是他们理解世界、生成意义的独特方式。经由游戏，“遥远的现实”展现于儿童面前，他们“下沉”现实并与现实玩耍，与现实游戏化的交互作用构成了儿童独特的意义生成之源。

其次，游戏创造“活的形象”，儿童在游戏中构筑着意义世界伦理之域的心理基础。

在席勒看来，游戏是人的一种审美。他认为审美对象是“活的形象”，活的

1 Fleer,M. Collective Imagining in play// I. Schousboe and D.Winther-Lindqvist (Ed.).Children’s play and development:Cultural-historical perspectives[M]. New York:Springer, 2013: 73-87.

2 Dora Kalff. Introduction to sandplay therapy [J].The Journal of Sandplay Therapy, 1990 (01).

形象不一定是有生命的，有生命的也不一定是活的形象。“活的形象是在对象的形象中融合了审美主体的生命内容，从而使对象的形象成为他自己生命内容的体现，这种对象才是审美的对象。所以，美源于主体与对象的统一。”[1]“只有当他的形式活在我们的感觉里，他的生命在我们的知性中取得形式时，他才是活的形象。”[2]也就是说，审美中对象被主体“活化”了，对象也拥有了“生命”。游戏是儿童的审美，游戏中儿童赋予物体以自身的生命内容（意义），将自己的意义世界投射到物体上，“死”的物体变成了“活”的形象。“审美是人达到精神解放和完美人性的先决条件。”[3]儿童的游戏状态（审美状态）是“摆脱了物质需求的束缚而达到外在和内在自由的一种状态”[4]。在游戏中儿童的游戏对象，即各种玩具或材料获得了其本然意义之外的意义，这是一种依托于现实的意义的自由解放，是人在“有限的事物中见出无限性”。

游戏创造“活的形象”，游戏对象被儿童赋予人的意义，本来非人类的生物或者无生命的物体因为儿童而被“活化”了，这是儿童意义世界伦理之域的心理基础——同理心与同情心的萌发。杨国荣认为，就伦理之域而言，“对象呈现为不同于一般生物而具有伦理意义的存在，与主体将对象视为应以伦理原则而非生物学观念加以对待的存在，总是难以分离”[5]。天冷了，儿童给家门口的小树披上外套，因为他认为小树与自己一样有生命、会怕冷。儿童在日常生活中受到成人的照顾，在游戏中他们反过来照顾他人。在游戏中他们设身处地地为他人考虑，将游戏对象“活化”，这是自身生命意义与价值在游戏对象上的体现。儒家十分注重审美活动与“成人”（理想人格的培养）之间的联系，孔子说“文之以礼乐”，主张“兴于诗，立于礼，成于乐”，主张通过礼乐教化来培养完美的人格。“从伦理、审美到宗教之域，意义世界多方面地渗入了价值的内涵。”[6]儿童在游戏中“感同身受”地“活化”对象，是同理心的萌发与展现，体现着意义世界价值之域的自由生成。

1 席勒．审美书简 [M]. 徐恒醇，译．北京：中国文联出版公司，1983：17.
2 席勒．审美书简 [M]. 徐恒醇，译．北京：中国文联出版公司，1983：86.
3 席勒．审美书简 [M]. 徐恒醇，译．北京：中国文联出版公司，1983：10.
4 席勒．审美书简 [M]. 徐恒醇，译．北京：中国文联出版公司，1983：19.
5 杨国荣．论意义世界 [J]. 中国社会科学，2009（04）.
6 杨国荣．论意义世界 [J]. 中国社会科学，2009（04）.

再次，在自由与规则形成张力的游戏中，儿童主动构筑着意义世界的价值规范。

游戏是“被动而又主动”[1]的，自由与规则统一于游戏之中。一方面，游戏是儿童主动参与、积极投入的——无自由不游戏；另一方面，参与游戏也意味着必须受游戏规则的约束——无规则亦不游戏。规则是游戏的构成性要素，涉及想象的游戏实际上是基于规则的游戏，每个想象情境都以一种隐藏的形式包含了规则。如儿童用木块“打电话”，他把“电话”拿在手里靠近耳朵，还要对着电话说“喂，你好……”等话，而不是做其他事情。角色扮演游戏中具体的角色为游戏者设定了行为规则，“医生”有医生的行为规则，“妈妈”有妈妈的行为规则。在想象游戏中想象“居前”，规则“内隐”，而在之后出现的规则性游戏（一般在儿童五六岁以后出现）中则规则“居前”，想象“内隐”。从想象游戏到规则性游戏，其背后是游戏中想象与规则成分的改变——“从公开的想象和隐藏的规则到公开的规则和隐藏的想象的发展路线勾勒了儿童游戏的演化”[2]，但规则意志都以隐或显的方式在场。

游戏中，规则与自由之间形成了一种张力，儿童要自由地“玩游戏”，获得一种主动、自由的快乐与满足，但同时，要“玩游戏”就必须遵守游戏规则。赫伊津哈认为，这构成了游戏中的“紧张成分”[3]，这正是游戏的魅力所在。“游戏本身处在善恶判断之外，然而紧张的成分给游戏注入一种伦理价值，因为它是对游戏者的考验。”[4]一个原本蛮横跋扈的男孩变得温和讲理，因为他是“爸爸”；两个平时经常吵架的孩子在游戏中成了相亲相爱的“好姐妹”——在游戏中儿童仿佛变成了另一个人，“玩游戏”的强大意愿与动机使儿童心甘情愿地自我克制、主动服从游戏规则。游戏中对规则的遵守而产生的自我控制，不是建立在外部禁忌的基础之上的，而是建立在内部控制的基础之上的。[5]游戏中的规则经由游戏抵达其意义之域，形成与行为融合为一的对世界及其与自身关系的

---

1 汉斯－格奥尔格·伽达默尔．诠释学Ⅰ：真理与方法 [M]. 洪汉鼎，译．北京：商务印书馆，2010：153.

2 列夫·维果茨基．社会中的心智——高级心理过程的发展 [M]. 麻彦坤，译．北京：北京师范大学出版社，2018：119.

3 约翰·赫伊津哈．游戏的人：文化中游戏成分的研究 [M]. 何道宽，译．广州：花城出版社，2007：12.

4 约翰·赫伊津哈．游戏的人：文化中游戏成分的研究 [M]. 何道宽，译．广州：花城出版社，2007：12.

5 Elena Bodrova, Carrie Germeroth, Deborah J.Leong. Play and self－regulation: Lessons from Vygotsky[J].American Journal of Play,2013,6(1):111－123.

深刻理解与感受，在游戏中按游戏规则来游戏，就是在游戏中践行对这个世界及其与自身关系的理解与感受。游戏将儿童从他律的约束中解放出来，通过对游戏规则的自愿自觉遵守发展了自主性，从而变得更加自控、自律，主动地、自主地构筑着意义世界的价值规范。

最后，在多人组成的集体游戏中，儿童实现了意义世界的扩展与丰富。

个体游戏是个体想象的产物，集体游戏则是“个体想象（individual imagining）与集体想象（collective imagining）的交互作用”[1]的产物，不同的意义世界在共同的游戏世界中照会、交织与交互。在游戏中，不同的游戏者相互协商，共同改变游戏材料的本然意义并赋予新的含义，共同创生远离现实的游戏情景，游戏中个体的意义会受到群体的影响而更加丰富与深入。同时，要使游戏持续进行，游戏者之间的元交流（meta-communication）也必不可少。贝特森（Bateson）指出儿童会利用语言或动作发出信号来区分游戏“框架内”（in与“框架外”，给游戏伙伴发出信号使游戏进行下去。在集体游戏中，儿童不仅要考虑与协调想象和现实，也要考虑游戏伙伴行为在游戏情境中的一致性。框架内的游戏语言与行为直接推动着游戏的顺利进行，框架外的游戏语言与行为则是在游戏开始初期或者转折点（新角色、新情境的拟定或创设）出现，主要用于协调角色或情境，推动或转变游戏的情节。集体游戏使儿童的意义世界不仅是个体经历的产物，也是群体共同生活的集结，扩展与丰富了自身的意义世界。在这个意义上，儿童中的社会与社会中的儿童找到了共通的“家”，游戏中的儿童自成了一个小社会，并内化了大社会的文化。[2]

---

1 Fleer,M. Collective imagining in play// I. Schousboe and D.Winther-Lindqvist (Ed.).Children’ s play and development:Cultural-historical perspectives[M] . New York:Springer，2013：73-87.

2 席海燕 . 游戏：想象与规则发展的场域——维果茨基的游戏观透视 [J]. 学前教育研究，2015（04）.

第四章 CHAPTER 4

有意义游戏的教育理路

游戏是人类文明的摇篮，是人类教化的自然温床，它比教育有更悠远的历史。然而，在幼儿教育场域中，游戏处于“被围困”的境地，游戏仅以有限的意义而存在，无以展现其丰厚、多姿的意义。幼儿教育领域游戏的“突围”以及有意义游戏之教育通路的构架并无他法，亦无他路，而应从游戏之处来探寻……

第一节 游戏教育的本体论：教育即游戏

有意义游戏教育的起点是尊重游戏框架，以游戏之意蕴来关照教育，使教育回复游戏品格。“回复”是一种回归与“回家”，是教育向生活的“回家”，回到与游戏共同的家园，回到与游戏亲熟、亲近的本始状态。尊重游戏框架不是以一种高高的姿态来俯视游戏，或是在以“促进儿童发展”为名下一种工具式的利用，而是共同栖居于生活家园中的亲熟与亲近下“我”与“你”的“对话”与沟通，是对儿童生活之尊重与慎重下的携手而行。有意义游戏的教育是教师与儿童一起携手开始一场从游戏出发的意义生成之旅……

一、游戏教育“无目的”：打破框架、意义生成

（一）“无目的”之源：游戏“无目的”

伽达默尔认为游戏的存在方式与自然运动方式接近，如光线的游移、波的移动、齿轮或者机械零件的滚动、肢体的相互运动、力的运动、昆虫的移动等等，这一系列的运动方式有一个共同的特征，即它们都是“不能系在一个使它中止的目的上”[1]的“不断往返重复”[2]的运动，游戏即是一种自然运动方式。游戏是“无目的”的，即它没有一个外在的目的将其引向某个地方。“游戏就是那种被游戏的或一直被进行游戏的东西——其中绝没有任何从事游戏的主体被把握。”[3]游戏总是如它所是般存在、运行与发展。

游戏“不能系在一个使它中止的目的上”，游戏总是为了游戏本身，游戏是“自成目的”的。“游戏不涉功利。游戏不是‘平常’生活……它作为临时活动插

1 汉斯－格奥尔格·伽达默尔．诠释学Ⅰ：真理与方法[M].洪汉鼎，译．北京：商务印书馆，2010：146.

2 汉斯－格奥尔格·伽达默尔．诠释学Ⅰ：真理与方法[M].洪汉鼎，译．北京：商务印书馆，2010：146.

3 汉斯－格奥尔格·伽达默尔．诠释学Ⅰ：真理与方法[M].洪汉鼎，译．北京：商务印书馆，2010：146.

入生活，这种活动能实现自我满足并在满足时结束。”[1] 对于儿童游戏来说，游戏的“玩味”是游戏的至高魅力。一个孩童投入游戏总是出于“我要游戏”的意愿与激情，而不是为了要“获得什么”或达成什么目的，或者说，投入游戏、在过程中获得的享受与满足是游戏者的真正“目的”。在一个幼儿园的自由游戏时间里，笔者看到了这么一幕：

康康和小米正在玩木块“垒高”的游戏，他们你一块我一块地搭木块，但是因为他们“乱放”木块，把小的放在下面而大的放在上面，所以没搭多高木块就“哗”地一下倒了，但两个孩子还是一次又一次地玩着。老师在一旁看了，就过去教他们把大的放在下面把小的放在上面，老师把木块高高搭起并说：“看，这样不就不会倒了吗！”两个孩童看看老师，再看看木块，悻悻然地走开了……

两个孩子玩着木块“垒高”的游戏，纯粹地在“玩”，并不是为了达到某个目的，或者说“垒高”的过程以及木块“哗”地倒下所给予他们的满足与愉悦是他们玩这个游戏的真正目的，目的不在游戏的过程之外，而是自然地融于过程之中。而教师按照“下面大上面小”的规则将木块稳固地搭高则成为一股外来之力赋予这个游戏另一个目的，游戏的“玩味”——对于孩童最重要的东西在木块稳固搭起之时却消失不见，游戏也戛然而止了。荷兰有一句名言：“弹子游戏，游戏为重，弹子为轻。”游戏的结果并不重要，过程才是主要的。

“目的”是一种从人的主体性视野出发的一个行动或活动的预想性结果。当然，在游戏中儿童的行为总是带有一定目的，如上述案例中孩子把木块“垒高”，搭至一定高度然后让其倒下是他们垒木块行为的目的。但游戏者行为的目的是与游戏的情境和过程密切交融的，是一种游戏的内在目的。将木块垒到一定高度然后倒下与垒木块的行为是融合的，或是行为的自然结果。这个游戏“自成目的地”与两个游戏者一起构成了一个别样的游戏空间与意义框架，使游戏者沉浸其中、乐此不疲。游戏“自成目的”，一个游戏总有其自身的结构或“秩序”，这个秩序不可侵犯也不容外力的更改，外在的目的有使游戏中止的风险。教师以自己的视角来理解这个“垒高游戏”，赋予这个游戏“稳固搭成”的

1　约翰·赫伊津哈．游戏的人——文化的游戏要素研究 [M]. 傅存良，译．北京：北京大学出版社，2014：10.

目的，破坏了游戏自成一体的意义框架，无趣地中止了游戏。

这个“垒高游戏”不仅是游戏“无目的”的有力例证，也为我们开展有意义游戏的教育提供警示：有意义游戏要通向教育应警惕对游戏的横加干涉与肆意干扰，有意义游戏的教育也应是“无目的”的。教师参与游戏本没有错，开放与生成的游戏也并不排斥他人的加入，问题的关键在于：在哪个点上教师的参与成了对游戏的干扰，甚至打断了游戏？对这个点的错误理解甚至造成了对游戏目的的“侵害”。老师错误地解读了这个游戏的意义，使得教师的干预成了背离游戏自然推进的“外来之物”，阻挠了游戏的“自然运动”。两个孩子“木块垒高”的行为表象不是他们的真正目的，正是“乱放”的木块在“轰然倒塌”的一刹那给予了他们最大的享受与满足，这才是这个游戏内在的目的或真正的意蕴，是孩子独特的、个体化的意义世界的游戏展现。

有意义游戏的教育“无目的”，意味着教师不以权威的姿态、不借教育的“好意”给游戏“强加”各种外力影响，而是尊重儿童游戏框架，理解儿童独特、丰富的游戏意蕴，支持儿童游戏的自然推进与意义的自由生发。如果这位教师能理解孩子们别样的游戏世界，“读懂”这个游戏独特的意涵，与孩子一起“乱放”木块，又在木块轰然倒塌之时欢呼，共同享受游戏带来的别样感受，或许孩子们会欢迎这样的游戏伙伴加入游戏，或许这样的教师参与不但不会“干扰”游戏，反而会给游戏增添更多乐趣。孩子们或许也会产生“让积木搭得更高”的想法与意图，但这些都是游戏自然推进、意义自然流转、情境自然生发的产物。

（二）“无目的”的“转身”：从目标导向转向过程导向

“无目的”游戏通向教育，需要教育的“转身”，需要教育从目标导向转向过程导向。“泰勒原理”课程范式是典型的目标导向课程模式，它崇尚“目标至上”，目标的选择是整个过程的关键与制高点，目标是在课程实施过程之外的，它先于过程并位于课程的核心。杜威提出“教育无目的”来批驳泰勒的“目标至上”。杜威认为“目的”就是“我们在特定情境下有所行动，能够预见不同行动所产生的不同结果，并利用预料的事情指导观察和实验”[1]。杜威的“教育无目

1 约翰·杜威. 民主主义与教育 [M]. 王承绪，译. 北京：人民教育出版社，2001：101.

的”确切地说应是“教育无外在目的”。杜威进一步说道：

从活动内部产生的目的，作为指导活动的计划，始终既是目的，又是手段，目的和手段之间的区别只是为了方便。每一个手段在我们没有做到以前，都是暂时的目的。每一个目的一旦达到，就变成进一步活动的手段。当它标示我们所从事的活动的未来方向时，我们称它为目的；当它标示活动的现在方向时，我们称它为手段。[1]

可见，杜威的“目的”并不是产生于活动之外的、游离于当下情境的“遥远”的目的，而是产生于活动内部、并对活动有现实指导意义的目的。这样的“目的”与手段自然地产生、融合于教育过程之中。杜威把目的统合进了人类经验的连续体当中，“所有的目的都不过是实现更进一步的目的的手段”[2]。杜威认为“良好的目的”应具有以下几条标准。第一，所确定的目的必须是现有情况的产物，也即，好的目的是具有很强的情境契合度与现实关照性的，是行动主体关照现实情境、凝结个体智慧的产物。它“不会从正在考虑的活动中移离开，而是活动中的转折点”[3]。这样的目的是人、现实、情境综合性的产物，可以说是活动整体性意义的综合。第二，目的是灵活的。杜威并不完全排斥在行动前的目的，但行动前的目的只是“试验性的草图”或者大致的方向，但这个目的必须随着复杂的情境可做修改“以符合情况的要求”，也即它包容并接纳现实的不确定性，具有随情境变化的变通性。第三，所定的目的必须使活动自由开展，它不是一条预定的、有待“走完”的“轨道”，从而不是对活动的束缚，而更像是一个大致的方向，包容活动的自由展开。

有意义游戏的教育不应是目标指引，而应是过程导向的。目的不是外在于过程高高在上或者竖立在那儿等着去达成的，而是内在于过程之中，有着无穷的变化，随着不同的儿童而不同，随着儿童的生长与教育者经验的增长而变化。具体地说，过程导向的游戏教育不固定于某个既定的遥远“目的”，也不拘泥于一种解释或理解对行动的束缚，而是根据当下的情境灵活调整策略、改变方法，它是教育者实践智慧的反映，也展现着教育者开放、豁达的心态与灵

1　约翰·杜威.民主主义与教育[M].王承绪，译.北京：人民教育出版社，2001：98.

2　小威廉·E.多尔.后现代与复杂性教育学[M].张光陆，等译.北京：北京师范大学出版社，2016：69.

3　小威廉·E.多尔.后现代与复杂性教育学[M].张光陆，等译.北京：北京师范大学出版社，2016：68.

活、应变的游戏态度。同时，过程导向的游戏教育具有强烈的现实感应与现实关照，关照处于游戏中的儿童以及意义不断生成与扩展中的儿童，因而它也具有深切的“人文关怀”。它“根据受教育者特定个人的固有活动和需要，并能转化为与受教育者的活动进行合作的方法”[1]，充分尊重处于现实处境中的儿童的独特性与多样性。

（三）“无目的”的至高目的：促成意义的自由生成与扩展

游戏是一种“自然的运动方式”，如同儿童的生命一样自然行进、涌动生长。在前文的“垒高游戏”之前，笔者还看到了这个游戏的“前身”：

康康在搭木块，他把木块一块一块地搭上去。这时小米过来了，问：“你在干什么？”“我在搭高塔。”康康说。“我帮你搭好吗？”小米问。“好的！”小米把一块木块搭上去，这时“高塔”“哗”地倒了。康康不高兴地责怪他：“都怪你，塔倒了！”小米笑着说：“地震了，塔倒了！”康康听后也大笑起来：“地震了，塔倒了！”随后，他们俩一遍一遍地玩“地震了，塔倒了”的游戏……

游戏是开放的，源于它没有一个预定目的或框架把游戏与游戏者框限起来，一个外在目的设定之时不仅是游戏终止之时，也是意义之流停滞之时。从这个意义上理解“游戏框架”其实是“无框架”，“无框架”使处在动态运动之中的游戏向各种可能开放。小米说“地震了，塔倒了”，这还在原来的“高塔”的游戏框架中，但是他赋予“塔倒了”一种新的意义——因为地震了。小米的这句话为游戏的进行打开了另一扇窗，将其引向了另一个充满乐趣的新天地。游戏方向的转变和发展是自然而然、自由生成的，这是一种偶然、一种际遇，是游戏中各要素之间相互作用的产物。苏联符号学家洛特曼（Yuri Lotman）认为游戏带有偶然性，预设规则无法提供所有过程的可能性，所以过程既是对规则的部分实现，也是对规则的部分违背，“游戏的每个成分和整个游戏，既是它自身，又不仅仅是它自身。游戏为过程和现象的偶然性、不完全的决定性和或然性建立模式”[2]。游戏之自成目的、开放生成的意蕴被后现代哲学家发挥到了极

1 约翰·杜威．民主主义与教育 [M]．王承绪，译．北京：人民教育出版社，2001：102.

2 任柄霖．基于哲学概念中游戏说的艺术理论研究 [J]．智库时代，2019（12）．

致，“游戏”是后现代哲学中的核心概念，甚至有学者说：“后现代精神即是游戏精神。”[1]“游戏”成为与“普遍必然的绝对真理”观的一种对峙与抗衡，“摧垮那些追求绝对真理的活动，用游戏的规则替代‘普遍必然的绝对真理’；破除传统哲学家所认为设置的各种僵硬对立，特别是主客体的对立……”[2]

一方面，游戏教育的“无目的”是“无目的”的游戏通向教育的内在诉求。“游戏中，一切都在运动、变化、交替、联合、分离”[3]，儿童的意义世界也在游戏中自由展露、涌动生长。借由想象，儿童赋予游戏材料以超越其本然意义的更多意义，儿童的意义世界在想象所营造的游戏之境中自由舒展。通过玩弄游戏材料、创造游戏情境、构架叙事框架等与世界的密切的交互作用，儿童理解周遭世界、深入体验世界与自身的种种关系成为可能，新的意义在游戏之境中自由生发。伙伴间的对话与互动更是使意义世界的相遇、交汇成为可能，个体意义世界在不断地扩展与丰富。有意义游戏的教育的“无目的”，是为了使儿童意义世界在游戏的自然推进中自然展露、生成与扩展，由此，在“无目的”的游戏教育中，教师要放下高高在上的权威姿态、放下对儿童的“陈见”与“偏见”、放下对儿童施予教育的刻意“意图”与“好意”等等可能会侵扰游戏的“外力”，游戏才能“如它所是”般自然运动、自由前行，游戏中的儿童才能在游戏的“自由”中实现自身的“自由”——在与周遭世界自主、自如的交互作用中自由舒展、生成、扩展意义世界。

另一方面，游戏教育的“无目的”也是幼儿教育的根本旨归。杜威提出“教育无目的”，这不是一个孤零零的概念，而是与“教育即生活”“教育即生长”等一起构成了民主主义的教育理念。“教育无目的”是杜威生长观的自然衍生。杜威认为，生长是生活的本性，“教育即生长，除它自身之外，并没有别的目的”[4]。他认为，衡量学校教育的价值在于看它是否能促进生长，“能否创造继续不断的生长欲望，能否供给方法，使这种欲望得以生长”[5]。那么，“生长”是什么？有一种观念将“生长”理解成由不成熟状态到成熟状态的变化，以成人的

1 黄进．游戏精神与幼儿教育 [M]．南京：江苏教育出版社，2006:34.

2 黄进．游戏精神与幼儿教育 [M]．南京：江苏教育出版社，2006:33.

3 约翰・赫伊津哈．游戏的人——文化的游戏要素研究 [M]．傅存良，译．北京：北京大学出版社，2014：11.

4 约翰・杜威．民主主义与教育 [M]．王承绪，译．北京：人民教育出版社，2001：52.

5 约翰・杜威．民主主义与教育 [M]．王承绪，译．北京：人民教育出版社，2001：52.

标准来衡量儿童很容易形成这样的观念。这显然不是杜威的“生长”，杜威也批评以成人标准来看待儿童的“生长”。真正意义上的“生长”即全部的生活，每天生活的儿童就在生长，只要生活不断，生长就在继续。“所谓停止生长不是指一个人生长已经完结了，而是说生活停止了，生命结束了。”[1] 生活中“生长”的儿童是“存在于世”、与世界亲熟亲在的“生长”中的儿童，在生活中儿童获得的“生长”是基于独特、整全的生活，其意义是不断涌现、持续生成与日渐丰盈的。

游戏“无目的”之源与作为生活的教育的“无目的”最终汇集到一点：有意义游戏的教育也应是“无目的”的。“无目的”是为了师幼双方在游戏浸润的生活中自然“生长”，获得意义的丰盈与充实——可以说这是游戏教育“无目的”的“至高目的”，只有在“无目的”的前提下，“至高目的”的自然实现才能成为可能，这是一个“去目的”后“现目的”的过程。有意义游戏的教育中的“生长”不是在教师游戏干预下期盼儿童从较低游戏水平向较高游戏水平的发展，也不是期待通过游戏掌握什么知识与技能或者是从游戏归纳、总结出某个“终极”的结论或道理，而是在放下种种谋划与期盼，开启一段从游戏出发的“无目的”的意义生成之旅，在旅行中获得意义的丰盈、精神的充足与心灵的润泽……

二、游戏教育“去中心”：交互作用、扩展意义

长期以来，游戏教育长期受困于“主客二分”的传统思维框架之中，形成了“教师为中心”和“儿童为中心”两种“中心论”的取向。“中心论”取向是主体性哲学在教育领域的反映。“主体性”的孕育与发展是人类认识自己达到一定阶段的积极产物，是人性自由解放的标志。但是，“主体性”的极端化发展也使“主体性”陷入了主客体“二元对立”的窠臼，落入了“主体与客体的分离、人与自然的分离、人与社会的分离、人与人的疏远”[2] 的境地。在“教师为中心”的游戏教育中，游戏由教师说了算，游戏“屈从”于教学，成为工具性的存在；在“儿童为中心”的取向下，儿童是游戏的主人，但教师则成了游戏的干扰，限制了游戏之丰富意蕴通向教育的可能。游戏教育“中心论”的突破势在必行。游

1 王晓芳．解读“教育即生长”——基于隐喻视角的分析 [J]. 湖南师范大学教育科学学报，2011（01）.

2 尹艳秋，叶绪江．主体间性教育对个人主体性教育的超越 [J]. 教育研究，2003（02）.

戏教育“中心论”在传统主体性哲学的影响下孕育，也在近现代哲学的演变中变化与发展。

“中心论”突破的第一股力量来自游戏哲学的发展。本体论游戏研究对游戏主体性视域的“突围”是游戏教育“去中心”的潜在力量。

康德、席勒从主体性审美旨趣来理解游戏，“人是游戏的主体”是第一命题，游戏是一种主体性的自由精神活动。伽达默尔基于存在论现象学的视角，以一种截然不同的视域来探讨游戏，提出“游戏并不指态度，甚而不指创造活动或鉴赏活动的情绪状态，更不是指在游戏活动中所实现的某种主体性自由，而是指艺术作品本身的存在方式”[1]。他抗拒以“主体之眼”来“窥探”游戏，认为这是一种对游戏的局限，“游戏具有独特的本质，它独立于那些限制主体视域的地方。所以，凡是在主体性的自为存在没有限制主体视域的地方，凡是在不存在任何进行游戏行为的主体的地方，就存在游戏，而且存在真正的游戏”[2]。伽达默尔“去主体”的本体论视角是为了凸显游戏作为游戏者之“在”的优先性与独立性，不是人使游戏成为游戏，而是游戏使人成为人。游戏的“去主体”不是对“主体”的吞噬与淹没，而是人之“主体”在游戏之“在”中更整全、更富意义的凸显，成就更大的“人”。这是一个从“去主体”到“投入游戏”，再到“现主体”的“被动见主动”[3]的过程，也即只有游戏者暂时地“忘了”自己、全身心投入于游戏之中，心甘情愿地服从游戏，忘情地徜徉于游戏，更大的“我”之“主体”才能显现。

游戏的本体论视角为有意义游戏的教育突破“主体性”视域下的“中心论”提供基本理论视角，有意义游戏的教育不是“教师为中心”的，也不是“儿童为中心”的，而是教师与儿童携手投入一场基于游戏的意义生成之旅。这场意义之旅中不是教师或儿童哪一方在控制着游戏，也不是哪一方指挥着另一方，确切地说这场旅行的主体不是人而是游戏以及由游戏生发的意义。要成为好的旅行者，教师与儿童都应放下种种“包袱”或企图，暂时忘了自己，全身心地投入游戏，投入游戏意义汇流而成的迷人场域中，沉醉其中、徜徉其中。在“忘

1 汉斯－格奥尔格・伽达默尔．诠释学Ⅰ：真理与方法 [M]. 洪汉鼎，译．北京：商务印书馆，2010：149.

2 汉斯－格奥尔格・伽达默尔．诠释学Ⅰ：真理与方法 [M]. 洪汉鼎，译．北京：商务印书馆，2010：140.

3 汉斯－格奥尔格・伽达默尔．诠释学Ⅰ：真理与方法 [M]. 洪汉鼎，译．北京：商务印书馆，2010：150.

我”的投入中，“小我”隐去，“大我”凸显——在游戏的沉醉、享受中实现意义的富足与享受。

“中心论”突破的第二股力量来自近现代哲学从“主体性”向“主体间性”的转向，基于理解的“主体间性”理论更为动态交互的游戏教育理路的构架提供了宝贵的理论基础。

晚年的胡塞尔首先提出“主体间性”（intersubjective）来消解传统主体性哲学的二元对立，认为主体性哲学必须从“自我”走向“他我”，他主张通过“共现”“统觉”和“移情”来进入他人的知觉和经验，将“自我”和“他我”联系起来，来建构“人同此心，心同此理”的“主体间性”的世界。海德格尔从存在论视域展开“主体间性”的探讨，他认为哲学的核心问题是探究“在”——人的存在。人的存在是“此在”，“此在”的基本状态是“在世界之中”，“此在”不可能单独存在，需要与他物、他人“共在”。“此在自己本来就是共同存在。此在本质上是共在……共在在生存论上规定着此在。此在之独在也是在世界中共在。”[1]“共在”是存在的共同体，通过“活动”来连接主体间的关系，是一种自我和他人同时展现出的存在方式。胡塞尔和海德格尔的主体间性理论在本质上并没有改变个人主体性的局限，胡塞尔的主体间性理论“奠基于‘先验自我’的直观的自明性之上，导致他人的自我只是从‘我’自己的主体发出的类比性投射而被推演出来的，他人的存在最多也只是‘我’自身的投射，而不是另一个自我”[2]。海德格尔的“共在”也是从个体“此在”的“在”的意义上出发的，是围绕着“此在”的“共在”。

伽达默尔的“视域融合”、马丁·布伯（Martin Buber）的“我—你”关系以及哈贝马斯（Jürgen Habermas）的交往行为等主体间性理论试图在内在精神层面建立起“主体间性”。伽达默尔把主体间性引入解释学，认为存在是解释性的，主体间性问题在解释学的视域内就表现为“理解”问题，理解的实质是通过“对话”超越自己个体的有限视域，进入历史的视域，同历史的视域相接触，将我们的视域与历史的视域不断融合的过程，这个过程就是“视域融合”。马丁·布伯提出了人与人的两种关系类型，一种是“我—它”的主客体关系，另一

1 海德格尔．存在与时间 [M].陈嘉映，王庆节，译．北京：生活·读书·新知三联书店，1987：136-140.

2 张天宝．走向交往实践的主体性教育 [M]．北京：教育科学出版社，2005：15.

种是“我—你”的关系，这是一种相遇式关系，“你和我相遇在我们的世界里”，是相互将对方视为一种具有完整性的、活生生的生命主体，在相遇中“我与你”才真正存在，“所有真正的存在全都是相遇”[1]。“我”不是这种关系的原点，“你”也不是，关系的出发点是“我”和“你”之间，“精神不在‘我’之中，它伫立于‘我’与‘你’之间”[2]。马丁·布伯的“我—你”关系理论“不再是以主客体关系来间接地构筑主体间关系模式，而是从主体间关系本身来直接地构筑主体间关系模式，从而确立了‘关系’的本体地位，它标志着西方哲学从‘主体性’向‘主体间性’转向的基本完成”[3]。哈贝马斯基于社会实际生活来论述“主体间性”，他认为有两类社会实践活动：一类是“工具性行为”，是一种体现人与自然的主客体关系的人对自然的认识与改造；另一类是“交往性行为”，是人与人之间应有的关系，“交往”是指“两个或两个以上具有语言能力和行为能力的主体之间以语言或符号为媒介，以言语的有效性要求为基础，通过对话而进行的知识、情感、观念、信息的交流，以达成主体间的相互理解”[4]。“主体间性”是人与人在语言交往中形成的精神沟通、道德同情、主体的相互“理解”和“共识”，“主体间性的核心是‘理解’”[5]。

在“主体性”向“主体间性”的哲学转向之路中，有两个重要的点。第一，是海德格尔的存在论对人之“在”的存在觉醒：人的存在是“此在”，“此在”的基本状态是“在世界之中”，“此在”不可能单独地存在，是与他物、他人“共在”；“共在”是存在的共同体，通过“活动”来连接主体间的关系，是一种自我和他人同时展现出的存在方式。“世界向来已经总是我和他人共同分有的世界。此在的世界是共同世界。‘在之中’就是与他人共同存在。他人的在世界之内的自在存在就是共同此在。”[6]在由两者或两者以上组成的游戏中，游戏者的存在是一种“共在”——在游戏中的共同存在，基于想象一起达成某种“意义”共识、共同创生游戏情境、共同推进游戏进行。在幼儿园中，“人”的存在——教师与

1 马丁·布伯.我与你[M].陈维纲，译.北京：生活·读书·新知三联书店，2002：11.

2 马丁·布伯.我与你[M].陈维纲，译.北京：生活·读书·新知三联书店，2002：57.

3 张天宝.走向交往实践的主体性教育[M].北京：教育科学出版社，2005：21.

4 冯建军.他者性：超越主体间性的师生关系[J].高等教育研究，2016（08）.

5 哈贝马斯.交往行动理论[M].洪佩郁，蔺青，译.重庆：重庆出版社，1994：121.

6 海德格尔.存在与时间[M].陈嘉映，王庆节，译.北京：生活·读书·新知三联书店，1987：146-152.

儿童的存在也是一种“共在”，共同存在于幼儿园中，存在于幼儿教育场域之中。在“共在”的存在中，没有谁是主体，一方是主体就意味着另一方是客体，就不是共同存在。同时，教师与儿童作为共同存在以“活动”来联结，问题在于是什么样的“活动”，这里落到了第二点上。

第二，伽达默尔对“主体间性”的解释学理解为我们理解人与人之间的“主体间性”提供启示：人与人之间的联结是基于“理解”的“对话”与交互，这是“主体间性”之根，也是防止人与人之间的交互落入“我与它”二元对立的关键。“伽达默尔突出的不是对话者的主体性，而是主体间性。他强调的不是‘自我’，而是‘我—你’的统一，他要求不只是对抽象的可能性和自我的敞开，而是对另一个言说的声音的敞开，通过另一个人来达到对我们的处境和我们的世界的理解。”[1] 基于理解的“对话”是基于一种平等的“我与你”的关系的意义层面的交融与交汇。在幼儿园中，教师与幼儿的交互作用是一种常态，对话是其中一种常见的交互活动：教师提出某个要求、指令或问题，幼儿来回答或回应，教师对幼儿的回应予以回复……但是行为层面的显性交互可能不具备隐性层面的意义理解性，也即这样的“交互”可能是出于一方的单方面认识与意志下对另一方的对象化行为，没有意义理解之“共在”性，不是“主体间性”。同时，教师与幼儿之间的交谈并不都是对话，“对话是一种平等、开放、自由、民主、协调、富有情趣和美感、时时激发出新意和遐想的交谈”[2]。基于“理解”的“主体间性”是基于意义理解的深层交互，是显性的行为交互的深层根基，失却了意义层面的理解可能会使行为层面的交互重回二元对立“中心论”的窠臼。

基于“理解”的“主体间性”并不泯灭“主体性”，而恰恰在认可与尊重“主体性”的基础上，基于理解的“主体间性”才有可能，同时在相互理解与对话中促成“主体性”的显现。冯建军认为，“主体间性”并不排斥个人“主体性”，相反必须以“主体性”为前提。“只有个体的独立、自由的存在，才会有人与人之间平等的交往。”[3]“理解”建立在认可与尊重交往双方生命的独特性与个别性的基础之上，在幼儿园里教师只有认同每个孩子都是鲜活、独特、珍贵的“复数

1 叶澜．教育理论与学校实践 [M]. 北京：高等教育出版社，2000：138.

2 滕守尧．对话理论 [M]. 台北：智扬文化事业股份有限公司，1995：22.

3 冯建军．主体教育理论：从主体性到主体间性 [J]. 华中师范大学学报（人文社会科学版），2006（01）.

化”存在，才会“屈身”去倾听儿童的“一百种语言”[1]、去感同身受地理解他们的想法。同时基于“理解”的“主体间性”促成“主体性”走出“个体场域”，在“多主体”对话与交流的“公共场域”中敞亮、相遇、相知，使个体“主体性”扩展与丰富。师幼双方基于“理解”的沟通与对话使儿童丰富、独特的意义世界不再是模糊、神秘、个体化的存在，而在彼此共筑的“公共场域”中敞亮，也在相互“理解”中扩展与丰富。这样，“个体生命不仅是自身存在的反映，还凝结了其他个体生命的存在，凝结了与其他个体的交流、合作、共同生活的经验”[2]。因此，基于“理解”的“主体间性”结构性地包含了“主体性”，“主体间性是既有个人的主体性，又有群体的共同性，是个体和群体的有机融合”[3]。

基于意义理解的对话是“主体间性”之根，也即“主体间性”之本质。有意义游戏之教育要打破“教师为中心”与“儿童为中心”框架下对游戏与教育的二元化区分与对立，要建立起教师与儿童“相互交互”下游戏与教育的交互，其根本是基于意义理解与沟通来构筑教师与儿童“对话”的“主体间性”关系，这是有意义游戏通向教育的必经之路，也是有意义游戏教育的根本。具体地说，教师与儿童是一种平等的“共在”存在关系，没有哪一方处于“中心”而使另一方落入“被对象化”的境地，两者共同存在于幼儿教育场域之中，共同携手开启一场从游戏出发的意义之旅。同时，教师与儿童基于意义世界的相互理解与沟通是儿童与教师构建丰富交互关系的根基。从游戏出发的意义生成之旅需要携手而行的儿童与教师坦诚相见、开诚布公、惺惺相惜。正如狄尔泰所言：“教育从本质上讲，是一种完美地理解生命意义的精神活动，是通过心灵体验而达到人的心灵的相通、精神的相遇。在精神的相遇中，双方都把对方当作知己，充分地理解对方，也理解了自我。教育通过对他人与自我的真正理解，达到了对生存意义的领悟。”[4]

1 意大利瑞吉欧幼儿教育体系创立者洛利斯・马拉古奇提出儿童有“一百种语言”，用以说明儿童理解世界与表达世界的多样化与个别化。

2 冯建军．主体教育理论：从主体性到主体间性 [J]. 华中师范大学学报（人文社会科学版），2006（01）.

3 冯建军．主体教育理论：从主体性到主体间性 [J]. 华中师范大学学报（人文社会科学版），2006（01）.

4 冯建军．主体教育理论：从主体性到主体间性 [J]. 华中师范大学学报（人文社会科学版），2006（01）.

三、游戏教育"自组织"：自我创生、开放包容

游戏是一种"不能系在一个使它中止的目的上"[1]的"不断往返重复"[2]的自然运动过程。自成一体、开放生成的游戏本体论与当代生态理论的"自组织"（self-organizing）概念不谋而合，借鉴"自组织"理论可以更好地诠释"教育即游戏"，更好地理解有意义游戏教育是一场从游戏出发的自我创生、开放包容的意义生成之旅。"无目的"与"去中心"是对传统游戏教育之"破"，即以"无目的"与"去中心"来打破游戏教育"目标指向"和"中心论"的传统框架与思维模式。在此基础上，引入"自组织"的概念，基于生态理论的视角来架起有意义游戏通向教育的理路。

"自组织"协同学理论创始人哈肯（Hermann Haken）将"自组织"理解为"如果一个系统在获得空间的、时间的或功能的结构过程中，没有外界的特定干涉，我们便说该体系是自组织的"[3]。"自组织"现象普遍地存在于自然界与人类社会中，"自组织是对宇宙最神奇最根本的特点的表达——它的内在的创造能量，一种允许自然创造逐渐丰富的复杂形势和结构的能量"[4]。"自组织"系统是具有内在创造的自然倾向的开放生成系统，一个系统是否具有自组织特性，是由系统内部各因素以及各因素之间的相互作用方式决定的。

游戏是"自组织"的。哥本哈根大学游戏研究者舒斯波的儿童游戏三领域动态关系模型（详见第五章第一节）为我们描绘了一幅生动形象又动态开放的游戏发展图景。游戏在"想象领域""组织领域"和"现实领域"三个领域的协同作用下呈现出涨落起伏的发展趋势。这是一幅活脱脱的游戏"自组织"图景：游戏系统是开放的，现实的材料、基于想象的游戏叙事和游戏者等各部分处于动态地交互作用之中，各部分之间的协同机制是非线性的，也即没有谁控制着谁、决定着谁，而是在"想象领域""组织领域"和"现实领域"的多重交互与碰撞中激发创意的火花，生成丰富的叙事，推动游戏的进行。系统在各因素的相

---

1 汉斯 - 格奥尔格 · 伽达默尔 . 诠释学 I ：真理与方法 [M]. 洪汉鼎，译 . 北京：商务印书馆，2010：146.

2 汉斯 - 格奥尔格 · 伽达默尔 . 诠释学 I ：真理与方法 [M]. 洪汉鼎，译 . 北京：商务印书馆，2010：146.

3 Haken, H.Information and self-organization:A macroscopic approach to complex systems[M].Berlin&New York:Oxford University Press Inc.1988: 6,11.

4 布伦特 · 戴维斯 . 心智交汇：复杂时代的教学变革 [M]. 毛齐明，译 . 上海：华东师范大学出版社，2011：204.

互作用中远离“平衡态”，处于“平衡—不平衡—平衡……”的涨落起伏动态变化之中。

有意义游戏的教育是由儿童、教师、环境、游戏等因素构成的一个复杂系统，也应是开放生成的“自组织”系统。要成为一个“自组织”系统，“系统的开放性是系统产生自组织行为的先决条件，非线性机制是系统产生自组织行为的根本依据，远离平衡态是系统产生自组织行为的必要条件，涨落是调整系统自组织行为的重要契机”[1]。在游戏教育中，由游戏生成的意义是推动游戏教育系统“自组织”的潜在力量与动力源泉，因为游戏中意义的生成是非线性的，同时意义流转、扩展、丰富的过程也是起伏变化、自然涨落的。但是，意义不会自然地成为游戏教育实现“自组织”的“推手”，原因有二。其一，游戏之生发意义受阻。如“小白兔采蘑菇”教学游戏、“忙碌的医院”互通式游戏中，受教师显性与隐性“控制”的游戏无法成为儿童意义生成与扩展的自由之境，没有意义的自由生成，游戏教育“自组织”也就无从说起。其二，由游戏生发的意义无法通向教育。在“玩归玩、教归教”的自主游戏教育中，教师没有关注、理解儿童在游戏中独特的意义，也没有将游戏之丰富意蕴延伸到游戏后的教育活动中，游戏与教育相互“隔离”，意义自然无法成为游戏教育“自组织”的“推手”——游戏中或游戏后意义的“陨落”使游戏教育失去自然推进、自我创生的潜在动力，游戏被“围困”，游戏教育无法实现“自组织”，或者确切地说，这样的游戏教育是“他组织”的。

意义的自然生发、扩展与丰富不仅是游戏教育“自组织”的内在推动力，也是游戏教育“自组织”的最终归旨与发展方向。按照杜威的说法，意义的自然生成在这里“既是目的，又是手段”。“自组织”的游戏教育支持意义的游戏“事件生发”，尊重“事件生发性”来源的个体性与独特性，并支持个体性意义的公共敞开，欢迎“不平衡”的“声音”以促成游戏教育“自组织”远离“平衡态”，促成游戏教育的自我创生与自由推进。具体地说有以下几点：

第一，游戏教育“自组织”支持意义的“事件生发性”来源。

自组织的系统不是“被决定的”，是自我创造的，但这种创造不是自我封闭

1 于海波，孟凡丽．论教学系统的自组织机制 [J]. 教育科学，2002（10）.

的无中生有，而是在与外界的能量交换（相互作用）中主动转变的。“自组织”的游戏教育的自我创生之本质是基于游戏意义的自我创生，游戏意义不是外部给予的，也不是个体内部自然产生的，而是来自游戏中人与世界相互作用——游戏之“事”，即游戏中发生的游戏叙事。“自组织”的游戏教育要尊重并支持意义的“事件生发性”来源。

鲁洁先生说：“意义世界不断生成的过程就其本质而言是一个生活实践的过程。生活意义不是来自抽象概念的逻辑推演，它原本发生于主客体相互作用的生活实践中，生活实践是它的原生点，它在生活的现场中发生、显现、实现。”[1] 人的生活就是不断地通过“事”与周遭世界建立起种种联系，在“做事”中理解、感受这个世界，构建自身的意义世界。游戏是儿童之“事”，是儿童意义世界展露、生成与扩展的自由之境。

“自组织”的游戏教育要尊重并支持意义的“事件生发性”来源——游戏之“事”，游戏之“事”是有意义游戏教育的内在构成性内容。“自组织”游戏教育为游戏之“事”的展开提供物质环境条件和营造整体氛围。如前所述，物质环境是儿童游戏之“事”产生的必不可少的现实条件，3~6 岁儿童的想象无法像成人那样没有物质材料就能进行，借助于“物”做意义的承载并实现意义的转换，是想象得以开展的必要条件。那么。充足的、丰富的、较低结构的游戏材料与开放、多样的游戏场地是促进儿童展开想象的必要条件。同时，游戏之“事”的展开是一个过程，是随着意义之流的自由流传而生成、推进的。因此，应给予儿童充足的游戏时间与营造较为宽松的游戏氛围，使其不必在有限的时间追赶下、繁重的任务压制下尽情地投入游戏、徜徉于游戏之中，使游戏之“事”自由、充分地展开。

第二，游戏教育“自组织”支持由“事件生发”的意义的个体性与展现的公共性。

每个人都是其身意义之网上的存在，即使是玩着同一个游戏的儿童也在游戏情境与自身经历、背景相互作用中理解着自己的“理解”、体验着自己的“体验”、生成着自身的“意义”，即在共同的游戏之“事”中，因为“做事”的人的不同，所以由游戏之“事”而生发的意义也不尽相同。支持意义的“事件生发

1　鲁洁 . 教育，迷人的意义世界 [J]. 新课程，2007（08）.

性”根源也就是支持意义的个体性与独特性。但同时，个体意义并不是纯个体性的，“儿童意义世界的生成与发展既是一个个体建构的过程，同样也是一个社会建构的过程”[1]。“公共性”是“个体性”存在之背景，“公共性”也使个体共同生活成为可能。在两人及两人以上的合作游戏中，游戏者同处的社会文化与生活背景使多个游戏者在一起游戏、共同做游戏之“事”成为可能，没有意义理解的“公共性”背景与相互沟通的“公共性”默契，合作做游戏就不可能实现。同时，儿童在游戏中生成的意义也有从个体之域向公共领域敞开、获得理解并扩展的需要。

“自组织”的游戏教育支持由“事件生发”的意义的个体性与独特性，也支持儿童意义世界的“公共性”敞开与交流。两者并不冲突，相反是相互依赖、彼此成就的。首先，意义的“公共性”交流支持意义走出个人视域的局限，走向公共领域，促进意义的“视域融合”，推动儿童对自身意义的关照与反思，促成意义的扩展。杜威说，一切教育都是个体参与人类的共同意识而进行的，将儿童在游戏中产生的个体经验与意义延伸到游戏后的教育过程之中，在公共领域中敞开与交流，使个体意义在群体经验中流淌、回荡与丰富，这便是有意义游戏通向教育的内在诉求。其次，“公共性”对话与交流并不淹没“个体性”，而是在对话与交流中支持“个体性”意义的“个体性”表达与扩展，儿童带着个体独特的经验与意义“差异”来到公共场域，可能仍然带着这种“差异”离开。最后，正是因为意义的个体性与独特性，才使意义“公共性”的交流与对话妙趣横生、精彩纷呈，这是意义碰撞、交汇的起伏涨落的“自然运动”过程，呈现着“自组织”的游戏教育的独特魅力。

第三，游戏教育“自组织”欢迎“不平衡”并视其为系统“跃迁”与意义扩展的动力。

“自组织”理论视“非平衡是有序之源”[2]。在“平衡态”中，系统处于稳固的状态，是不可能产生“自组织”结构的。只有当系统远离“平衡态”，才可能激发、调动系统内各因素发生协同作用，从无序进入有序。“一个远离平衡态的非线性的开放系统，通过不断地与外界交换物质和能量，在系统内部某个参量

1 鲁洁．教育，迷人的意义世界 [J]. 新课程，2007（08）．

2 伊・普利高津，伊・斯唐热．从混沌到有序 [M]. 曾庆宏，沈小峰，译．上海：上海译文出版社，1987：228.

的变化达到一定的阈值时，通过涨落，即系统行为对平均值的偏离，系统可能发生突变。"[1] 皮亚杰从儿童认知结构发展的角度提出"不平衡"是有机体发展的原动力，"不平衡发生了……它提供了发展的推动力……没有这些不平衡，就不会有不断增长的再平衡"[2]。杜威也关注"问题情境"，认为与实际情境相关的问题是思维发展的契机。

崇尚封闭的系统在线性、确定的"跑道"中运行，任何偏离"跑道"的不确定性都是不受欢迎的。传统的游戏教育追求有序进行、平稳推进，不管是"小白兔采蘑菇""忙碌的医院"的游戏场景，还是"游戏与学习融合"的游戏课程设计，都可以被视为处于"平衡态"中的游戏教育系统的不同表现。这里的"平衡态"并不是来自系统内部各因素的相互作用，也不是处于系统动态涨落之中的"平衡"，而是在教师掌控下的绝对"平衡"。在这种状态下，所有对"平衡态"的干扰因素都不受欢迎，甚至会被"扼杀"。这种"平衡"限制了游戏发展的多种可能，也框限了儿童意义的自然生成与扩展，反过来教师也会成为自己预设"轨道"上的受困者，难以发挥能动性与创造力。

"自组织"的游戏教育包容、欢迎"不平衡"，"自组织"系统视问题、干扰是系统"跃迁"、意义生成的动力与契机。具体地说，首先，尊重儿童独特的理解世界的方式。游戏不仅是儿童基本的生活方式，也是儿童独特的理解世界的方式，这是一种不追求逻辑合理性，而追求叙事合理性的理解方式，儿童总是以超理性、直觉、感受的方式来建立起与周遭世界的关系。有意义游戏的教育理解并尊重儿童独特的理解世界的方式，并视其为游戏教育"自组织"的内部"逻辑"。就像蜜蜂采蜜般这边停停、那边瞧瞧一样，儿童总是按自己的步骤、以非线性的方式来理解世界，而不是如成人期望的像子弹直击靶心的方式来理解世界。正是儿童理解世界的独特性，也即意义世界的独特性，才是游戏教育"自组织"自足运行、自我"跃迁"的内部动力。教师只有珍视儿童理解方式的独特性，才能去包容、接纳、发掘各种"异己"的想法与感受，成为游戏生成与意义生发的契机。同时，需要"倾听"各种不同的声音。"倾听"各种不同的声音意在发现、挖掘游戏教育系统问题和干扰"跃迁"的各种可能，这可能是某

1 伊·普利高津，伊·斯唐热. 从混沌到有序 [M]. 曾庆宏，沈小峰，译. 上海：上海译文出版社，1987：228.

2 Piaget,J.The development of thought: Equilibration of cognitive structures[M].New York:Viking Press,1977:13.

个儿童与众不同的想法与感受，也可能是突发奇想的主意、点子，都可能推进游戏朝更多可能性发展或衍生更丰富的意义。正因游戏教育“自组织”的非线性与开放性，一个“微小”的声音都可以诱发游戏教育过程的深层变化。普利高津说：“在线性系统中多种不同要素间的组合作用是每个要素单独作用效果叠加的总和。但在非线性系统中，一个微小的要素就可能引发整个系统的幅值达到无法衡量的戏剧性效果。”[1]应当注意的是，这里的问题、干扰不是外部强加的、独立于活动过程之外的，而是自然地生成于过程之中，依托于当前情境中在有机体内部产生“困扰”的扭结点。杜威说，“问题”不是别的，而是“学生‘希望、愿望和兴趣’的副产品”[2]。它可能是游戏中儿童某个无法闯过去的“关口”，也可能是游戏同伴间不一致的“玩法”，或者是游戏讨论中不同的意见或想法，这些“不平衡”打破了原本的“平衡态”，促发有机体“突然在综合的范围里自我组织并采取合作行为”[3]，推动游戏的转向或生成，也为个体意义的生成提供可能。

叶澜在《教师——精神上的长途跋涉者》一书中写道：教育是向未知方向挺进的旅程，随时都有可能发现意外的通道和美丽的风景，而不是一切都必须遵循固定路线而没有激情的行程。如同游戏是一场令人沉醉的冒险一样，有意义游戏的教育也是一场令人迷醉的冒险旅程，没有预先的“跑道”可以安稳地抵达彼岸，而是投入不确定的洪流中寻求意义生成的满足与内心安稳。

第二节 游戏教育的认识论：成长即体验

有意义游戏的教育是师幼从游戏出发共赴一场意义生成之旅。意义是作为

1 伊·普利高津，伊·斯唐热．从混沌到有序 [M]. 曾庆宏，沈小峰，译．上海：上海译文出版社，1987：239.

2 小威廉·E. 多尔．后现代与复杂性教育学 [M]. 张光陆，等译．北京：北京师范大学出版社，2016：430.

3 Davies,P.The cosmic blueprint: New discoveries in nature's creative ability to order the universe[M].New York:Simon& Schuster,1989:82.

整全性存在的人在全身心、浸入式地投入世界的过程中生成与丰富的，这一过程是体验，“世界可以当作对象来加以把握，但人的存在及其意义却只能依靠体验”[1]。有意义游戏的教育促成儿童游戏中的自由意义生成，即促成儿童投身游戏、深入体验、生成意义。同时有意义游戏的教育也支持儿童游戏后“再体验”，促成游戏生发的意义在基于理解的对话与沟通中扩展与丰富。在这场由游戏出发的意义生成之旅中，儿童与教师一起沉浸于游戏的滥觞中感受世界、体悟生命、享受生活，这是意义体验的过程，也即成长的过程……

一、“体验”对“经验”的超越：游戏教育认识论转向

在幼儿教育中，基于儿童的经验扩展与丰富他们的经验是幼儿园游戏的基本立足点，“关键经验”“核心经验”的提出更是夯实了游戏的经验立意。但如前所述，基于“经验”的游戏容易落入以他者经验来取代儿童的经验、有经历却无体验的“过场式”经验的泥沼，沉湎于“经验”的幼儿园游戏不是一劳永逸的，而是应被审视的。

“经验”是人与周遭世界的交互作用，以人的参与性来划分人与周遭世界的交互作用可以分为两种：一种是作为部分存在的人与世界的交互作用；二是作为整体性存在的人与世界的交互作用。人的认知活动是以“理性”存在的人与世界的交互，属于第一种。“认知侧重把握事物的客观性方面，它遵循客观性原则，力求主体的愿望、喜好等不介入对客体的把握之中。”[2] 在汉语中，“经验主要是被当作认识论的概念，其涵义主要是指‘感性认识’或由亲身经历而获得的对事物的真实和客观的认识”[3]。基于“经验”的游戏教育强调儿童认知层面的经验扩展与丰富，注重从儿童已有经验出发，通过游戏来扩展幼儿对世界（物、他人、自己、社会等）的认识。“××× 小城”的全园互通式角色游戏的主旨就是将儿童的生活经验从家庭、幼儿园扩展到社会，了解认识社会中各种场所、职业，培养“小公民”。这个游戏活动看似没什么问题，但是，如果儿童没有“投入”这个世界中，与这个世界建立自然、亲熟的“生命联系”，这种认

1 黄进．体验为本的游戏——再论“游戏是一种学习”[J]. 学前教育研究，2003（06）.

2 陈佑清．体验及其生成 [J]. 教育研究与实验，2002（02）.

3 陈佑清．体验及其生成 [J]. 教育研究与实验，2002（02）.

识只是表面、“异己”的，这种“经验”的扩展也是被动的。在“×××小城”现场，从儿童“游离”游戏，甚至“逃离”游戏的种种现象中可以看到游戏对于儿童的异己性。

金生鈜说：“如果我们把揭示人生的意义看作是认识论的任务，我们就永远不可能把这个意义解释出来，因为，这个意义在知识上永远是个问题。”[1]以认识论的“经验”为基础的游戏教育建立在非完整的人性假设基础之上。以有限的、非完整性的人的存在与周遭世界进行交互，其结果也只能是有限的、非完整的，也即在认知领域对世界进行把握，但是无法企及意义的世界，“返还人的自身”。这样的经验失却了人之经验本应具有的“生命关涉”的意义充盈的完整性意蕴，失却了全身心投入的对人生意义的体验，基于这样的“经验”立场的游戏教育也就无法抵达儿童的意义世界，无法滋养他们的心灵，润泽他们的精神。

人与周遭世界交互作用的第二种方式是作为整体性存在的人与世界的交互作用。对待生活，人不会“侧身旁观”，而是以整体性存在的人投入生活，与世界进行着各种各样的交互活动。以整体性存在的人与世界进行交互，其结果才能获得整体性的与世界的种种关系，这不仅包括对世界的感知与认识，也包括对世界的理解与感受，以及“返还人自身”后的“主观关照”与联结，这是整体性、整全性的意义生成的过程，即体验的过程。“世界之所以向人显现意义，生活之所以能实现意义，正是因为人与世界建立了生活性的关系。”[2]生活性的关系是人以“投入”之姿投身于生活之中，是整全意义的人全身心地投入其中。投入生活的人获得的是生活的“体验”。从“经验”向“体验”的跃进是存在论哲学对传统认识论哲学的超越，也是游戏教育认识论由“经验”向“体验”转向的潜在动力。

伽达默尔对“体验”（erlebnis）进行了词源学考察，它源于德文动词“经历”（erleben），有“去生活”的含义，“体验”继承了“经历”的双重语义：“一是表示对正发生事情的‘亲历’的直接性；二是表示从这种直接性中获得的收

1 金生鈜．理解与教育——走向哲学解释学的教育哲学导论 [M]. 北京：教育科学出版社，1997：66.

2 金生鈜．理解与教育——走向哲学解释学的教育哲学导论 [M]. 北京：教育科学出版社，1997：67.

获，即‘经历’取得的成果。”[1] 也即，“如果某个东西不仅被经历过，而且它的经历存在还获得一种使其自身具有继续存在意义的特征，那么这种东西就属于体验”[2]。某个东西被经历过，那么只能说有“经验”，但是不一定会获得“使其自身具有继续存在意义的特征”，也即经验可能只是浮于表层的人与事物的交互作用，但是没有触发人的意义层面的深层交互，只有意义层面的与周遭世界的深层交互才能产生体验，这种体验也就是狄尔泰所说的在“生命关涉”下人与世界的统一与融合中意义的生成与充盈。狄尔泰力图基于“生命关涉”来建立人生意义的“实在的全部完满性”，他用“体验”来超越“经验”，用“体验”来丰富“经验”，也是基于这种超越，为“经验”突破认识论的局限，构筑了“经验”的存在论的基石。这里的“超越”，“是‘体验’使‘经验’概念获得了整体性，‘经验’真正变成了基础性的东西，向世界开放”[3]。

在汉语中“体验”的“体”可作两种理解。第一，“体”是指“整体、全体”，“体是整体观，也是全局观，而全局观就是本质观、本体观，这是中国传统‘体用文化’的精髓所在”[4]。这与席勒所主张的通过游戏而达到的人的感性冲动与理性冲动统一的审美境界是一致的，也是狄尔泰认为的在“生命关涉”的体验中，人生意义的“实在的全部完满性”。第二，“体”还指向人的身体，也就是说“体验”是人的身体的经验，从身体性来理解“体验”也就是狄尔泰所强调的“生命关涉”，人是基于生命之体来体验生命、体验生活的意义。梅洛·庞蒂将“身体”概念引入了现象学，赋予了“体验”以“身体”的内涵，为狄尔泰的生命哲学做了“基于生命的身体”的有力注解，这对于儿童的意义建构更具意义。年幼儿童与世界交互的方式是直接基于身体动作的，身体的即刻动作所引发的即刻情境囊括了意义的全部，或者就是意义本身。同时，他们的意义能“迁越”于身体动作所引发的当前情境以及周遭事物的本然意蕴，赋予事物与情境更多的意义，但是身体动作与周遭事物的相互作用仍是产生超越情境的意义的前提，没

1 李新．经验性及经验的回归与超越——“历验”“体验”与“经验”的比较辨析 [J]. 东北师大学报（哲学社会科学版），2016（06）.

2 汉斯－格奥尔格·伽达默尔．诠释学Ⅰ：真理与方法 [M]. 洪汉鼎，译．北京：商务印书馆，2010：78.

3 李新．经验性及经验的回归与超越——“历验”“体验”与“经验”的比较辨析 [J]. 东北师大学报（哲学社会科学版），2016（06）.

4 李新．经验性及经验的回归与超越——“历验”“体验”与“经验”的比较辨析 [J]. 东北师大学报（哲学社会科学版），2016（06）.

有基于身体动作的感知与体会，意义的“超越”也无从产生。

“体验”是对“经验”的超越。“体验”，有认识论的意义，即以体验的方式达到对世界的理解，这超越了以认知的方式对世界的把握，或者说这样的认知是一种存在性认知，是深刻体验、心领神会的结果。同时，体验更具本体论和价值论的意义，即体验是人的生存方式，也是人追求生命意义的方式。有意义游戏的教育是儿童与教师携手共赴的一场从游戏出发的意义生成之旅，从游戏出发的意义生成意味着支持儿童与教师基于游戏的意义体验以及游戏后的对话与“再体验”，从而促成游戏意义的生成、扩展与丰富。

在这里，我们说“体验”是对“经验”的超越，更多的是对于当前游戏教育中儿童游戏“体验”的不足或迷失而言的，但是日常生活中，游戏本是儿童“投身”体验、意义生成的自由之境：儿童总是全身心地投身于游戏之中，沉浸于游戏中，在游戏中儿童与世界建立起一种没有“距离”的亲密联系，这种儿童作为整全性的人与世界建立的生命性的通达与交汇，是超越认识性主客关系的体验。在游戏的体验中，儿童对世界的认识、理解、感受也在深入与改变，意义在生成。所以说，基于“体验”的游戏教育与其说是一种“超越”，还不如说是一种“回归”与“回家”，游戏教育要回到儿童游戏自由自在的自然形态与意义滥觞的本真状态之中，促成儿童在游戏中意义的自由生成，也促成儿童意义在教育领域中的展现、扩展与丰富。

“体验”并不摒弃“经验”，体验本身也是一种特殊的“经验”，“体验是经验中见出深义、诗意与个性色彩的那一种形态”[1]。从“经验”到“体验”的推进是将游戏教育中有限存在的儿童向整体性生命存在的儿童推进，从儿童认知世界向价值世界、意义世界的推进。基于“体验”的游戏教育仍然是从经验出发的，但是是从儿童亲在、亲熟的“存在”经验出发，游戏经验的推进与丰富使儿童在游戏中与周遭世界建立起更为丰富与多样化的亲在、亲熟的联系，获得整全性的生命联系与人生感悟。

1 童庆炳. 经验、体验与文学 [J]. 北京师范大学学报（人文社科版），2000（01）.

二、游戏中意义的体验生成："被动见主动"

如前所述，意义，是人与周遭世界在主观意识层面的联结，是人在与周遭世界"打交道"之后返回人自身的一种主观关照。人才有意义，意义是主体性的、主观的。但意义的获得，即意义的体验生成却不完全是主体性的，是主动与被动交织的过程：从"投身"世界到"忘我"体验，才有意义的生成。"体验"是意义的生发点，既有"主动"的含义也有"被动"的意蕴。游戏中游戏者意义的体验生成是游戏教育认识论的核心问题，伽达默尔游戏本体论为我们探讨游戏中意义的体验生成提供了基本的"存在论"视角。

伽达默尔提出"游戏的真正主体不是游戏者，而是游戏本身"[1]，"游戏的主体不是游戏者，而游戏只是通过游戏者才得以表现"[2]，游戏是"被动见主动"的过程。游戏的"被动见主动"，意为游戏者总要先"投身"于游戏，被游戏所"裹挟"，"忘我"于游戏之中，更大的"我"、更整全的主体才能凸显。游戏本体论视角一改以往游戏主体论传统，将游戏置于游戏者的优先地位，将游戏者在游戏中之"在"凸显出来，主张"在游戏中存在"是游戏者的首要境况，先有"游戏之在"，才有游戏中的人——游戏者。

研究儿童游戏一般关注游戏中的儿童，这无可非议，但是伽达默尔对游戏"去主体"的理解为研究儿童游戏提供一种本体论的思路：弱化主体来理解游戏，超越游戏之对象化的理解来理解游戏本身，或许能帮我们更好地理解"游戏中的儿童"，让我们以一种新的视角理解游戏中人与游戏的关系。而儿童在游戏之"在"中存在也正是日常游戏中的儿童的真实状态：在游戏中，即使是儿童自主发起的游戏，也会因为游戏之"裹挟"而使作为游戏主体的儿童"隐匿"，甚至"消逝"。"游戏不是'平常'生活或'真实'生活。确切地说，它走出了'真实'生活，暂时进入一片完全由其支配的活动领域。"[3]"它（游戏）创造秩序，它就是秩序。"[4]一个游戏意味着有其独特的"秩序"，而自动地约束游戏中的每一个人，没有"秩序"就没有游戏，不遵守"秩序"就游戏的"搅局者"，

---

1 汉斯－格奥尔格·伽达默尔．诠释学Ⅰ：真理与方法 [M]. 洪汉鼎，译．北京：商务印书馆，2010：150.

2 汉斯－格奥尔格·伽达默尔．诠释学Ⅰ：真理与方法 [M]. 洪汉鼎，译．北京：商务印书馆，2010：145.

3 约翰·赫伊津哈．游戏的人——文化的游戏要素研究 [M]. 傅存良，译．北京：北京大学出版社，2014：9.

4 约翰·赫伊津哈．游戏的人——文化的游戏要素研究 [M]. 傅存良，译．北京：北京大学出版社，2014：11.

要被驱除到游戏门外。游戏的“秩序”在年幼儿童的游戏中是一种想象的情境，如一个女孩想象自己是妈妈，那她就给自己的言行设定了一个“秩序”，她必须像“妈妈”一样来行事。在几个孩子一起玩的“过家家”游戏中，游戏中的“爸爸”“妈妈”“儿子”“女儿”等等都有自己的“秩序”。一个原本蛮横跋扈的男孩在“过家家”游戏中却变得温和、讲理、有责任心，因为他是“爸爸”。原本经常吵架的两个孩子却因为成了游戏中的“两姐妹”而变得友好、和善。游戏中，儿童成了“另一个人”。这都是因为游戏之“裹挟”消解了主体。儿童正是在全情忘我地投入游戏之中，主动地将自己“交付”于游戏，徜徉于游戏之中。游戏之主体不是游戏者，而是游戏本身，游戏是“被动见主动”的过程。“被动见主动”意味着作为游戏者只有全身心地投入游戏，遵守游戏之“秩序”，心甘情愿地服从于游戏，暂且在游戏中忘却了自己、放下了种种企图与顾虑，不奢望从游戏中获取游戏之外的种种，才能于“被动”之中达至“我”的自然呈现与展露。游戏之魅力可能就在于使真正投入游戏的人忘却自身、尽情投入。

主体之消解消融了作为客体对立面的主体，而作为存在意义的“人”则凸显出来，使得意义的生成成为可能。主体性视域是一种“视”与“看”，是一种从主体出发对客体的对象化审视，游戏的主体性视域使人成为高高在上的游戏的主宰。伽达默尔对游戏主体性的消解正是对这种“侧身旁观”的主体性视域的一种消解，而提倡以“投身体验”的方式来融入人与世界的游戏化境地之中。这是一种与自然科学方法的较量与抗衡。他在《真理与方法》一书的导言中写道：“本书关注的是，在经验所及并且可以追问其合法性的一切地方，去探寻那种超出科学方法论控制范围的对真理的经验。”[1]

意义生成的前提是“投身体验”，“投身体验”是一种全身心地融入当前的情境之中，一种“忘我”的个体与周遭世界没有距离的融合与交汇。狄尔泰认为人与世界的初遇是“生命关涉”的意义体验过程，“生命关涉展现了意义之具体作用的基本事实，它始终要与我的原初经验发生关系”[2]。原初经验是一种超理性的人与世界的统一与融合，这种统一与融合因为“生命关涉”使得人生意义具有“实在的全部完满性”，人在与世界的统一与融合中意义才逐渐生成与

1　汉斯·格奥尔格·伽达默尔．诠释学Ⅰ：真理与方法 [M]. 洪汉鼎，译．北京：商务印书馆，2010：4.

2　高桦．狄尔泰的意义概念 [J]. 社会科学，2018（02）.

充盈。席勒称游戏中的对象是“活的形象”（living shape），“活的”是有生命的，“只有当他的形象活在我们的感觉里，他的生命在我们的知性中取得形式时，他才是活的形象”[1]。“活的形象”的产生是因为游戏者与形象建立起了“生命性”的关联，其前提是游戏者暂时忘却“我”的存在而将自己“托付”于这种“生命性”的关联之中。当然，投入游戏的游戏者并不是完全的忘我，这是十分可怕的并被作为严重精神问题的评判标准之一。“每个孩子都心知肚明他‘只是在假装’（only pretending），或者说‘只是好玩而已’（only for fun）。”[2]游戏者清楚地知道游戏的“边界”，即使是三四岁的小孩也知道用石头做的糖果是不能吃的，这种“忘我”是一种在强烈的“我要游戏”的游戏意愿下对游戏“秩序”的尊重与服从，是游戏者的游戏精神。

“游戏的魅力，游戏所表现的迷惑力，正在于游戏超越游戏者而成为主宰。……游戏就是具有魅力吸引游戏者的东西，就是使游戏者卷入到游戏中的东西，就是束缚游戏者于游戏中的东西。”[3]伽达默尔称游戏是“被动见主动”的意义所在，只有人作为游戏者投身于游戏、忘却自我、体验感悟，与游戏融合为一，人作为存在之本质与意义才能凸显，也即席勒所谓的“完整的人”才能显现。庄子的“逍遥游”也正是一种“忘我”地将自己融入于宇宙天地中而才能达至自我精神的自由之境，所谓“逍遥于天地之间而心意自得”。

三、游戏体验的促成：教师“有所为”与“有所不为”

要促成儿童与教师基于游戏的共同“体验”，教师不应是“无为”的——“放任不管”、顺其自然，也不应是“为所欲为”的——施加目的、肆意而为，而是“有所为”与“有所不为”的。

（一）“无为”促“有为”：支持儿童投身体验

游戏“自成目的”，儿童游戏作为本体性的存在不容他人肆意地施加目的或者妄加干涉，同时，游戏意义是“被动见主动”的体验生成过程，也不容外界的干涉。因此，从某种意义上说，有意义游戏的教育是一种“消极”的教育，

1　席勒．审美书简 [M]. 徐恒醇，译．北京：中国文联出版公司，1983：87.

2　约翰·赫伊津哈．游戏的人——文化的游戏要素研究 [M]. 傅存良，译．北京：北京大学出版社，2014：9.

3　汉斯－格奥尔格·伽达默尔．诠释学 I：真理与方法 [M]. 洪汉鼎，译．北京：商务印书馆，2010：150.

更多的是从“守护”与“保护”的角度来理解，是一种“无为”中促“有为”的过程。“无为”是对教师对游戏的肆意设计与妄加干涉而言的，但是“无为”并不是“以儿童为中心”的“中心论”下的教师的“无所事事”或“放任不顾”，而是基于意义理解之上的“有所为”与“有所不为”。“无为”是在游戏过程中尽量保持游戏的完整性与游戏者体验的深入性。“有为”是教师基于意义理解的“严肃而待”与“慎重而行”。

游戏过程中教师之“无为”是要保持游戏的完整与体验的深入。游戏一旦进行，就形成了由游戏者、游戏材料、游戏场景共同构成的一个游戏框架，各种要素之间的相互交互、协调推动着游戏的展开。那么处于游戏之外的教师要尊重游戏之框架，需要保持一定的“无为”。这种“无为”是在保持游戏之完整性的初衷下的“隐退”。同时，意义的生成是一种游戏者投身于游戏、在游戏中与“世界”亲密无间的相互作用下生命性的整体式参与与共生，“忘我”的游戏状态中的体验需要相对“封闭”的空间，不允许外来因素的干扰。那么，游戏过程中教师是否就是放任自由、甩手不管了呢？并不是，如前所述，游戏过程之“无为”是将显性层面的“有为”隐退到意义层面，教师是游戏的欣赏者，是游戏中的儿童的观察者。“事实上，最真实感受游戏的，并且游戏对之正确表现自己所意味的，乃是那种并不参与游戏，而只是观赏游戏的人。”[1] 游戏之“意蕴”需要被感受、被理解，教师作为游戏的观赏者，在意义理解之层面其实是“参与”了游戏的，这也是教师之“无为”——言行层面之“为”的隐退而促成的。

教师之“为”的前置与后移支持了游戏的生成与延伸。从促成游戏的生成与游戏框架的延伸考虑，教师“大有可为”。儿童游戏的生成不是凭空产生的，儿童游戏就是依托于“物”与“境”，即游戏材料与游戏环境。年幼儿童之游戏想象具有强烈的“物”与“境”的依赖性，需要借助于一定的材料与场地在对材料的操作中产生想象，游戏才能生发。由此，教师需要为儿童游戏提供一定年龄段儿童可以“玩起来”的材料与场地。教师之“为”的后移意指游戏中儿童的体验的延伸服务，让体验在游戏停止之后继续延伸与延展，意义在延续的体验

1 汉斯－格奥尔格·伽达默尔．诠释学Ⅰ：真理与方法[M]．洪汉鼎，译．北京：商务印书馆，2010：155.

中深入与扩展。

以上是就教师作为游戏的观赏者、观察者而言的，有意义游戏的教育接纳教师角色的多元化，教师也可以是游戏的参与者，特别当小年龄幼儿无法自主开展游戏或者当游戏无法进行下去的时候，教师可以尝试进入游戏中，参与游戏，推动游戏的进行。作为游戏参与者，教师“为”与“不为”本质上与作为观赏者和观察者一样，都是基于意义理解之上的“有所为”与“有所不为”。教师参与时不能对游戏横加干涉与指挥，这从本质上也逾越了“参与者”的角色。教师作为游戏参与者是游戏中的一员，是与其他游戏者（儿童）共同遵守游戏框架、共同推进游戏进行的平等参与者，应在理解与尊重儿童游戏框架的基础上，通过引入新的叙事或情境来激发新的游戏行为，使游戏向更丰富、更开放的方向发展。

（二）支持教师“体验”：实现意义层面的交融与交汇

“为”一般理解为行为、作为，是以显性的主动的言行为主旨意义的，儿童游戏中教师之“为”也一般以教师对儿童游戏的示范、指导或引导为主。显性的言行之为往往淹没或忽略了另一层面之“为”——隐性的意义层面的理解，而这正是言行之为的根基或依据。换而言之，言行之“为”如果没以意义理解为根基，就是任意而为，甚至是为所欲为，而以意义理解为依据的言行之为则是审慎而为。有意义游戏的教育需要教师“为”的隐退，从言行之“为”隐退到意义层面之“为”。意义层面之“为”需要教师在忙碌的行为之“为”中停下来、静下来，以一颗包容、敏锐与同情之心来观察儿童、“倾听”儿童——这也是一种“体验”，对生活中、游戏中的儿童的“体验”。

首先，“体验”的教师是作为整体、完满的人投入有意义游戏的教育之中的。意义的体验与理解不允许教师的“侧身旁观”，即以“认知者”的姿态来对游戏、儿童“侧身旁观”，“体验”意味着“教师从一个传授统一知识规范的单一角色还原为整体的完满的人，她不仅代表了一定的制度和知识权威，更是携带着她在世界之中与他人、文化、自身交往对话中的种种丰富体验和感受，携带着她先天的个人气质、性格、感受方式的独特性和差异性来与幼儿交往”[1]。

1 黄进，刘燕，高慧. 体验与感受——发掘主题活动的生命特性 [J]. 学前教育研究，2003（05）.

其次，“体验”的教师要游戏者一起“参与”到游戏中。伽达默尔非常注重游戏观赏者的意义在场，他认为游戏需要一个他者存在，只有当他者存在时游戏才得以真正进行，游戏的观赏者是最真实感受游戏的人，“所有的自我理解都是在某个于此被理解的他物上实现的，并且包含这个他物的统一性与同一性”[1]。虽然伽达默尔是从艺术作品、戏剧的角度来论及游戏的观赏者，但也启发我们来理解儿童游戏过程中教师的“角色”。教师想要“体验”儿童游戏、理解游戏的儿童，或许可以将自身视为游戏的观赏者，像观赏一出戏剧、观赏一部电影一样与游戏者一起“投入”游戏中，与儿童一同“游戏”“感受”与“体会”。这是一种主动投身、与游戏“共在”的状态，“谁共在于某物，谁就完全知道该物本来是怎样的。共在在派生的意义上也指某种主体行为的方式”[2]。

最后，“体验”获得的对游戏、儿童的独特感悟与理解是游戏得以延伸、意义得以扩展之通途。有意义游戏通向教育、游戏之意义继续延伸与扩展之关键是教师“体验”游戏中儿童展露、生成的意义，并进而将游戏在游戏结束后的教育活动中延伸，使游戏之意义得以交融与扩展。当然儿童游戏之意义除了在游戏中自由展露以外也可以通过游戏后的言语、绘画等表达，但在游戏过程中儿童所展露的意义世界无疑是最直接的，是教师理解儿童的原始意义“平台”。

四、游戏体验的延伸：基于理解的“对话”

游戏主体之消解使得“对话”成为可能。有主体就意味着有客体，随着客体的被对象化，主体就成了客体的主宰，这是马丁·布伯所说的“我与它”的关系。伽达默尔游戏观中对游戏中的人的主体性消解使得“游戏”之本体性意义凸显，游戏不是作为游戏者的客体对象性的存在，游戏之主体是游戏存在的本身。游戏与游戏者是“我与你”的关系，在这样的关系下平等的“对话”成为可能。

游戏中的“对话”是一种广延意义的对话。首先是“对话者”的广延性。伽达默尔的“对话”首先指的是游戏者与游戏之间的一种平等关系。“游戏的存在

1　汉斯－格奥尔格·伽达默尔．诠释学Ⅰ：真理与方法 [M]. 洪汉鼎，译．北京：商务印书馆，2010：92.

2　汉斯－格奥尔格·伽达默尔．诠释学Ⅰ：真理与方法 [M]. 洪汉鼎，译．北京：商务印书馆，2010：161.

方式不允许游戏者像对待一个对象那样去对待游戏。”[1] 游戏者被“卷入”游戏之中，全身心地投入游戏之中，游戏也通过游戏者得以“自我表现”。游戏是“被动见主动”的，游戏没有主宰者，游戏者徜徉在游戏中，与游戏一同达至生命的融通与意义的生成。作为“卷入”一个游戏的游戏者，他们原本各自的身份、背景都因为游戏主体的“消解”而隐去，共守游戏框架、共遵游戏规则，游戏使他们达至平等的“我与你”的关系。在“我与你”的关系中，没有仰视也没有俯视，游戏者之间只有平等的“对话”。

同时，游戏中的“对话”不仅指游戏者之间言语层面的显性对话，更指游戏者之间意义层面的交流。意义层面的“对话”是基于理解的。伽达默尔从文本与观者的关系视角来解释“理解”，他主张“理解的历史性”，即从海德格尔“理解前结构”的观点出发，他认为理解者难以摆脱自身的历史性，理解者总是从自身之“在”的视角出发来理解，这也是伽达默尔所说的“视域”。“理解甚至根本不能被认为是一种主体性的行为，而要被认为是一种置自身于传统过程中的行动。”[2] 由此，基于理解的“对话”并不是要达至某种一致性，“对话”由差异性生发并且可能仍然走向差异，“对话”为对话者各自差异性意义的相遇、交汇提供平台，这也是伽达默尔所提倡的经由“对话”而达至“视域融合”。“视域融合”使得“对话者”各自的意义世界向彼此敞开，在意义的相遇、交汇、交流中得以扩展。

（一）“对话”之前提：游戏的“再体验”

有意义游戏要通向教育，就不能止步于游戏活动的停止，需要在延续性的活动中成为能继续被儿童与老师“再体验”的内容，基于游戏的“对话”交互也需要建立在游戏被“再体验”的基础之上。首先，儿童游戏体验本身既是即时性的又是回忆性的。儿童在游戏中体验游戏，又在游戏后持续体验着。经常会听到孩子说“今天的游戏真好玩啊……”他们往往会仔细、激动地回忆游戏的过程、细节、令人激动的时刻或自身的感受——仿佛再次“投入”游戏中。他们在述说即在回忆、回味与体验。“凡是能被称为体验的东西，都是在回忆中

1 汉斯－格奥尔格·伽达默尔．诠释学Ⅰ：真理与方法 [M]. 洪汉鼎，译．北京：商务印书馆，2010：146.

2 汉斯－格奥尔格·伽达默尔．诠释学Ⅰ：真理与方法 [M]. 洪汉鼎，译．北京：商务印书馆，2010：395.

建立起来的。……某个经验对于具有体验的人可作为永存的内涵所具有的。”[1] 其次，投身于游戏、体验游戏生成的意义与游戏紧密交织、难以抽离，也即前面所说的意义的“事件生发性”根源。伽达默尔说：“被经历的东西按其本质不是在所传导并作为其意义而确定的东西中形成的。被经历的东西的意义内涵于其中得到规定的自传性的或传记性的反思，仍然是被融化在生命运动的整体中，而且持续不断地伴随着这种生命运动。”[2] 游戏体验获得意义不能作为一种约化从游戏中抽离出来，它仍然与游戏成为一体融于游戏的回忆之中。那么有意义游戏的教育不能对游戏之意义以一种约化与概化的方式抽离出游戏本身，而是应保留游戏之整体在游戏之回忆与回味中对意义的“再体验”，以支持意义的游戏生发性。这不是“从这个游戏中，我们学到了什么……”或“这个游戏告诉我们什么道理……”般的概括与分离，而是在儿童对游戏的回忆与回味中意义的持续延伸。

游戏的回忆与意义的“再体验”需借助多种方式。年幼儿童回忆能力的不足、言语表述的有限等限制了游戏的回忆，那么教师可以多种方式协助。如视频、照片对游戏过程的记录可以作为“再现”游戏的视觉依据；支持儿童采用绘画的方式来展现游戏情境也是一种“再现”游戏的方式，绘画与言语结合能更清楚地将儿童游戏中的所思所想表达出来。

（二）“对话”之主体：共同的游戏话题

伽达默尔认为，基于理解的对话与游戏是“同构”的，对话中发生的相互理解就是一种“游戏”。“每一种谈话的进行方式都可以用游戏概念作出描述。”[3] 游戏的主体不是游戏者，而是游戏本身，游戏者被“卷入”游戏之中，是“被动见主动”的过程。“对话”之主体也非对话者，而是对话者之间的“共同话题”。“对话”将对话者卷入其中，并使对话者被对话所引导。在对话中，对话双方的谈话是围绕着共同话题而展开的，“对话不可能依附于任何一方，并不受任何一方的控制，对话存在于教师与学生‘之间’，存在于二者之间的‘共

1 滕守尧．对话理论 [M]. 台北：智扬文化事业股份有限公司，1995:97.

2 汉斯－格奥尔格·伽达默尔．诠释学Ⅰ：真理与方法 [M]. 洪汉鼎，译．北京：商务印书馆，2010：97.

3 汉斯－格奥尔格·伽达默尔．诠释学Ⅱ：真理与方法 [M]. 洪汉鼎，译．北京：商务印书馆，2010：181.

同话题'"[1]。基于游戏的"对话"是教师与儿童投入一场关于游戏的"共同话题"之中，对投身游戏的体验与感受吸引着双方、带领着双方。对话中的语言是"在问和答、给予和取得、相互争论和达成一致的过程中实现那样一种意义沟通"[2]。谈话具有问与答的结构，对话的过程就是问与答不断交替的过程。如果要使对话顺利地进行，首先要确保对话双方拥有同样的发言权，并且双方都有理解对方的诚意。师幼双方在"共同话题"下是平等的交互关系，不是"我与它"的控制与操作的关系，而是"我与你"之间相互承认与理解的社会性关系。

基于游戏的"对话"是变化、开放与生成的。"虽然教育要在总体上服从一定的规范和原则，但教育活动的具体进行依赖于教育过程中的变化，因为参与在教育活动中的师生之间是交互活动，这种交互活动是变化的，是按照对话本身的规则进行的。"[3] 基于游戏的对话总是在教师展示的视频、照片等关于游戏的回忆中引发的，总是在教师一定的对话意图或方向下带领儿童一起开展一场关于游戏的"对话"，但是"对话"是在师幼双方"对话"的共同话题的展开中而进行的，是在双方语言对话下意义交汇、碰撞、流动中生成的，这不是标准答案的寻找之路，而是一场意义生成之旅。没有预定的真理或意见，没有僵硬、固定的谈话模式，只有在不断地言说、发问与回答中理解、感受、情感、态度不断地"显现"，才能被对方"直观"地了解，这是意义显现、生成与扩展的过程。

（三）"对话"之本质：基于理解的意义扩展

首先，"对话"始于突破个人意义疆域的"说"与"听"。意义总是属于"个人"的，是个体与周遭世界建立起的种种联系，在游戏中儿童与周遭世界建立起种种独特的联系，形成独特的意义世界。有意义游戏之教育是要把游戏中所生成的意义从某种模糊的、内隐的以及个体化的状态中转入可表达的、公开的、共同的疆域中，将游戏中生成的意义深化、扩展。基于意义理解的"对话"始于意义由个体疆域突破进入公开、共同的疆域之中，意义之间的相遇、交融与交流才有可能。因此，"对话"始于"说"与"听"。

德国教育家博尔诺夫（O.F.Bollnow）认为，构成对话的前提是"说"和

1 金生鈜．理解与教育——走向哲学解释学的教育哲学导论 [M]. 北京：教育科学出版社，1997：132.

2 汉斯－格奥尔格·伽达默尔．诠释学 I：真理与方法 [M]. 洪汉鼎，译．北京：商务印书馆，2010：499.

3 金生鈜．理解与教育——走向哲学解释学的教育哲学导论 [M]. 北京：教育科学出版社，1997：133.

"听"，与其说这是一种语言能力，不如说这是一种态度，"'说'是言说者立场的'开放心态'，'听'是倾听者立场的'听能状态'"[1]。游戏结束以后，基于游戏的"对话"始于儿童对游戏的"述说"与教师对儿童游戏"述说"的"倾听"。对儿童而言，他们要突破游戏之个人感受与体验，突破对游戏意义体验的个人疆域。这对年幼儿童来说是既容易又困难的事情，说容易是因为儿童对于投身体验过的游戏，也即"好玩"的游戏总有很强烈的向外表达的欲望。但是这又不是容易的，因为言语能力的有限往往限制了他们的表达，使其往往"言不达意"。因此对于儿童之"说"不能仅限于语言表达，而要拓宽儿童的表达方式，通过非语言的表达来传达他们所体验的游戏意义，如借助绘画的手段来直观表达，经由老师的游戏视频和照片来辅助语言的表达等。教师的"听"是倾听儿童借由多种"语言"的说，基于"我与你"平等关系的"听"需要教师搁置权威、放下成见，以开放与接纳的心态来倾听儿童对游戏的独特感受与体验，"听者的'听能状态'意味着以虚怀若谷的精神平等地看待对方。这是一种推诚相见的态度"[2]。

"听"与"说"要突破个人意义的有限疆域，要投身于意义交汇的洪流之中，这是一种冒险，需要听者与说者的勇气，即"坦诚说话的勇气以及准备倾听他人意见并承认双方原则上平等的勇气"[3]。这两种勇气，都是"一种巨大的克己精神，要求心心相印、肝胆相照"[4]。一般来说，有"说"才有"听"，说者是听者存在的前提。在有意义游戏的教育中的"对话"，尤其是儿童与教师的对话似乎应该反过来看。儿童作为说者很大程度上依赖于听者——教师，听者"听"的态度与方式是说者说些什么、怎么说的前提。如果教师的"听"是接纳的、包容的、开放的，那么儿童就会积极地、主动地、自由地"说"，相反如果教师的"听"是固守于自身的意义疆域而没有"勇气"向儿童开放，接纳他们多样化、个性化的"说"，那么儿童的"说"可能会迎合于教师某种准确性答案的表述而无从展露自身真实、独特的意义世界。

1 博尔诺夫．教育人类学 [M]．李其龙，等译．上海：华东师范大学出版社，1999：108.

2 池也正晴．走向对话教育——论学校教育中引进"对话"视点的意义 [J]．钟启泉，译．全球教育展望，2008（01）.

3 博尔诺夫．教育人类学 [M]．李其龙，等译．上海：华东师范大学出版社，1999：111.

4 池也正晴．走向对话教育——论学校教育中引进"对话"视点的意义 [J]．钟启泉，译．全球教育展望，2008（01）.

其次，“对话”是基于理解的意义的相遇与扩展。海德格尔首先承认理解的前提性，提出“把某某东西作为某某东西加以解释，这在本质上是通过先有、先见和先把握来起作用的。解释从来就不是对某个先行给定的东西所作的无前提的把握”[1]。伽达默尔也主张理解的“历史性”，认可理解者的“前见”在基于理解的“对话”中的合法性，并认为这是理解得以进行的必要条件。在基于游戏的“对话”中游戏者有“前见”，对游戏的理解、感受与体验是“个人历史”与游戏情境交织的产物，游戏的儿童与教师的“前见”更是因为年龄、学识等的不同而不同，即使教师以开放的心态去观察儿童与游戏，两者之间仍会有“错位”——“前见”必然存在，这正是理解与对话得以开展的前提与意义，也使对话充满乐趣与变化。在伽达默尔看来，“问题的关键不在于理解者是否具有前见，而在于理解者具有怎样的前见。诠释学的理解，不能以牺牲理解者的当下性和一切前见为代价”[2]。由此，包容与承认“前见”的理解使各自打下生命印记的意义得以走出个体疆域，走入“公共领域”，在“我与你”之间敞亮。

由于对话的每一方都拥有自己独特的视域并通过这一视域拥有自己的理解，因而提问与回答不可避免地代表了各自的视域，问和答会在争论和分歧的推动下不断地进行。在基于游戏的“对话”中，儿童各自对游戏的理解、感受与体验以及作为游戏观赏者的教师对游戏的理解与感受在“公共领域”中“敞亮”、相遇。对话的过程是视域融合的过程，亦即实现相互理解的过程，这种视域融合所产生的新视域超出了对话者原本的视域，为新的经验提供了可能性。在互问互答的过程中，对话会不断地深入下去，双方的视域都会得以扩展，并且新的融合不断产生，由此新的世界经验也会不断地形成。通过基于游戏的“对话”，儿童作为游戏者可能会发现原来这个游戏还可以这样来玩，那个材料还可以这样来使用，他把我的木块推倒了并不是故意的……教师可能会发现那个孩子在游戏中这么做是有原因的，“我”对儿童的理解并不是儿童的真实想法……个体意义的相遇与交融为“相互理解”提供可能，基于相互理解个体的意义得以扩展。

最后，“对话”在“相互理解”中实现“自我理解”，是意义的自我甄别与调

---

1 海德格尔．存在与时间 [M].陈嘉映，王庆节，译．北京：生活·读书·新知三联书店，1987：150.

2 彭启福．实践哲学模式下的对话辩证法之重建——伽达默尔哲学诠释学再探究 [J]. 天津社会科学，2019（06）.

整。相互理解的过程也是在意义的敞亮中的“自我理解”的过程，在各自的敞亮中我反观着、审视着“我”的理解，也甄别着、调整着“我”的理解。“对话是探索真理与自我认识的途径。”[1]理解中“前见”自然存在，对于“前见”妥当的做法是“理解者必须面向事情本身去清理自己的前见，去甄别合理的前见和其他不合理的前见。无前见的理解是不可能的，盲目的理解同样是不可取的”[2]。在基于游戏的“对话”中，“前见”尤其是教师对儿童的“前见”在儿童意义的表达与“敞亮”中“显现”，也接受着教师的自我审视，明智的教师会不断地去甄别、去分辨与调整，使其对游戏、儿童的理解更为合理。通过基于游戏的“对话”，儿童也会在意义的交流中去自我反省与反思，调适理解、扩展意义。基于对话的相互理解，也实现着对话者的自我理解与自我更新，“对话是一种自我的更新，通过理解，对话双方主体破除了发展的局限性，进行视域的融合，各自走出原来的‘旧我’，成为和过去完全不一样的扩大了的自我，甚至成为一个‘他者’”[3]。

第三节 儿童游戏教育的原则

“游戏作为幼儿园的基本活动”是幼儿园基于游戏的教育的基本政策指引，其中如何诠释“基本活动”是贯彻实行这一基本政策的关键。笔者认为，“基本活动”可以理解为游戏是幼儿园的根本的、主要的、具有根基意义的重要活动。那么如何具体理解呢？只有当一个事物处于与其他事物的关系中，或者两个以上的事物在同一个框架之中才有主要不主要、根本不根本的说法。作为“基本活动”的游戏也是如此。单独看游戏或游戏活动，是无法理解游戏作为“基本活动”的意义的，只有突破孤立、机械的思维模式与理解框限，才能真正理解

1 雅斯贝尔斯．什么是教育 [M]. 邹进，译．北京：生活・读书・新知三联书店，1991：11.

2 彭启福．实践哲学模式下的对话辩证法之重建——伽达默尔哲学诠释学再探究 [J]. 天津社会科学，2019（06）.

3 冯茁，陈瑞武．对话：教育理论主体与实践主体的交往路径 [J]. 高等教育研究，2011（01）.

与诠释“基本活动”的含义，也才能使“游戏作为幼儿园的基本活动”这一政策在幼儿教育中发挥实际的作用。

具体地说，首先，“基本”体现的是一种关系，是以关系为前提的。只有当游戏处于与其他活动的关系网络之中，才有“基本”一说。日常生活中的游戏，是儿童的一种基本生活方式与存在样态。游戏进入幼儿园，仍应呵护与保留游戏之自然的生活属性，但不能止步于此。游戏处于幼儿教育场域之中，置身于各种教育关系构成的整体性网络之中——这是游戏在幼儿园的基本存在样态。如果仅以增加游戏时间的方式来确保游戏“基本活动”的地位，那么从本质上说，游戏还是“游离”于幼儿教育的，两者的“游离”会造成幼儿在园生活的“分割”，即游戏是游戏、教育是教育。如果游戏与教育是“游离”的，是无关系的，那么游戏作为幼儿园基本活动的“基本”是无从存在的。只有当游戏置身于幼儿教育的整体关系网络中，才能谈“基本活动”之“基本”的意义。

其次，关系不是凭空产生的，关系是在交互作用中实现的。如亲子关系与其说是一种血缘关系，还不如说是一种基于现实生活的动态交互关系，抚养者与被抚养者之间喂养、交谈等日常互动行为才使亲子关系有了实质性的、充满温度与温情的内涵。“远亲不如近邻”，说的是没有血缘关系的邻居在日常互动、交流中建立起了超乎血缘的亲熟关系，而具有血缘的亲戚却因缺乏日常互动而疏远了。关系在实际的交互作用中产生，交互作用赋予关系以实质性的、情境化的内涵与意义。同时，在实际交互作用中产生的关系不是静态的、固定的，而是动态的、生成的。“游戏作为幼儿园的基本活动”不是一个孤立的性质表述，而是一个关系性表述，它也不是静态的概念界定，而是基于现实交互中实现的动态的、生成的过程。

最后，基于交互作用的动态“关系”是通过“人”来实现的。在幼儿教育场域中的“人”主要是教师和儿童，游戏要成为“基本活动”主要是通过教师和儿童的交互作用实现的。以确保或增加游戏时间的形式来实现游戏作为“基本活动”的主体地位，如果没有儿童与教师充分的、实质性的交互作用，可能会落入“玩归玩，教归教”的状态而无从实现游戏之“基本活动”的意涵。也即，儿童玩儿童的游戏，老师教老师的教学，游戏的意义无法通达教学，教学的内容“游离”于游戏，两者虽处于同一教育“舞台”，却在不同的意义世界“独舞”。

儿童与教师基于游戏的交互与交流是游戏成为“基本活动”的根本途径。

综上所述，“游戏作为幼儿园的基本活动”是指通过儿童与教师的交互作用，游戏在与各种教育要素、活动构成的关系网络中起到主要的、根本的作用的过程。本研究以交互性关系的视角来诠释与理解“幼儿园以游戏为基本活动”，并在此基础上构架儿童游戏教育的基本原则，具体地说包括以下几点。

一、以游戏为基本驱动力

游戏早于人类文明，比人类文明更广袤、更深邃。动物天生就会游戏，如同捕食、繁殖、逃避敌害一样，游戏是动物的天性。有的动物游戏是纯粹的“自我娱乐”，如松鼠在树枝上欢跳、猴子悠闲地荡秋千、小猫欢快地玩小球。有的动物的游戏与它们的生存适应性有关，如黑猩猩玩弄棍棒，一旦碰到需要棍棒解决问题时它们就会使用棍棒。人类游戏的一切要素也体现在动物欢快地嬉闹中，“它们以某种仪式化的姿势和动作相邀玩游戏；它们讲规矩，不咬同伴的耳朵或不用力去咬；它们会装出怒不可遏的样子；而最重要的是，在所有这些行为中，它们显然兴致勃勃，乐此不疲”[1]。在古希腊先哲的心中，游戏是万物的秩序、世界的起源，上帝“游戏”创造了人。赫伊津哈追溯人类文明的起源，提出不是文明孕育了游戏，而是游戏孕育了文明，“人类社会的重要原创活动从一开始就全部渗透着游戏。……法律与秩序、商业与利润、工艺与文艺、诗歌、智慧与科学，都源自神话和仪式，都根植于游戏的原始土壤中”[2]。

游戏超越人类文明的存在决定了儿童教育应以游戏为基本内驱力。“基本”有“基础的、根本的”之意，游戏作为幼儿园的“基本活动”起到“基础的、根本的”作用，首先意味着有意义游戏教育要从游戏中的儿童出发，以游戏为基本驱动力。

第一，从生活中、游戏中的儿童出发。

游戏是儿童的本能，对于儿童来说是第一性的，因此游戏是他们的基本生活，教育对他们而言也是生活的一部分，但是是第二性的。幼儿教育“从儿童

---

1 约翰·赫伊津哈．游戏的人——文化的游戏要素研究 [M]. 傅存良，译．北京：北京大学出版社，2014：1.

2 约翰·赫伊津哈．游戏的人——文化的游戏要素研究 [M]. 傅存良，译．北京：北京大学出版社，2014：4-5.

出发”“面向儿童”“为了儿童”，以儿童作为根本出发点与最终归宿，这一系列表述涵盖了教育要基于儿童的基本生活方式——游戏，这是“游戏作为幼儿园的基本活动”的根本注解。

在幼儿教育中，“为了儿童”“从儿童出发”已成共识，但是在“为了儿童”“从儿童出发”的大幕下往往掩盖了一个问题：这里所指的儿童是什么样的儿童？在第一章幼儿园游戏实施的种种“现象”中，最常见的“儿童”是理论或者政策中的“儿童”：“游戏与学习融合”游戏课程中的“儿童”来自《幼儿园教育指导纲要》等政策文件或儿童发展与教育的经典理论。这里的“儿童”是一般的、抽象的儿童，这样的课程设计思路可能有很强的理论契合性和逻辑缜密性，但是剥离了各种现实条件、文化脉络与个体差异，呈现的是去情境化、去差异性的单数化的“儿童”，无法解释、代表“多样化”的复数性的儿童个体。说到底，这仍是在“成人本位”框架下的“儿童”，遵循的是成人的逻辑。

维果茨基的“最近发展区”（ZPD，zone of proximal development）是一个耳熟能详的教学理论，维果茨基认为儿童的发展有两个水平，一个是“实际发展水平”，一个是“潜在发展水平”，在两个水平之间的就是“最近发展区”，教学应落在“最近发展区”里。对于如何评估与判定儿童的最近发展区，一线教师的惯常做法是要么凭借主观经验进行揣测、估计，要么直接从政策文件或理论中“拿来”。其实，维果茨基不仅提出“最近发展区”，也探讨了“最近发展区”的实现，他认为“最近发展区”是在对儿童来说有意义的、可理解的（meaningfully accessible）活动背景中显现的。游戏是一种典型的有意义的、可理解的活动。言下之意，儿童的最近发展区不在政策条文中，也不在理论知识里，而是在儿童的生活中、游戏中，观察、理解游戏中的儿童是了解儿童的发展情况、评估与判定“最近发展区”的重要途径。对此华爱华直言：“他们（老师）总以为，幼儿在游戏中的自发学习不如教师教学中的预设那么有效，以为幼儿在游戏中学到的东西实现不了教师想让他们学习的内容……许多他们要教的东西，实际上幼儿在游戏中已经表现出来了。”[1]

由此，“从儿童出发”，应是从实际生活中、游戏中的儿童出发；“面向儿

1　华爱华．探寻游戏的真谛[J]．上海幼托，2020（01）．

童”应是面向现实生活中和游戏中的鲜活、生动的儿童个体；“为了儿童”应是为了生活中和游戏中的儿童更快乐地游戏、更好地生活。这并不是摒弃相关理论知识，也不是无视有关政策与文件，而是要将这些抽象的、理想中的“儿童”作为理解生活中、游戏中的儿童的背景，在理论与实践、抽象与具体之间寻求一种在动态交互作用下的平衡。

第二，以游戏作为幼儿教育生活的基本形态。

与教育相比，游戏具有更高的儿童契合性，体现在游戏本身就是儿童基本的生活方式与存在样态，游戏就是儿童的生活。首先，在游戏中儿童拥有超越日常生活的自由与自主。在游戏中，儿童不受限于外在的谋划与制约，他们以自身的本真面目在游戏中“遨游”——境随心走，情随心游。正是儿童自身对周遭世界的需求、动机、情感促发着游戏的产生，而正是在游戏中儿童与周遭世界的密切交互中激发新的需求、动机与情感推动着游戏的前进。其次，在游戏中儿童获得生活的最高意义——“人生是值得的”。玩游戏就是过一种游戏的生活，过一种获得充分享受与满足的生活。我们回忆儿时的游戏，往往是那些有别于日常生活的激动的冒险、令人陶醉的游戏所带给我们别样的体验令人印象深刻，使我们即使多年以后回忆起来仍仿佛历历在目。“这是一种很难将其理想化为对参与者有益的游戏”[1]，游戏带给儿童“生活是值得的”是游戏的存在根基。最后，“游戏也是儿童的成长方式”[2]，儿童在游戏中获得最高意义的成长——意义成人。杜威认为“生长是生活的特征……不断发展，不断生长，就是生活”[3]。生长与生活是同一、统一的过程，正所谓“总是不停地‘进入生活’，不停地变成一个人”[4]。那么什么是生长？身体的成熟与长大固然是生长，意义的丰盈与充实是更高意义的生长，儿童在与世界的种种交互中建立起与世界种种“生命关涉”的连接与联系，这更是一种成长。游戏是儿童与周遭世界交融交互的自由平台，在游戏中儿童享受着生活的馈赠，也浸润于意义的世界，在游戏

1 赵奇，黄进．当代儿童游戏研究的范式演变与融合———基于萨顿－史密斯的学术历程与思想之考察 [J]. 学前教育研究，2019（03）.

2 丁海东．论儿童游戏的生活发生 [J]. 学前教育研究，2003（05）.

3 约翰·杜威．民主主义与教育 [M]. 王承绪，译．北京：人民教育出版社，2001：53-54.

4 联合国教科文组织国际教育发展委员会．学会生存——教育世界的今天和明天 [M]. 北京：教育科学出版社，1996：197.

中儿童实现意义成人，在游戏的生活中不断进步与成长。

杜威说“教育即生活”，他反对教育远离儿童的生活或者为了遥远的生活做准备，而提倡教育关注儿童当下的生活，提出“学校必须呈现现在的生活——对于儿童来说是真实而生气勃勃的生活”[1]。儿童来到幼儿园中，也不是走出生活世界来到与生活“隔绝”的场域接受教育，而是走出相对狭窄的家庭生活，来到幼儿园与老师、小伙伴一起过一种更开阔、丰富的集体生活。两种生活固然有所不同，但本质都应是儿童亲在的生活。在幼儿园中，儿童理应享受属于自己的生活——游戏，幼儿教育生活应以游戏为基本形态，在幼儿教育场域中享受游戏的滋养与润泽。游戏在幼儿教育中的复归、游戏之于儿童发展性的价值固然是重要的，但是更为根本的是游戏之于儿童的本体性价值与意义，也即游戏是儿童的基本存在样态与生活方式，而这也是游戏发展性价值的自然根源与基础。

第三，以游戏作为教育本源性的内驱力。

游戏是儿童自主自由的活动，是展露自己的真实平台，游戏中的儿童超乎教学中的儿童，表现出更高的发展水平。维果茨基认为，儿童“在想象的情景下自愿建构意图、建构生活计划，自愿行动，所有这一切都出现在游戏里”[2]。可以看到维果茨基在描述游戏的时候十分突出“自愿”二字，游戏之所以具有超越教学的更高水平的发展表现，最主要的原因就在于游戏中儿童“主动、自愿”的状态。儿童游戏的驱动力来源于儿童的内部，游戏的过程也随着儿童内部需求和意识的变化而发展。说到底，游戏是儿童在自己搭建的“舞台”上演出着自己。有了“要游戏”的强烈意愿以及主动性，“玩游戏”所带来的愉悦感居于儿童游戏的“上位”，从而促使儿童在游戏的框架下做出超出日常生活的行为表现。因为“规则”是游戏的内在构成性要素，参与游戏意味着对游戏规则的无条件服从与遵守，否则就无法参与游戏。在平常生活中常常“以自我为中心”的年幼儿童在游戏中却懂得分享、讨论与相互帮助，这都是在具有强大吸引力与驱动力的“游戏之幕”笼罩下的主动行为。

游戏为需求和意识的改变提供了一个更宽广的背景。“在想象的情境中、

1 约翰·杜威．杜威教育论著选 [M]. 赵祥麟，王承绪，译．上海：华东师范大学出版社，1981：4.

2 约翰·杜威．我们怎样思维·经验与教育 [M]. 姜文闵，译．北京：人民教育出版社，2005：263.

在富有想象力的层面采取行动；自主意愿的产生；真实生活计划和自主动机的形成——所有这一切都是在游戏中出现，并成为学龄前发展的最高水平，儿童通过游戏活动向前发展。”[1]在游戏当中，儿童的表现总是超出了他们的平均年龄，好于他的日常表现，在游戏中“他好像比自己高出了一头”[2]。俞芳、郭力平比较了教学与游戏中的“最近发展区”，提出两者的区别在于：“教学关注‘问题解决’，而游戏关注‘问题发现’；教学关注‘逻辑合理性’，游戏关注‘叙述合理性’；教学中ZPD根植于‘三要素系统’，游戏中ZDP根植于‘多角色系统’；教学关注‘产品结果’，游戏关注‘创造过程’。”[3]教学中的ZPD根植于“儿童—问题—成人”构成的三要素系统中，三者是单向关系，而在游戏情境中，ZPD根植于“儿童—问题—儿童……问题—儿童”的多角色关系中。在游戏的持续推进中，儿童之间相互激发与创造着ZPD，是一种多维度、多向度的关系。在教学背景中ZPD的消逝是因为出现了“产品结果”，即问题的解决。但在游戏中，ZPD不断地被激发与推进，没有人知道接下来会发生什么，没有一个儿童能单独决定游戏的进行，每个人的每个行为都因为当下的反应而获得了独特的意义。游戏不结束，ZPD的创造也不会结束。“游戏中ZPD的消失是因为整个游戏过程以叙述性的合理性向前发展。”[4]我们可以发现，游戏中的ZPD与教学中的ZPD之所以有这么多不同，是源自教学与游戏遵循着不同的“逻辑”：教学遵循着成人的逻辑，是以逻辑的合理性为归旨的，而游戏遵循儿童的逻辑，它不追求逻辑的合理，而是依从“叙事”的合理。教学注重“解释”——寻求确定的“在那儿”的“答案”，而游戏注重“诠释”——寻求意义的生成与开放。

游戏是儿童的基本生活方式，它遵循儿童的“叙事逻辑”，与儿童有着本源的亲近性与契合性。儿童在游戏中自然、自由地生成、展露、扩展着自身的意义世界，比在教学等其他活动中“更高一头”，儿童是“大写的人”。游戏是教

1 列夫·维果茨基．社会中的心智——高级心理过程的发展[M].麻彦坤，译．北京：北京师范大学出版社，2018：128-129.

2 列夫·维果茨基．社会中的心智——高级心理过程的发展[M].麻彦坤，译．北京：北京师范大学出版社，2018：128.

3 俞芳，郭力平．对维果茨基“最近发展区”理论的重新解读——整合游戏背景与教学背景下的ZPD[J].上海教育科研，2013（08）.

4 俞芳，郭力平．对维果茨基“最近发展区”理论的重新解读——整合游戏背景与教学背景下的ZPD[J].上海教育科研，2013（08）.

学本源性的内在驱动力，游戏中儿童表现的能力是教学展开的自然起点，游戏中儿童展露的潜能是教学推进的方向与发展的可能。

二、尊重儿童的游戏框架

幼儿教育要以游戏为基本活动，不是仅仅增加一些游戏时间与游戏机会，也不仅是教学中要包容游戏活动，更不是用游戏的手段来达到教学目的。游戏与教育曾有同质、同源的合二为一的初始状态，这给予当前幼儿园中游戏与教育的再次结合以启发与思路：回复教育之本来面目，拥有或兼具与游戏同质同源的品性是实现游戏与教育真正结合的前提。这意味着教育要尊重并支持儿童的游戏框架，以“儿童性”作为教育的基本立场。

首先，尊重并支持儿童的游戏框架是幼儿教育回归儿童生活的根本诉求。

杜威提出“教育即生活”，提倡教育向儿童生活世界的回归。那么“生活世界”是什么样的世界？胡塞尔的“生活世界”为我们理解“生活世界”提供了现象学的视角。在《欧洲科学危机与超验现象学》一书中，胡塞尔提出“生活世界”首先是一个非课题性的世界，是直观的世界，是“原则上直观到的事物的总体”[1]，是非抽象的、日常的。正因生活世界是一个直观被经验的世界，因此它随着经验主体的不同而不同。同时“生活世界”是一个奠基性的世界，为“科学世界”奠基。胡塞尔“生活世界”的实质是“活的世界”，也即人的“存在世界”，以与当时欧洲自然科学陷入的“死的”理论世界相对，“生活世界”具有“我在”“我生”的现象学人性意义。教育所要回归的世界是直观的、奠基性的、人生命存在的、正在经历着的“生活世界”，而不是超越的、抽象的、理性的“科学世界”。当然并不是说不要“科学世界”，而是以“生活世界”为教育立意与奠基，“科学世界”也同样要基于儿童的“生活世界”并最终为了儿童更好的生活。

游戏，早于人类文明，先于人类理性，是人类初期原初、直观、整体的生活。儿童以涉身之初的懵懂、纯真与世界“游戏”，游戏是儿童原初性、直观性、整体的“生活世界”的集中体现。游戏作为幼儿教育生活的基本形态，不仅是要在幼儿教育场域中开展游戏，让儿童在幼儿园中享受游戏浸润的生活，更为深刻的是幼儿教育尊重并支持儿童“游戏框架”，这是教育向儿童“生活世

1　胡塞尔 . 欧洲科学危机和超验现象学 [M]. 张庆熊，译 . 上海：上海译文出版社，1988: 58.

界”回归的根本诉求与必然途径。

其次，尊重儿童的游戏框架具有“意”与“形”的双重含义。

儿童“游戏框架”之“意”是指儿童在游戏叙事的生成、流动与展开中实现着意义世界的生成、流动与展开。游戏叙事是儿童游戏展开的连续性脚本结构，是由一系列角色、行为、情境构成的游戏“事件”所组成。儿童意义世界的建构具有“事件生发性”，也即儿童意义世界是借由游戏之“事”而建构的，随着游戏叙事的展开而丰富与扩展。确切地说，“叙事”与“意义”在儿童游戏中本源性地相互交织与交融，难以区分。以“意”而论，尊重与支持儿童游戏框架就是尊重与支持游戏的“叙事框架”，尊重结构游戏叙事的推进与展开，以此实现儿童意义世界的生成与展开。

儿童游戏框架的“形”，即儿童游戏所代表的一种游戏品格或游戏精神。游戏精神包括自成目的性、生成性、开放性等，这意味着游戏抗拒外来力量的干涉与“指挥”，或者说游戏没有一个固定的目标远远地等着去达成。游戏推进的动力与方向自然地孕育与生成于当下的情境之中，游戏的当下和当下的游戏具有自成一体的完满性，同时游戏也有面向未来的无限开放的可能性。从这个意义来说，游戏框架实际上是一种破框架、去框架。对此，后现代哲学中的“游戏”隐喻已经对游戏的“破框架”意蕴做了极致化的诠释，无论是德里达的“无底的棋盘”、维特根斯坦的“语言游戏”，还是利奥塔的解构主义都是用“游戏”来打破逻各斯中心主义、本质主义、结构主义等的“框架”。以“形”而论，尊重与支持儿童游戏框架就是尊重与支持游戏精神，复归教育之游戏精神。

当然，在此将儿童游戏框架做“形”和“意”之别是为了更清楚地说明儿童游戏框架的双重意涵，实际上在游戏框架中两者是紧密交织、相互交融的，共同构成了儿童游戏之整体性与独特性，尊重儿童游戏框架也是“形”和“意”的自然融合与统一。

三、促成游戏意义的积极生成与公共扩展

游戏作为幼儿园的基本活动，这意味着游戏在与幼儿园其他教育活动的交互作用中起到基础性的重要作用。这一基础性的重要作用，不仅体现在“驱动性”的意义——教育教学从游戏中来，以游戏作为基本的驱动力，也体现在

“方向性”的意义——教育促成游戏之意义的生成与扩展。游戏是儿童意义世界展露、生成与扩展的自由之境，但是游戏之于儿童“意义成人”的功能或者价值是本然的、原始的、个体的，需要教育的引导与扩展。

首先，要在游戏的两面性中把握正面导向。游戏“既有光亮的一面，也有黑暗的一面”[1]，游戏中儿童生成的意义不一定具有正向、积极的意义。笔者曾经看到一个四五岁的孩童，将一只刚出生没多久的小狗踢入小溪中，掉进水里的小狗挣扎着爬上岸。孩子一次次地把它踢进小溪，小狗惊慌地一次次地爬出来。孩子哈哈大笑、愉悦无比。这是孩子在愉快地游戏，但是孩子游戏的快乐是建立在小狗痛苦的基础之上（或许孩子并没有意识到，他只是觉得好玩）。近些年引起热议的“校园欺凌”的初始状态可能与孩童“玩小狗”有些相似，玩弄他人、看他人出丑而带来愉悦感是这种“恶作剧游戏”的心理因素之一。这样的“游戏”是负面的，需要引导。卢梭崇尚自然主义教育，但他的爱弥儿在成长中始终有一个伴其左右的监护人，监护人的意义就是“始终让爱弥儿的发展遵循自然的轨迹，避免来自外在的和内在的影响对儿童自然发展造成冲击，与儿童成长之自然秩序产生偏离”[2]。游戏中负面的意义需要纠正，需要教育的方向引领。

其次，要在游戏的原始、混沌、粗糙中实现成长。游戏中生发的意义是原始的、混沌的、粗糙的。杜威说：“没有一个东西能够从无中发展出来，从粗糙的东西发展出来的只能是粗糙的东西。”[3]从杜威“经验”的视角来看，他认为“连续性”（experiential continuum）是好的经验的一个标准。杜威从“教育过程即生长过程”[4]来理解经验的“连续性”，“问题在于，这种方向的生长是促进还是阻碍一般的生长。这种形式的生长是为进一步的生长创造种种条件，还是设置种种框框，使在特殊方向生长的人丧失在新方向下继续生长的诱因、刺激和机会呢？一种特殊方向的生长对只是为其他方面的发展开辟道路的态度和习惯

1 Schousboe. I. The structure of fantasy play and its Implications for good and evil games//Schousboe I.,and Winther-Lindqvist D.(Ed.),. Children’s play and development: Cultural-historical perspectives[M].New York: Springer，2013:25.

2 刘铁芳，孙意远．激发对美好事物的欲求：儿童教育的意蕴及其实现 [J]. 学前教育研究，2020（06）.

3 约翰·杜威．我们的学校与社会·明日之学校 [M]. 赵祥麟，译．北京：人民教育出版社，1994：210.

4 约翰·杜威．我们怎样思维·经验与教育 [M]. 姜文闵，译．北京：人民教育出版社，2005：256.

有什么影响呢？"[1] 经验连续性原则没有生长的方向引领，可能是"一个人局限于低级的发展水平，限制其以后的生长能力"[2]。自然状态的游戏其生发的意义可能是含糊的、断续的，也可能是"阻碍一般的生长"的，需要教育关注其生成与扩展的意义的性质，来促进儿童一般意义上的生长。

最后，要促成个体游戏意义的公共扩展。游戏中生发的意义主要是基于个体的，有待于进入"公共领域"实现意义的扩展。"教育就其目标而言，乃是个体的文化化与社会化，也即个体自然生命的类生命化；教育就其过程而言，乃是和从个体生命出发，一点点敞开个体类生命的存在。"[3] 基于游戏而生成的个体意义经由教育进入"公共领域"，意义的相遇与交融扩展了个体意义的视域，个体的"我"作为群体的"我"的一员接受着他人的影响，同时也影响着他人，是"一棵树摇动另一棵树，一朵云推动另一朵云"。

1 约翰·杜威．我们怎样思维·经验与教育 [M]. 姜文闵，译．北京：人民教育出版社，2005：256-257.
2 约翰·杜威．我们的学校与社会·明日之学校 [M]. 赵祥麟，译．北京：人民教育出版社，1994：257.
3 刘铁芳，孙意远．激发对美好事物的欲求：儿童教育的意蕴及其实现 [J]，学前教育研究，2020（06）.

第五章

CHAPTER 5

儿童游戏的教育实践构想

有意义游戏的教育理路构筑了一条以有意义游戏为框架的教育理论通路。在此理路下，有意义游戏也呼求能实现与幼儿教育的深度结合与动态交互，探索一条基于意义生成的儿童游戏教育实践路径，促成儿童与教师共赴一场生动、开放的游戏意义之旅……

第一节 “整合意义模型”的构想

有意义游戏的教育理路以游戏为基本框架，有意义游戏的教育实践构想仍来自游戏——动态、生成、开放又具有丰富意蕴的游戏是探索基于意义生成的儿童游戏教育实践路径的灵感来源。历史文化学派儿童游戏研究者舒斯波的儿童游戏三领域关系模型为我们构思意义引领下儿童游戏教育实践路径提供了基本的结构元素和逻辑启发。

一、舒斯波儿童游戏三领域关系模型的启发

舒斯波是丹麦哥本哈根大学历史文化学派的儿童游戏研究者。历史文化学派儿童游戏与教育理论是维果茨基在20世纪二三十年代创立的。在维果茨基所处的年代，其理论只在苏联与中国有较大的影响力，但在近二三十年里吸引了一批西方学者关注，在新的时代重焕生机，维果茨基被视为“后发展时代对学前教育实践发展最有影响力的贡献者”[1]。维果茨基与皮亚杰处于相同的年代，且都以儿童认知发展为研究旨趣，但是与皮亚杰“去文化”“去背景”的儿童认知发展观不同的是，其将儿童的发展置于复杂而又广袤的社会历史文化与情境脉络中。有学者提出维果茨基代表着一种“后发展观”（post-development）[2]。其理论的基本假设是：儿童发展是一个历史文化过程（cultural-historical progress）——儿童在与成人、同伴的交互过程中使用文化工具获得发展。他打破个体发展的“有界自我”，而将儿童发展置身于复杂的社会文化脉络之中。历史文化学派认为，儿童是在参与社会共同体的活动中成长的，这些共同体受其

1 Pramling Niklas and Wallerstedt, Cecilia.Play-responsive teaching in early child education[M]. Gewerbestrasse: Springer Nature Switzerland AG, 2019：4.

2 Pramling Niklas and Wallerstedt, Cecilia.Play-responsive teaching in early child education[M]. Gewerbestrasse: Springer Nature Switzerland AG, 2019：4.

所嵌入的特定文化和历史环境的影响。同样，历史文化学派认为游戏也不是儿童个体有限视域下的活动，而是一种发生在社会文化历史背景中的共同体的活动。舒斯波提出："我们的一个重要工作是在几个相互依存的层次上从游戏发生的角度去讨论游戏。因此，游戏将在多个层面上加以说明：在个人层面、群体层面以及社会和历史层面。"[1] 同时，这一学派的另一个抱负是"尊重理论对现实的敏感性"[2]，即注重理论与现实的交互作用，并在这种动态交互中增加理论的现实敏感性与解释力。

历史文化学派的儿童游戏观展现了一幅既具微观视角又具宏观视野的后发展观，其个体与群体、文化的交互作用视野、基于游戏的儿童教育探索、理论与现实的交互性以及多学科融合的倾向均与本书的基本立场与主旨相契合。历史文化学派的儿童游戏与教育研究为突破个体发展视域、探寻更为广袤丰厚的"游戏存在"提供理论指导，也为我们探究儿童游戏的教育提供了灵感与启发。舒斯波基于自身丰富的研究经验与对儿童游戏的独到理解提出的儿童游戏三领域动态关系模型展现了一幅生动形象又动态开放的游戏"图景"，给予笔者探讨有意义游戏通向教育的实践路径很大的启发。

舒斯波认为，游戏，尤其是想象游戏是几个不同领域的同时运作："想象领域（the fiction sphere），是儿童的游戏叙事；组织领域（the staging sphere），是儿童在想象的驱动下提出建议并就主题和角色进行谈话；现实领域（the reality sphere），是儿童关注的与游戏叙事相关的现实世界与环境。"[3] 这些结构在游戏中构成了如图 5-1 所示的儿童游戏三领域动态关系模型。

---

1 Schousboe, I., and Winther-Lindqvist,.Introduction: Children's Play and Development.InSchousboe， I. and Winther-Lindqvist ,D.(Ed.). Children's play and development: Cultural-historical perspectives[M].New York: Springer,2013:1-12.

2 Schousboe,I., and Winther-Lindqvist,D.Introduction: Children's Play and Development.In I. Schousboe and D.Winther-Lindqvist (Ed.). Children's play and development: Cultural-historical perspectives[M].New York: Springer,2013:1-12.

3 Schousboe, I .The Structure of fantasy play and its implications for good and evil games// Schousboe,I., and D.Winther-Lindqvist ,D.(Ed.). Children's play and development: Cultural-historical perspectives[M].New York: Springer,2013:13-28.

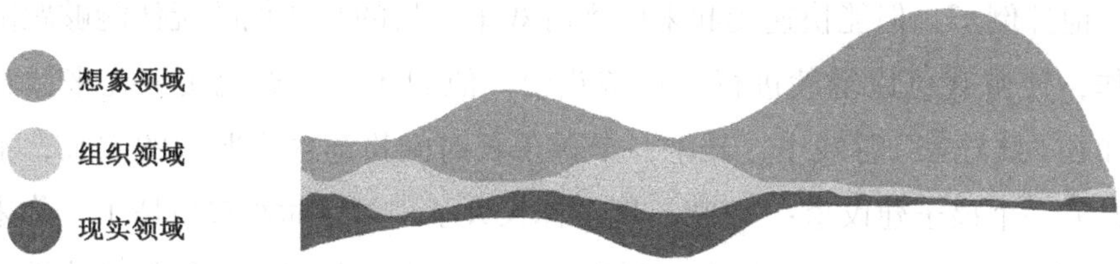

图 5-1 儿童游戏三领域动态关系模型[1]

游戏可以分为这三个领域，不是说游戏者有几个领域可供使用，他们可以走进和走出各个领域，而是意味着这三个领域是具有渗透性的，也即游戏中这三个领域在同时（simultaneously）活动着，这三个领域的协同作用使得游戏可以产生与持续进行。"相互渗透的各领域同时存在通过两个相互补充的途径对游戏起着重要的作用：第一，想法（想象）在最有可能性的领域中产生，第二，这些想法可能会被实现，因为各个领域之间会'相互交流'并彼此适应，没有一个领域会被完全压抑住。"[2] 儿童的想象游戏可以依据这三个领域的关联性动态关系的发展而分为四个阶段（图 5-1）："游戏开始时，想法的交流和协商（组织领域）是重头戏（第一阶段），这为想象领域的驰骋铺平了道路，并得到现实领域的支持（第二阶段）。然后，当孩子们再次进行协商（组织领域）时，想象领域暂时缩小了（第三阶段），同时他们非常清楚眼前的现实以及需求和可能性的关系（现实领域）。最终，想象领域的范围得到了很大的扩展，而其他领域则大大缩小了（第四阶段），现在孩子们'忘我'地玩着游戏。"[3]

游戏中的儿童总是在想象领域、组织领域与现实领域的协调与相互渗透中开展游戏。即使在最深入的幻想游戏中，孩子也会考虑到当前的现实条件和材料。如在"战争游戏"中，扮演飞行员的男孩先看了看桌子的高度，然后爬上去，他高喊"我来了！"然后大胆地从桌子跳到软垫上，进入他想象的喷气式战斗机里。游戏中难免会有一些碰撞、摔倒，但不足以使游戏中的儿童退出

---

1 Schousboe, I .The Structure of fantasy play and its implications for good and evil games// Schousboe,I., and D.Winther-Lindqvist ,D.(Ed.). Children' s play and development: Cultural-historical perspectives[M].New York: Springer,2013:13-28

2 Schousboe, I .The Structure of fantasy play and its implications for good and evil games// Schousboe,I., and D.Winther-Lindqvist ,D.(Ed.). Children' s play and development: Cultural-historical perspectives[M].New York: Springer,2013:13-28

3 Ditte Winther-Lindqvist.Playing with social identities: play in the everyday life of a peer group in day care.// I. Schousboe and D.Winther-Lindqvist (Ed.), Children' s play and development: Cultural-historical perspectives[M].New York: Springer,2013: 29-54.

游戏。他摔倒了，但能快速爬起来回到游戏中，目的是使他的玩伴能够跟随他的动作，使游戏可以继续进行。在游戏中，他们还会根据现实情况来调整关系。如在“娃娃家”游戏中，其中一个孩子长时间扮演被人照顾的宝宝，不想玩了，另一个孩子建议道：“好吧，现在你长大了，可以做很多事情了，你来帮我……”设想一下如果孩子只意识到想象领域而不顾及现实条件与可能性，那他有可能遭受严重伤害，也有可能被其他孩子视为特立独行的“怪物”，而不是游戏的玩伴。即使是游戏开展之前角色分配的谈判，也在各领域的相互作用下进行。如孩子们会考虑到各自的特点（年龄、性别、力量、敏捷度等）与意愿来分配合适的角色。

在游戏中各个领域以动态方式相互联系：“一个领域的变化可能会成为另一个领域发生变化的驱动力，或者也可能成为另一个领域发展的制约因素。”[1]“想象领域中新的角色或情境的萌生可能需要在组织领域进行重新谈判或澄清。物理环境（现实领域）的变化可以激发想象领域中内容的变化，而这种想象则带动着其他领域动态发展。”[2]在这三个领域的动态交互与协同作用下，在想象与现实两股力量充满张力的牵扯与交汇下，游戏得以产生并持续性地进行，意义也在现实与想象的相互作用下生成与扩展。

二、“整合意义模型”的构想

舒斯波儿童游戏三领域关系模型“描绘”了一幅动态、开放、别开生面的儿童游戏图景，也为我们在儿童游戏教育理路下探讨有意义游戏的教育实践提供启发：以想象领域、组织领域、现实领域的关联性动态交互作用及逻辑关系为出发点来构建基于意义生成的儿童游戏的教育实践模型。

沿用舒斯波游戏三领域的分析思路，本书提出基于意义生成的儿童游戏的教育实践模型名为“整合意义模型”（integrating meaning model），由“叙事结构”（narrating structure）、“组织结构”（organizing structure）和“现实结构”（reality

1 Schousboe, I .The Structure of fantasy play and its implications for good and evil games// Schousboe,I., and D.Winther-Lindqvist ,D.(Ed.). Children' s play and development: Cultural-historical perspectives[M].New York: Springer,2013:13-28.

2 Ditte Winther-Lindqvist.Playing with social identities: play in the everyday life of a peer group in day care.// I. Schousboe and D.Winther-Lindqvist (Ed.), Children' s play and development: Cultural-historical perspectives[M].New York: Springer,2013: 29-54.

structure）三部分构成（图 5-2）。“整合意义”是指在儿童意义世界建构这一核心目标驱动下整合想象与现实、游戏与教学、儿童与教师，在三个结构的相互协同、相互渗透中实现儿童意义世界的生成与扩展。“叙事结构”是在儿童意义世界建构的驱动下的游戏叙事与创作，这是该模型的核心结构，也是动力性结构。“组织结构”是游戏的组织、协商、观察与讨论，是“整合意义模型”的元结构，也是游戏顺利进行的保障性结构。“现实结构”是游戏叙事、活动的现实环境、物质材料等，是“整合意义模型”的现实基础与支持性结构。

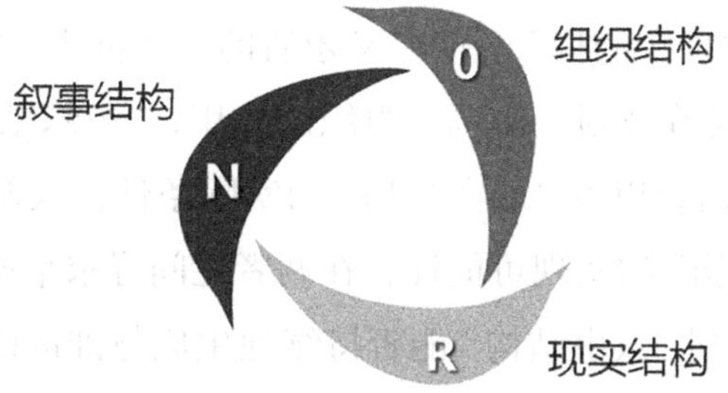

图 5-2 “整合意义模型”

“在游戏中，审美与理性、想象与现实之间没有对立。”[1] 基于游戏的基本框架而构筑的“整合意义模型”中“现实结构”与“叙事结构”也本然地交织在一起，“叙事结构”主要是儿童经由想象产生的游戏叙事与创作，但儿童的想象不是凭空产生的，也不可能无中生有，儿童游戏中的想象深深地扎根于儿童所处的世界——现实的生活背景与文化背景。儿童游戏的“现实结构”有三层。最深层的“现实”是集体无意识。第二层“现实”是儿童所处的社会文化与生活现实。维果茨基认为儿童在日常生活中产生的无法即刻满足而保留下来的需要（retained needs）是游戏产生的原因，因此游戏是儿童现实生活与社会文化的反映。精神分析学派通过游戏帮助儿童解决心理问题，是以游戏扎根于儿童的现实生活并反映实际生活为基本前提的。第三层“现实”是游戏环境与材料。游戏环境与材料直接刺激儿童的感官、激发儿童的想象、引发交互行为、创生游戏叙事与情境。

1 Ivy Schousboe and Ditte Winther-Lindqvist.Introduction: children’s play and development// I. Schousboe and D.Winther-Lindqvist (Ed.). Children’s play and development: Cultural-historical perspectives[M].New York: Springer,2013:1,13, 28.

“一方面，想象可能来自最大的现实领域，另一方面，这些想象可以实现。”[1]“现实结构”激发“叙事结构”，引发儿童的游戏想象与叙事。同时，“叙事结构”也需要“现实结构”提供实现的可能，“叙事结构”的生成与推进也促使着“现实结构”的调整与改进。正如儿童游戏中想象与现实的紧密交织、协同作用推动着游戏的产生与进行，在“整合意义模型”中，“叙事结构”与“现实结构”也处于相互交织与协同作用之中。两者既是相互依存的共同体，又形成一股相互牵制的张力，“现实结构”牵扯着“叙事结构”，让“叙事”扎根于现实的土壤，“叙事结构”又推动着“现实结构”，让“叙事”得以实现。

“叙事结构”与“现实结构”既依存又矛盾的关系催生“组织结构”的产生，“组织结构”在其中起着规划、协调、组织的作用，“组织结构”的实施需要考虑到“叙事结构”的内容以及“现实结构”的实际条件，权衡“叙事结构”的内在需求以及“现实结构”的实现可能性，在两者之间寻求平衡。同时，“组织结构”的实施也会影响到“叙事结构”能否持续地生成与推进以及“现实结构”的利用与改善。再者，“组织结构”也实现着游戏叙事的意义展露、外化、交流与扩展。儿童在游戏中自然生成的意义是原始的、混沌的，有待进一步的展露、交流与扩展，这是有意义游戏的内在诉求，也是有意义游戏之教育的职责。因此，“组织结构”的另一任务是将游戏的“叙事结构”在游戏停止之后继续延伸，经由基于“现实结构”的物质展现等方式来回忆、“再体验”游戏，在游戏“再体验”的基础之上交流与讨论，实现意义的扩展与丰富。

1 Ivy Schousboe and Ditte Winther-Lindqvist.Introduction: children' s play and development// I. Schousboe and D.Winther-Lindqvist (Ed.). Children' s play and development: Cultural-historical perspectives[M].New York: Springer,2013:1,13, 28.

第二节 “整合意义模型”的结构及教育机理

如游戏三领域动态关系模型中三个领域之间是相互穿透、具有渗透性的协同关系一样，“整合意义模型”中“叙事结构”“组织结构”与“现实结构”三个领域也应避免区格化一一对应式的理解，如认为三个结构分别代表了游戏活动、教学组织与现实环境，或者任务化的理解，认为“叙事结构”是儿童的任务，而“组织结构”是教师的事情，“现实结构”则是实现的条件。每个结构都是“整合意义模型”的构成性结构，不是独立、分隔存在的，而是相互作用、相互渗透、相互协调的，是儿童与教师共同实现的。“叙事结构”代表着在游戏与教学动态交互中的教师与儿童共同参与游戏的叙事与创作，“组织结构”也是在教师与儿童的相互协商与讨论下的规划、组织与评估，“现实结构”不仅包含了教师通过环境创设与游戏材料的提供来促进“叙事结构”的实现，也包含了儿童共同参与环境的创设与游戏过程的“实物化”。

一、叙事结构

“叙事结构”是儿童游戏意义世界驱动下的游戏叙事与创作，是模型的核心结构，也是动力性结构。

（一）游戏叙事：儿童意义世界的呈现

游戏源于儿童种种去行动的需要与动机，儿童与环境、材料的互动唤醒了儿童在日常生活中保留下来的需要，激发了其内在动机，经由想象赋予当前游戏材料以自身的意义，游戏便产生了。在游戏中，儿童的行为发生了质的变化，它不再“困制”于眼前的情境，而在保留的需要驱动下超越了当前情境的限制，给予眼前的材料、物体以特殊的意义。被保留下来的需要、欲望、动机……这些种种是年幼儿童在与周遭世界的交互中对世界的初始理解与感受，是年幼儿童与周遭世界在主观意识层面的联结（更多是无意识的），这是儿童的意义世界。在游戏中，保留的需要、欲望在游戏情境（想象情境）中获得满足，意义得到充实。

儿童的意义世界是“在世存在”的儿童在与周遭世界的交互中形成的自身与世界的“生命关涉”的原初关系，年幼儿童的意义世界相对于成人而言是整全的、混沌的，他们很难像成人那样有意识地来理解、表达或反思，这个世界“是什么”“意味着什么”等意义层面的问题在年幼儿童身上更多地以需要什么、想要做些什么等直观、直接、外显的形式显现出来的，儿童的意义世界驱动着他们去行动。游戏是儿童所行之“事”，借由想象儿童将自身的意义世界“投射”到当前的游戏材料上，想象创生了一个“虚拟”的游戏情境，一个基于意义世界的游戏叙事也借此展开。

借由游戏叙事的创生与展开，意义之流在游戏中涌动、流转与生长，这是一个投入—体验—生成的过程。儿童是自身意义生成的主体，但意义生成的过程却是一个在“去主体”中见“主体”的过程，也即只有当儿童全身心地投入游戏中，将自己“托付”于游戏，意义才能展露与生成——只有“忘了自己”，才能显现主体。这是伽达默尔所言的游戏是“被动见主动”的过程。但是这种“被动”是儿童心甘情愿地主动“托付”，而不是被动参与，儿童服从游戏、遵从规则之前提是强烈的“想玩游戏”的愿望与冲动。

要使儿童在游戏中自由、自如地生成与扩展意义并使儿童的意义世界成为儿童游戏教育的内驱力，其前提是儿童游戏的状态应是“我要玩”而不是“要我玩”。儿童游戏中“我要玩”的状态是自身的意义世界受到当前游戏材料或情境的激发而在游戏中自由地展露、生成的过程，在幼儿身上则主要表现为在日常生活中保留下来的需要在游戏中获得满足，是儿童各自独特的、主观的与外部世界相关联的意义世界。游戏之所以使孩子乐此不疲、流连忘返也正是因为在游戏中他们能做很多实际生活中无法做的事情，借由想象的翅膀游戏给予他们展现自己的舞台，游戏使他们成为“自己”。在属于自己的舞台上，他们的意义世界通过“叙事结构”的游戏叙事的创作、演变与推进而自由自如地生成与展露。

“叙事结构”具有叙事性、意义性、开放性、灵活性等特点。第一，叙事性是一种游戏脚本的连续性结构，是在游戏者多样化的兴趣和需求的融合下发展而成的共同、共享的剧情。“叙事结构”展露的是儿童自身的意义世界，展现的是儿童对周遭世界的独特理解与感受，“叙事结构”不求内容的真实性与逻辑性，而寻求儿童自身逻辑的叙述合理性，或者说是一种“前逻辑”。但“叙事结构”也紧紧联结着“现实”，即儿童的现实生活与所处的社会文化背景。可以说，“叙事结构”是儿童以自身的“逻辑”展现着自身的生活与现实，是对真实生活的“非真实”表达。当然，这样的表达有多种样态，如“过家家”游戏往往比较“如实”地反映或模拟了现实生活，而“星球大战”等幻想类游戏则是对现实的“非真实”的、虚幻的表达。第二，意义性。“叙事结构”关注对于儿童重要且与他们兴趣、需要相关的主题。正是儿童的需求、动机、情绪愿望等驱使他们去游戏，他们关注与自身生活密切相关的事情，赋予一般的事物以自身的意义，也通过与游戏材料、游戏伙伴的亲密交互寻求更多的意义。第三，开放性。“叙事结构”虽称为“结构”，但确切地说它是“无结构”的，它没有明确的、具体的发展方向，正如游戏时无法预测会发生什么以及何时发生一样，它总是在意义的驱动下朝向多种可能。第四，灵活性。“叙事结构”可能有一个大致的主题与方向，但是游戏内容会朝哪个具体方向发展是不确定的，儿童与游戏材料、玩伴、老师之间的互动会激发新的需求、产生新的动机、增加新的游戏情节，这些赋予“叙事结构”以流动、灵活的性态，也使“整合意义模型”在流动的意义生成与扩展中呈现出动态生成的特性。

（二）教师：“游戏的人”

“叙事结构”遵循儿童的逻辑，是一种“前逻辑”。它并不是儿童的任务或专属，作为“整合意义模型”的内在构成性要素，教师是“叙事结构”的贡献者，也是“游戏的人”。教师作为“游戏人”，有两个含义。第一，教师也是游戏叙事与创作的积极贡献者。一方面教师通过游戏材料、场地等游戏之“物”来创设游戏环境，提供“现实结构”的支持，间接地参与游戏叙事的创作。另一方面，教师通过参与游戏的方式直接提供游戏角色、游戏情境的创意与建议，来为“叙事结构”做贡献。第二，最为根本的，作为“游戏的人”，教师应拥有游戏精神。游戏精神“指向人的自由，追求生命的自然绽放；指向生活的‘可玩味性’，追求人生的开放性和生活无限多的可能；指向人作为存在的根本意义，不屑于眼前的蝇头小利；指向投入、沉迷，反对无谓的辛劳与苦役；指向自成目的性，反对外界强制”[1]。拥有游戏精神的老师即使没有参与儿童的游戏，也会因为有一颗贴近儿童的游戏心灵而使师幼互动、教学过程充满童真与趣味。教师拥有游戏精神，成为“游戏的人”，具有个体完满生活与专业成长的意义，也是实现以游戏框架来构筑有意义游戏之教育通途的基本前提与关键因素。

首先，成为“游戏的人”是幼儿教师实现完整人格与完满人生的必需。曾几何时，我们都是“游戏的人”，不仅在于我们都有过游戏浸润的童年，更在于我们都曾经有颗“游戏”的心——以生命初期的懵懂和纯真与这个世界亲密地“玩游戏”，浸润在游乐之中，徜徉在天地之间，诗意地栖居于大地。但是随着成长，我们慢慢地不会“玩”了，知识的拥有与理性的主宰成为我们长大成人、引以为荣的标志，我们栖居、逗留的世界成了我们侵占、征服的对象。赫伊津哈认为，人类以“理性人”（homo sapiens）自诩，但实际上“人类压根儿不像18世纪认为的那么有理性”，人类称自己为“制造人”（homo faber），但是很多动物也会制造。“不过还有第三种功能，对人类生活和动物生活同样适用，且其重要性不亚于‘有理性’（reasoning）和‘会制造’（making），这种功能就是‘玩游戏’（playing）。在我看来继‘制造人’提出之后，‘游戏人’，或许与‘理性人’不相上下，在我们的术语中当有一席之地。”[2] 在现代，文明的游戏特性却日渐式微，“游戏人”日渐变成“理性人”及“制造人”。诚如文明在游戏中孕育与起源，文明的演进离不开游戏的滥觞，人类的成长也不能是“理性人”来取代“游戏人”，而要成为完整意义上的人，应兼具游戏与理性的特质，这是感性与理性、想象与思维的糅合与统一，既能客观分析和抽象把握世界的本质，也能在“忘我”地身心投入中感悟世界的美好、体验生命的意义。

同时，成为“游戏的人”，对于幼儿教师更具职业诉求与专业成长的意义。教育最初融于游戏之中，与游戏交织在一起。随着专门的教育机构的出现，教

1　郭晓明. 论教学的游戏品格 [J]. 湖南师范大学教育科学学报，2002（06）.

2　约翰·赫伊津哈. 游戏的人——文化的游戏要素研究 [M]. 傅存良，译. 北京：北京大学出版社，2014：1.

育才从游戏活动中分隔出来，游戏也被隔离在教育机构的大门之外。“幼儿园以游戏为基本活动”可以说是游戏在教育机构中的回归，也是幼儿教育的“回家”，回到儿童的生活样态之中，回到游戏的滥觞之中。那游戏怎么“回家”？游戏在“家”中是什么身份与地位？政策法规的保障是重要的一面，但具体的实施却在教师。增加游戏时间、提供游戏机会只是游戏“回家”的表层，而以游戏逻辑引领幼儿园教育则是游戏“回家”的深层途径。教师成为一个“游戏的人”，不仅是成为儿童的游戏伙伴，更为重要的是以游戏的逻辑来促成游戏与教学的动态交互，与儿童共赴一场意义生成之旅。

那么，怎么才是一个“游戏的人”？成为一个“游戏的人”，从行为层面来说是一个会玩游戏的人。会玩游戏的教师是能与儿童“打成一片”、共同游戏的教师。但是要参与儿童的游戏，并非易事，也很容易在“好心”参与的意图下干扰甚至破坏了儿童游戏。黄进区分了几种教师作为“游戏人”参与游戏的情况。第一种是破坏者，名为参与游戏，其实是对游戏的横加干涉，游戏也随着教师的参与而止步。第二种是伪装的游戏者，教师虽然与儿童在共同游戏，但是实则“在游戏中不断地建议、提示，试图使孩子跟随她思维的步伐，……成为一种隐形的权威”[1]。这种共同游戏其实是给游戏的指导包裹了伪装的外衣，游戏的参与者实则是游戏的指导者。第三种是真正的游戏者，是指“教师与幼儿同处一个场中，……这个场（游戏场）不仅是物质资料等构筑出来的，更重要的是它有一种心理和精神上的同质性”[2]。教师要成为真正的游戏者与儿童共同游戏，是基于双方意义世界的共通与共融的。

所以，教师作为“游戏的人”，不仅是成为一个会玩游戏的人，更要成为一个拥有游戏的逻辑并能促成游戏与教学动态交互的人。游戏的逻辑是非理性的。游戏是“玩”，是自主自愿并以追求乐趣为旨趣的行为，“玩游戏的乐趣，令一切分析、一切逻辑解释束手无策”[3]。但是，游戏又是“严肃”的。“它（游戏）创造秩序，它就是秩序。它把暂时的、受约束的完美带进残缺的世界和混乱的

1 黄进．游戏精神与幼儿教育 [M]. 南京：江苏教育出版社，2006：194.

2 黄进．游戏精神与幼儿教育 [M]. 南京：江苏教育出版社，2006：207.

3 约翰·赫伊津哈．游戏的人——文化的游戏要素研究 [M]. 傅存良，译．北京：北京大学出版社，2014：3.

生活。”[1]游戏的逻辑即叙事逻辑，在后现代哲学看来，相对于现代性框架中出于“学术逻辑、科学观察和数学精确性”[2]来界定的“严密性”而言，叙事逻辑的“解释性和不确定性”才是真正的严密性：“不确定性并不意味着任意性，相反它承认现实化的范围，更好的是，它还承认由此达成现实化的一系列可能性。在发展中达成哪一种现实化则依赖于相互作用的过程本身，依赖于不确定性和确定性的组合。”[3]游戏的不确定性是在现实中寻求想象的满足并形成的一种开放的可能性。由此看，游戏又是理性的，游戏中的儿童总是在想象与现实之间寻求某种平衡，在现实许可的范围内（游戏环境、材料、伙伴等）寻求想象的满足与游戏的乐趣，正所谓“从心所欲而不逾矩”。这是一种自由的理性或理性的自由，是感性与理性、现实与想象、规则与自由的交织与交融。

教师拥有叙事的逻辑也是教师进入儿童“游戏世界”的基本前提。哈卡兰尼（Pentti Hakkarainen）等提出叙事的逻辑有以下六个标准：“有社交 / 集体特征；具有想象力；有创造力；随着时间的推移；具有挑战性；具有叙述结构。”[4]游戏可以理解为儿童对世界的叙事，要理解儿童的游戏或者参与儿童的游戏进而促成游戏与教学的交互，需要教师转变传统的理性至上的思维，转向游戏的逻辑——叙事。叙事与故事创作或者角色扮演等也会激励教师进入一个共同的游戏世界，反过来这也唤醒了他们的想象力，有助于他们的情感投入和共同的游戏体验。

教师拥有游戏的逻辑不是一种非理性或反理性，更不是对教学的“玩世不恭”，而是放下计划者、指导者、裁决者“高高在上”的姿态，搁置理论、政策中的“单数”化儿童理解的固执，放下盲目地对精确性与确定性的依赖，包容不确定性与多样性，放下“对理论根深蒂固的、不加考察的、错误的依赖”[5]，以一种“具体的、特定的……无限地受情境影响的因而对意外的变化具有高度反应性的”[6]方式来处理教与学的问题。真正的确定性，不是来自政策、文件、理

1 约翰·赫伊津哈．游戏的人——文化的游戏要素研究 [M]. 傅存良，译．北京：北京大学出版社，2014：11.

2 小威廉姆·E. 多尔．后现代课程观 [M]. 王红宇，译．北京：教育科学出版社，2000：259.

3 小威廉姆·E. 多尔．后现代课程观 [M]. 王红宇，译．北京：教育科学出版社，2000：260.

4 Niklas Pramling &Cecilia Wallerstedt.Play-rsponsive teaching in early childhood education[M].Gewerbestrasse:Springer Nature Switzerland AG.2019:98.

5 小威廉姆·E. 多尔．后现代课程观 [M]. 王红宇，译．北京：教育科学出版社，2000：231.

6 小威廉姆·E. 多尔．后现代课程观 [M]. 王红宇，译．北京：教育科学出版社，2000：231.

论、课本，而是来自真实情境中儿童与环境、同伴、教师的互动，来自“多重意义”背景下的情景参数之间的交互作用。正如杜威所说的“在不确定中寻求确定性”[1]。游戏是叙事逻辑，它不寻求准确性与答案唯一性，而寻求叙事延续下去的可能与意义的理解，它是在意义的驱动下面向意义的开放与生成，也即寻求更多、更丰富的意义。游戏的逻辑并不是说摒弃规划与方向，而是要放下行动之外的规划与方向，它的规划来自行动，并在行动中得以调整。这两者是相互作用的，“一个导向另一个并依赖于另一个”。规划因为与行动密切交织所以具有高度的情境依赖性与现实关照性，规划产生于人与周遭世界交互作用的行动中意义的生成与扩展的需求。

二、组织结构

“组织结构”是游戏的组织、协商、观察与讨论，是“叙事结构”的保障性结构。它联结着“叙事结构”与“现实结构”，在“整合意义模型”中起到枢纽的作用。其中，幼儿是“组织结构”的积极贡献者，他们不仅是游戏的自然组织者，也在游戏与教学的动态交互中发挥着重要作用。教师的游戏角色是在意义层面的“保持共同思考与感受”基础上参与游戏，教师的观察是教师对儿童以游戏为主的活动中的行为表现（结合游戏作品、言语交流等）进行观察，而游戏分享与讨论是师幼一起基于游戏的“再体验”而实现意义的扩展与丰富。

（一）儿童：“组织结构”的积极贡献者

在传统的教学模式中，教学基本是由教师“说了算”的，儿童处在教学组织之外。在“整合意义模型”下的幼儿园游戏教育中，教师与儿童不是处于对立关系的教育者与被教育者，而是伙伴、合作者，结成意义共同体，共赴一场基于游戏的意义生成之旅。“组织结构”不是教师的专利与任务，儿童是“组织结构”的自然参与者与积极贡献者。

儿童是游戏的自然组织者。儿童在想象的激发下开展游戏，但是如果仅有想象、仅追求想象的满足，这样的儿童不会是好的游戏者，甚至还会被游戏伙伴视为“异类”。好的游戏者总是在想象与现实之间寻求平衡，在现实许可的范

---

1 约翰·杜威．确定性的寻求——关于知行关系的研究 [M]. 傅统先，译．上海：上海世纪出版集团，2005：13.

围内以及可实现的现实条件下获得最大限度的满足。其中，游戏材料与环境是现实条件，儿童要考虑到游戏开展的环境与可利用的材料，对环境的考量以及材料的安排、使用构成了游戏中的儿童“组织结构”的一部分。此外，游戏伙伴也是游戏中的儿童必须考虑的现实之一。在分配游戏角色时，儿童会综合地考虑伙伴的年龄、性别、身体力量、敏捷性以及个人意愿等综合因素来安排，游戏进程中也会随着游戏内容的变化而调整各自的角色或行为。儿童身处游戏之中，但又清楚游戏的边界，为了让游戏进行下去，他们自如地在“游戏中”与“游戏外”切换。儿童既是游戏者也是组织者，或者可以说好的游戏者必须是一个好的组织者，作为游戏者内在地包含了组织者的属性。

将儿童游戏的结构与逻辑运用到游戏与教学的相互作用之中，那么“组织结构”是游戏与教学动态交互的内在构成性结构，儿童不仅身处游戏中，是游戏的组织者，更身处于游戏与教学的动态交互之中，处于游戏环境、材料、游戏伙伴以及教师、教学资源等多重意义背景构成的综合性复杂系统之中，他们不是被动的受教育者或被组织者，而是这个游戏与教学动态交互的复杂系统中的主体性的一员，与教师一起促成游戏与教学的动态交互。

让儿童成为游戏的主人，游戏中儿童生成的意义成为游戏与教学动态交互的内在驱动力，使“叙事结构”成为“整合意义模型”的核心结构，这是实现儿童“组织结构”作用的根本性途径，也是使儿童成为游戏与教学动态交互的复杂系统中的主体成员的根本诉求。这是儿童“组织结构”作用的“隐线”，也应是主线。从行为活动的层面来说，师幼双方的合作、讨论与协商是儿童在游戏与教学的动态交互中的“组织结构”作用的现实途径。“合作商谈的目的是师生取得主体间一致，赋予教学事件以共同意义。”[1]意大利切塞纳蒂科（Cesenatico）的 Villamirina 幼儿园开展的在游戏活动和叙事的背景下的“合作教学”（cooperative pedagogy）[2]为师幼合作协商提供了一个很好的范例。在“合作教学”中教师通过观察儿童在游戏中的“踪迹”考虑儿童的游戏需求，并通过对话和交谈让儿童直接参与到教学过程中，教学过程成为师幼双方共同故事的

1 邓友超. 教学如游戏论纲 [J]. 华东师范大学学报（教育科学版），2003（03）.

2 Cecchin, Daniela . Pedagogical perspectives on play// I. Schousboe and D.Winther-Lindqvist (Ed.), Children' s play and development: Cultural-historical perspectives[M].New York: Springer,2013:55-72.

构想和建构，从个别化或者小组化的游戏演变成为一个大型、深刻且具有相关性的共同故事的游戏，成为一种“社会整合性游戏”。合作教学法意味着在教学环境中所有主体之间的有意义的互动及相互影响。儿童和教育者是不同身份的主体，也是拥有不同意图与目标的个体，他们需要相互交流与协调来形成一种协调一致的教学环境。儿童和教育者之间通过个体和团体的方式不断地相互联系与互动，教学过程以连接、协商与协调的方式在进行着。教育者根据教学目的和意图做出初步计划假设，但这些计划在内容和方向上都可能根据孩子的实际动机和参与情况而修改与调整。

（二）教师的游戏角色与参与：保持共同思考与感受

教师的游戏角色与参与是“组织结构”的重要组成部分，这是长期以来颇具争议的一个问题。

游戏中教师的角色，一直以来在“教师为中心”和“儿童为中心”两点间摇摆，前者教师是游戏的组织者、指导者，后者教师则“游离”在游戏之外，对游戏“不指导、不干预”。西方的幼儿教育长期由“儿童为中心”主导，教师的作用是提供游戏环境与材料并对儿童游戏进行观察，而不对游戏进行干预。一些研究者发现，20 世纪六七十年代，“教师仅仅花了 2%~6% 的时间主动参与儿童的游戏，他们会把自己的参与程度限制在极浅的层次上”[1]。这种情况一直持续到 20 世纪 90年代。20 世纪 90年代以后教师的游戏参与程度有所改观，如“欧文、卡朋特和康托斯发现，学前班教师促进游戏的时间占 27%。格林德和约翰森发现，幼儿看护人员在 39% 的时间会协助游戏的进行”[2]。但是在参与性提高的背后仍存在不少问题。康托斯（S. Kontos）指出，美国“开端计划”[3] 的教师们虽然花更多的时间在游戏中与儿童互动，但是“通过他们（儿童与教师）的对话记录显示，这些对话并不是丰富而富有启发性的内容……在质量上还有很大的提升空间”[4]。欧文（Erwin E.）等发现：“教师几乎只关注游戏的认知层面，

1 詹姆斯·约翰森，詹姆斯·克里斯蒂，弗朗西斯·华德 . 游戏、儿童发展与早期教育 [M]. 马柯，译 . 南京：南京师范大学出版社，2013：193.

2 詹姆斯·约翰森，詹姆斯·克里斯蒂，弗朗西斯·华德 . 游戏、儿童发展与早期教育 [M]. 马柯，译 . 南京：南京师范大学出版社，2013：195.

3 开端计划（Head Start）是美国联邦政府对处境不利的儿童进行教育补偿，以追求教育公平，改善人群代际恶性循环的一个早期儿童项目。该计划从 1965 年开始实施，已经为 2200 多万名儿童提供了服务。

4 Kontos,S.Preschool teachers’ talk,roles,and activity settings during free play[J].Early Childhood Research Quarterly.1999.14.

如儿童对游戏器材、玩具的想法和使用。……教师对于游戏促进同伴互动等社会层面的支持，只占了游戏时间的2%。”[1]

研究结果的喜忧参半反映了教师对游戏的参与问题不是一个可以轻易下结论的问题，这是一个非常情境化、具体性的问题，需要将其放置到一个综合的意义背景中衡量：它受到儿童个体特性的影响，包括年龄、经验背景、兴趣、需求等，也受到游戏活动的特点以及教师与儿童关系的影响。主体特征、游戏属性、师幼关系等之间不同的组合和交叉作用更呈现出复杂、多样化的意义背景，需要教师对于游戏参与“具体问题具体分析”。如低龄的儿童由于经验的不足与想象力的有限可能需要教师更多的参与与指导，而稍大的儿童需要给予更多的游戏自由。同时，不同的游戏活动也需要不同的教师参与与指导：“科学探索类的游戏需要教师的互动与指导。而对于想象游戏和社会戏剧游戏则需要给予儿童一定的开放度，共同的讨论更有助于儿童的想象。”[2] 各因素之间也存在着交叉作用，如游戏主题与儿童已有经验不匹配，就需要教师通过在游戏前提供相关的预先经验来促进儿童游戏，比如进行实地考察或是阅读相关的书籍或观看相关的影像，帮助儿童了解游戏的主题和角色。

根据不同的综合意义背景，教师在儿童游戏中的角色也是不同的。詹姆斯·约翰森（James Johnson）等将游戏中教师角色区分为具有支持性的和危害性的两类[3]，具有支持性的角色有旁观者、舞台管理者、合作表演者、游戏负责人，具有危害性的角色有不参与、导演 / 重导者（图 5-3）。

1 Erwin,E.,Carpenter,E.,& Kontos,S.What preschool teachers do when children play[N]. Paper presented an the meeting of the American Educational Research Association ,Atlanta, 1993.（04）.

2 Edwards,Susan & Cutter-Mackenzie,Amy.Environmentalising early childhood education curriculum through pedagogies of play[J]. Australasian Journal of Early Childhood, 2011.（01）.

3 詹姆斯·约翰森，詹姆斯·克里斯蒂，弗朗西斯·华德. 游戏、儿童发展与早期教育 [M]. 马柯，译. 南京：南京师范大学出版社，2013：197.

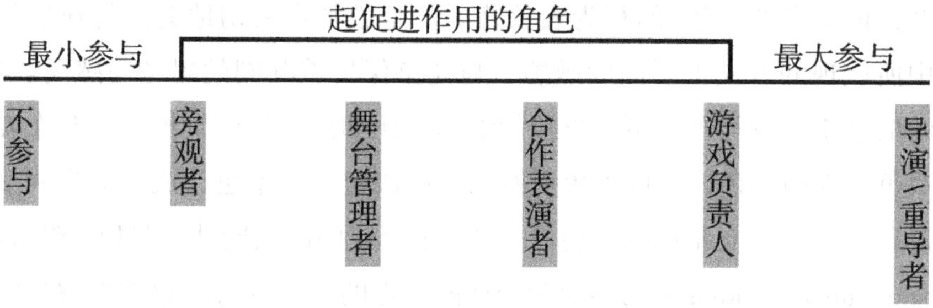

图 5-3　教师在游戏中扮演的角色[1]

可以发现，具有促进作用的教师角色是处于中间参与度的角色，他们既不是完全不参与游戏，也不是过多参与甚至控制游戏，而是根据儿童游戏的实际开展情况智慧而又灵活地参与到游戏中。其中，“旁观者”在一旁观察儿童的游戏，不时点头或以其他方式鼓励儿童游戏，但不参与游戏。“旁观者”的注意力在游戏上，他们在密切注意与观察着游戏而获得游戏中儿童的重要信息。“舞台管理者”也像“旁观者”一样不进入儿童游戏，但是他们积极帮助儿童进行游戏准备，提供协助，如帮助布置游戏布景、制作服饰道具，给游戏剧本提供建议、拓展游戏。“合作表演者”是游戏的积极参与者，相当于儿童平等的游戏伙伴，教师在儿童主导的游戏中配合游戏，他们可以来示范社会角色扮演的技巧，如角色的表演、假装事物的转换以及与同伴互动的策略。“游戏负责人”与“合作表演者”相比，会采取更多的策略来丰富和拓展游戏的内容。教师通常在儿童无法独立发起游戏或在游戏中出现问题时转向这一角色。在具有危害作用的角色中，“不参与”的教师在儿童游戏时休息或做其他事情，而只有当儿童出现安全问题时才有所作为。“导演”或“重导者”则完全控制着儿童游戏，直接指导或命令儿童，将游戏不恰当地用于教学，提出一些带有强烈教学目的的问题而悬置儿童当前的行为。

可见，教师角色是具有支持性的还是危害性作用的关键点并不在于实际行为层面的参与度，而在于行为背后意义层面的交互作用，也即教师在意义层面是否“高度参与”儿童的游戏，与儿童保持共同思考与感受，这才是判断教师角色是否具有支持性的关键所在。教师作为“旁观者”的角色看上去并没有

1　詹姆斯·约翰森，詹姆斯·克里斯蒂，弗朗西斯·华德. 游戏、儿童发展与早期教育 [M]. 马柯，译. 南京：南京师范大学出版社，2013：198.

做什么，但是在“无为”的行为表象背后却是教师在密切地关注与观察儿童在游戏中所展现的意义世界高度敏感，与儿童保持着共同的思考与感受。“此时获得的信息相比教师进行更为直接的参与，比如扮演舞台管理者、合作表演者或游戏负责人的角色，可以做出更有根据的决定。观察也让成人适当调整自己的直接参与更加适应儿童的兴趣。”[1]“一个真正的游戏同伴，是以‘双向理解’(dialogical understanding)的沟通为交往的起点的。”[2]通过观察在理解与感受的层面上“高度参与”儿童游戏是教师进行实际的游戏参与与干预的前提，没有与儿童保持“共同思考与感受”的参与就不是具有支持性的，甚至会破坏儿童游戏。

(三)教师的游戏观察：捕捉儿童的“踪迹”

“踪迹”(traces)的隐喻来自《格林童话》中《汉赛尔与格莱特》的故事。汉赛尔与格莱特是一对在森林中四处游荡的兄妹。汉赛尔在穿过树林的路上留下了一些白色小石头，这些石头能帮助他们重新找到回家之路。“踪迹”有一种小而隐蔽的、需要去仔细地寻找与追随的含义，“踪迹”可以作为成年人寻找“失落的儿童”的标志。以“踪迹”为隐喻来代表儿童自然显露出来的对这个世界的独特领会与感受，也即儿童独特的意义世界。儿童的意义世界不如成人那么清晰、能被意识到并自如地通过言语来表述。很多时候，年幼儿童是那么“词穷”，很难清楚表述他们的意义。然而，儿童的行为则是一扇“忠实的”窗口，“踪迹”“散落于儿童的游戏中、绘画中、交流中一些重要的思想、特定的兴趣、偏好和对周遭事物的关注点”[3]，他们的意义世界往往是在行为中、通过在与周遭世界的相互作用中隐而不显地“述说”着。

通过游戏捕捉儿童“踪迹”的一个典型的范例是精神分析的游戏疗法。游戏治疗的基本立场是儿童的游戏自有“深意”，他们玩什么绝不仅是在玩什么，而是表达着对这个世界及其与自身关系的理解与感受。儿童在生活中的经历、困境、矛盾会在游戏中“述说”。游戏本身就具有自我疗愈的功能，儿童自由地

1 詹姆斯·约翰森，詹姆斯·克里斯蒂，弗朗西斯·华德. 游戏、儿童发展与早期教育 [M]. 马柯，译. 南京：南京师范大学出版社，2013：198.

2 黄进. 游戏精神与幼儿教育 [M]. 南京：江苏教育出版社，2006：195.

3 Daniela Cecchin.Pedagogical perspectives on play// I. Schousboe and D.Winther-Lindqvist (Ed.). Children' s play and development: Cultural-historical perspectives[M]. New York: Springer,2013:55-72.

摆弄游戏材料、与游戏材料的自由交互就是在“处理”内心的问题，在现实中无力、无法直面的问题在游戏中得到了投射性的表达与处理。游戏成为架构治疗师与儿童之间良好关系的“桥梁”，治疗师通过儿童的游戏来了解、理解儿童的意义世界，敏锐地觉察儿童的感受并做出反应，帮助他们面对现实问题、解决心理困扰。

“沙盘游戏”是游戏治疗的一种，它以荣格的无意识理论为基础：“人的无意识能够推动个人趋向完善和成长，不断发挥潜力，使个人这一自在实体具有自我修复的力量。”[1] 沙游中的游戏材料有“深意”——符号的意义。如“水代表着自由、情感性、焦虑、原始性、悲伤、后退等；布娃娃代表着自我身份、后退、游戏、亲密关系等；怪兽代表着恐惧、未知、秘密、力量……”[2] 儿童可以自由地选择自己喜欢的材料，在沙盘里搭建任何场景，没有是非对错之分。治疗师安静地坐在一边，不做任何指导，只让儿童感到自己在场从而获得心理上的支持与安全感。儿童离开后，治疗师给沙盘拍照，通过空间布局、沙子造型、物品摆放、玩偶的选择与位置以及游戏情境，“运用思想（理性）、直觉、情感和感觉这四种官能进行解读”[3]。

沙盘游戏虽然是一种精神治疗方法，但是对于儿童游戏教育具有丰富的启示性意义。它把儿童视为拥有独立意义世界的个体，视游戏为通达儿童意义世界的自然途径，关注儿童通过游戏展现的意义世界，即关注儿童如何理解并感受这个世界。同时，沙盘游戏治疗师充分尊重儿童，让儿童在自由、宽松、充满安全感的环境中自由游戏，让儿童的“踪迹”自由显露。基于游戏的儿童教育需要珍视游戏作为在儿童意义世界展露的独特价值，借由游戏来捕捉与追随儿童的踪迹，并在尊重儿童游戏自主与自我表露节律的基础上助推儿童精神的充沛与意义的丰盈。

要捕捉儿童的“踪迹”，首先，是要让“踪迹”显现。“踪迹”是儿童意义世界在游戏、绘画等活动中的自然显露，是儿童在与周遭世界的自由、自主的交

1 Allan,J.&Brown,K.Jungian play therapy in elementary schools[J].Elementary Schools Guidance and Counseling, 1993:28.

2 詹姆斯·约翰森，詹姆斯·克里斯蒂，弗朗西斯·华德 . 游戏、儿童发展与早期教育 [M]. 马柯，译 . 南京：南京师范大学出版社，2013：234.

3 Kalff,M.Twenty-one points to be considered in the interpretation of a sandplay[J].journal of Sandplay Therapy.1993（02）.

互作用中显现出来的。那么，为游戏提供相对自由的氛围与充足的时间从而让“踪迹”显现是捕捉儿童“踪迹”的前提。首先要提供“有准备”的环境。“有准备”的环境能确保儿童与环境的自由、充分的交互作用，让“踪迹”自然显现（这点将在“现实结构”中具体讨论）。其次给予儿童充足的游戏时间，这是“踪迹”自然显现的基本条件。有研究发现，儿童的复杂游戏需要充裕的时间。“与15分钟的游戏时间相比，在30分钟的游戏时间里，幼儿会进行更高层次的社交和认知形式的游戏。”[1]“在较长的游戏时间里，儿童更有可能进行社会角色扮演和结构游戏；而在较短的游戏时间里，他们则多进行形式更为简单的游戏，比如功能（运动）游戏和非社会平行角色扮演游戏。较短的游戏时间里，儿童也会出现更多的非游戏行为（如无所事事、旁观和过渡行为）。”[2]每天有固定的一段较长时间的自由活动或游戏能在时间上保证儿童的自由探索以及与环境的交互。同时，教师也要灵活地安排日常，适当地根据儿童的兴趣以及游戏进行情况来调整时间，这也有助于儿童与游戏环境充分的交互。此外，允许游戏在一段时间内的连续性，在几天甚至几周的时间里让复杂游戏能够持续进行，也能使儿童在持续的游戏活动中获得深度的体验与持续性的感受，当然持续性的复杂游戏是在儿童自身的兴趣驱使下进行的。

其次，要捕捉儿童的“踪迹”，也要处理好“单数”儿童与“复数”儿童的关系。一般而言，“单数”儿童主要指政策、文件或系统性理论知识中概括化的儿童，而“复数”儿童是指日常生活、自由游戏中表露出来的多样化、个性化的儿童。在一定程度上，前者占据了教师对儿童理解的中心位置。与需要去仔细观察与发现的儿童“踪迹”相比，政策文件或理论知识中的“儿童”的获得更为便捷，并且这样的“儿童”仿佛涵盖了一切儿童而显示出其无可非议的“准确性”。但是，即使再有涵盖度的理论和观念都无法覆盖真实生活中鲜活的儿童，即使再正确的理论和观念在真实的儿童面前也会“相形见绌”。不是不需要“宏大叙事”的理论与对儿童概括化的解释，我们所要做的是如何将观念中、理论中的“儿童”与真实生活中的“儿童”进行交互，在一定的理论背景下更好地发

1 Christie,J.Johnsen,P.&Peckover,R. The effects of play period duration on children’s play patterns[J].Journal of Research in Childhood Education,1988（03）.

2 詹姆斯·约翰森，詹姆斯·克里斯蒂，弗朗西斯·华德. 游戏、儿童发展与早期教育 [M]. 马柯，译. 南京：南京师范大学出版社，2013：189–190.

现儿童的“踪迹”，更好地理解在我们面前的生动、鲜活的儿童。只有理论是教条的，只有实例则是盲目的，只有将理论中的“儿童”与现实中的“儿童”结合，才是理智又明智的。

在儿童与周遭世界的交互中去捕捉儿童的“踪迹”是通过儿童“所行”“所言”去识别、理解、判断儿童在关注什么、思考什么、感受什么。这需要教师暂时“悬搁”那些“先入为主”的对儿童的理解，或者把那些“理解”当作背景，而让眼前的儿童“凸显”，让他们自己来“述说”自己。这需要教师放下“教”的身段，带着同理心去观察儿童的言行。“踪迹”一词意味着教师需要通过细致的观察去领会与理解儿童行为表现下隐含的意义与需求，这需要教师不仅要有“观察之耳目”，还要有“同理、谦卑之心灵”，教师观察儿童游戏的背后是怀着“虚怀若谷”的心态与儿童“保持共同思考与感受”。

再次，游戏中儿童的兴趣是需要去捕捉的重要“踪迹”。游戏中儿童的兴趣，是他们在游戏中的兴致所向，预示着游戏发展的可能性方向，也是意义生成与扩展的契机。杜威认为，兴趣分两种：一种是感官刺激所引发的短暂的兴趣，“它是作为愉快本身而存在的，而不是作为活动产生的愉快而存在的”[1]；另一种兴趣是“自我通过行动与某对象或者观念融为一体的伴随物”[2]，它具有对行动的持久的推动力，推动着行动的产生与进行。“真正的兴趣意味着人已经投身于其中的，或发觉自己已身在其中的某一行动过程，因而他与那个过程成功地进行中所包括的任何对象和技巧是融为一体的。”[3]这是一种自我与对象没有距离地、紧密地融为一体的过程。杜威认为，前一种兴趣所带来的是短暂的愉悦，但后一种兴趣则带来内在的幸福感。与幸福感相比，愉悦感可能更具视觉上的即视感，更容易被“捕捉”到，但是教师更需要去关注儿童在游戏中内在的兴趣所趋向的一种非外显的沉浸与满足，如儿童突然安静，往往代表他们在特别注意某事物，而动作的突然停止可能是正在进行的游戏遇到了一些阻碍，相比于儿童外显的表情这些是教师更要注意的“踪迹”。

最后，“踪迹”的捕捉与评估密切相关，对游戏的评估是一种行进性的判

---

1 杜威．我们的学校与社会·明日之学校 [M]. 赵祥麟，等译．北京：人民教育出版社，1994:170.

2 杜威．我们的学校与社会·明日之学校 [M]. 赵祥麟，等译．北京：人民教育出版社，1994:170.

3 杜威．我们的学校与社会·明日之学校 [M]. 赵祥麟，等译．北京：人民教育出版社，1994:171.

断与估计。在意义引领下的游戏与教学的动态交互中，基于儿童与游戏材料、伙伴、教师的评估随时都在进行着，因为动态交互观下的评估不是教师对儿童进行了某个游戏或某个活动以后的“终结性”评判与评定，而是结合具体的情境、实际的交互活动而进行的“行进性”的判断与估计，与其说这是一种评价，还不如说这是方向的预估，它预示着行为发展的可能与意义生成的可能。它不是一个终结，而是现在与未来的联结。这里的评估可以说是与教师和儿童的动态交互行为密切交织在一起的组织性架构。行进中的评估是动态的、行动联结的，终结性的评估是静态的、预示行为结束的，两者的关系与杜威对教育目的的论述比较相似。杜威认为，教育没有外在的目的，没有一个固定的预定目的要去追求，教育的目的是内在的，是动态生成的，与手段一起统一于教育的过程之中。一个目的的达成，就会转化为一个达到下一个生成的目的的手段，手段与目的统一于教育的过程之中。而外在的目标“游离”于教育过程之外，等着儿童离开现在的状态去达到那个目标，教育仿佛是“摆渡船”，从一个起点到一个终点。教师对儿童的观察与评估，在传统意义上是对儿童各领域发展水平的判定评价，更多是属于在行动之外的静止的、终结性的评价，目的是在一个阶段的教育之后做总结以及给予家长以教育反馈。而在教学过程中的观察与评估着眼于儿童在与周遭世界互动中的意义的生成，关注于儿童在游戏情境中的所思、所感，并以此作为教师支持性行为的依据与凭借，过程中的观察与评估具有“即刻”的效应与意义，是教师与儿童行为层面交互作用的“推手”与驱动力。

（四）游戏分享与讨论：游戏的“再体验”与意义的扩展

“组织结构”对“叙事结构”的支持不仅体现在在游戏过程中支持儿童的游戏叙事、参与游戏，观察游戏捕捉儿童“踪迹”，而且也在游戏过程之外。过程外的支持一方面在游戏开展之前，通过游戏环境的创设与游戏材料的准备来推动游戏叙事与创作，另一方面在游戏之后，通过基于游戏的分享与讨论使“叙事结构”延伸到非游戏性活动中，使游戏之丰富意蕴与意涵不在游戏结束之时停止，而在游戏结束之后持续地延伸与扩展。“叙事框架”不仅在儿童游戏中是驱动性的内在动力，而且也在非游戏性活动中起到驱动力的作用。游戏之“玩味”不在游戏结束后“戛然而止”，而在游戏结束之后获得持续性的“再体验”，意义也在游戏的“再体验”中获得延展与丰富。游戏“再体验”与意义的扩展是在游戏分享与讨论中实现的。

首先，游戏分享与讨论仍以游戏叙事为载体与主要内容。游戏叙事是儿童意义世界的独特表达与展露，儿童也在游戏叙事的沉浸式感受与体验中生成丰富的意义。游戏分享与讨论，不是从游戏中归纳、总结出某个道理或意义，而是尊重游戏框架，将游戏叙事延续到分享与讨论中。这一方面保留意义于游戏之中（意义也必然是融于游戏、与游戏密不可分的），经由游戏叙事的延续而保持游戏意义的“再体验”。另一方面，这也是一种理解游戏的方法论：“用分析和理性的思维模式来解释儿童的游戏具有局限性。我们还得依靠诗意的想象、天生的直觉以及综合的思维模式来理解儿童游戏。……不是确定无疑的解释，而是实事求是的理解，是用含义丰富的故事去描述特定环境中的儿童游戏的全面状况……”[1] 这是一种游戏的现象诠释学，是用游戏自己的“语言”来理解游戏与游戏中的儿童。游戏分享与讨论就是基于游戏的现象诠释学尊重并支持儿童用游戏的“语言”来述说游戏和游戏中的自己。

其次，游戏分享与讨论以意义的理解与对话为内核，支持多样化、个性化的表达与分享。意义是多样化与个性化的，意义是“复数化”的人之复数性存在的本质，也正因不同的人对周遭世界的不同感受与体验而生成了不同的意义世界，而形成了“复数”的人。即使在同一个游戏中，不同的儿童也会有不同的理解与感受。基于意义理解与对话的游戏分享与讨论不是诸如“这个游戏告诉我们一个道理……”的对游戏的概化与约化，也不是诸如“× × 小朋友是对的，× × 小朋友是不对的……”这样的是非对错判断，而是尊重游戏意义的情境性、直观性与体验性，鼓励儿童叙述自己的“游戏故事”，展现自己独特的游戏体验与感受。这是在接纳儿童游戏意义的多样性、个别化与差异性的基础上给予儿童个体的意义的展现、表述、相遇与相融以公共的场域，扩展与丰富儿童的意义世界。

最后，教师不是游戏的评判官，而是意义表达的支持者与澄清者。作为

1 詹姆斯·约翰森，詹姆斯·克里斯蒂，弗朗西斯·华德．游戏、儿童发展与早期教育 [M]. 马柯，译．南京：南京师范大学出版社，2013：78.

意义表达支持者的教师，应营造“主体间性”的环境与氛围，让儿童的意义世界突破个体视域的局限而在“公共领域”相遇、相交。游戏分享与讨论不仅需要教师提供游戏视频或照片、围绕一定的共同话题来展开讨论，而且也需要教师营造平等交流的氛围，鼓励儿童敞开心扉、诉说自己在游戏中的独特理解与感受。年幼儿童由于语言能力有限往往表达不清，需要教师鼓励儿童再次表述或者辅助儿童进行意义“澄清”，使其他儿童更好地理解。韦奇（Wertche）认为“理论上说，主体间性总是相应地伴随着差异性”[1]。伽达默尔也认为理解具有“历史性”，“前见”必然存在，差异与分歧也在所难免。同时也正因“差异性”的存在才使对话与交流充满乐趣。教师为游戏分享与讨论提供与营造“主体间性”的机会与环境，其目的不是抹去差异，而是包容、接纳与支持“差异性”——儿童与教师带着对游戏不同的理解与感受共赴一场意义相遇、相会之旅，意义世界在“我与你”之间敞亮，也在“我与你”的交汇中丰富与扩展。

三、现实结构

“现实结构”是游戏叙事、活动的现实环境、物质材料等，它是“整合意义模型”的现实基础与实现形式。最深层的“现实结构”是集体无意识，是一种潜在的种族烙印与文化镌刻，中间层是儿童与教师所处的社会文化与生活现实，第三层是实际的游戏环境与物质材料等。在此主要就第三层面的“现实结构”进行探讨，主要体现在游戏环境与材料、游戏作品等方面。

（一）游戏环境与材料：激发与支持儿童游戏

首先，游戏环境与材料是儿童游戏产生的物质基础。

我们观察儿童，尤其是七岁以内的儿童的游戏，他们总是在“玩些什么”（play something），很少有儿童空手在“玩”。成人可以脱离于实物而“游戏”，如弗洛伊德认为“幻想”就是成人的一种游戏。但是年幼儿童则不能，依托于具体事物的实际操作与行动是他们理解与感受这个世界的基本途径。儿童的意义世界的生成具有更为强烈的现实依赖性。儿童的意义世界不是被给予的，也不是去哪个地方寻找的，它是生成的，是在与世界的“交手”——交互作用

1 Niklas, Pramling &Cecilia, Wallerstedt.Play-responsive teaching in early childhood education[M]. Gewerbestrasse:Springer Nature Switzerland AG，2019:103-104.

（interaction）中生成与丰富的。与物的交互作用也构成了儿童意义世界生成的前提。因此，游戏之“物”是儿童游戏的基本物质条件。同时，游戏材料也是儿童游戏中激发意义生成的中介物。维果茨基认为，想象是学龄前儿童游戏的核心要素之一，在想象中，游戏材料被赋予了超越其本然性意义的儿童自己的意义，这种意义占上风，主导着游戏行为。但是游戏中儿童赋予游戏材料的意义与象征（symbol）又是不同的，象征是成人所拥有的可以超脱于物体而使物体“象征性”地来替代意义。如成人可以拿着一根牙签说“这个是上海”，拿另一根牙签说“这是北京”，这是象征；但是儿童不能，儿童总是基于物体原有的特征来赋予意义，如他们会把一根牙签当作是“针”，但不会把牙签当作是“书”，因为牙签与针比较像但与书一点也不像。儿童赋予物体的意义一端连接着物体本身，一端连接着想象，它仍保留着材料固有的一些特征，同时被赋予新的意义。由此，游戏材料本身的属性与特性是游戏凭借材料展开想象、开展游戏的“基石”，给予儿童什么样的游戏材料就很关键。

其次，与儿童的交互作用是游戏之“物”的意义呈现的前提，也是甄别、选择游戏材料的重要依据。

游戏材料首先仅是“物”，“物”有两重形态：“已经进入人的知行之域者与尚未进入此领域者。”[1] 未进入人的知行之域的“物”是其本然形态，尚未具有意义，“物”的意义唯有对人才敞开。“‘物’的意义都是在人的知、行过程中呈现的。”[2] 正如海德格尔的理解：“何为物”的问题，总是引向“何为人”。在人与“物”之间是“事”将两者关联在一起，“事”也即是人与“物”的交互作用。王夫之说：“物，谓事也，事不成之谓无物。”[3] 没有“事”，没有与人的交互作用，“物”的意义就无以呈现。对于游戏材料来说，如果没有儿童的“玩”，那么它就仅仅限于是静止的“物”，当儿童玩这个材料了，它就可以从静止的“物”变为交互作用中的“物”，成为“玩具”，通过儿童的“玩”，游戏材料的性质有了质的飞跃，它从儿童之外的静止之“物”变为他们行动中的有意义之“物”。

多种游戏之“物”构成一定的游戏环境，杜威也同样认为“环境”不以其物理

1 杨国荣．成己与成物——意义世界的生成 [M]．北京：北京师范大学出版社，2018：2.

2 杨国荣．成己与成物——意义世界的生成 [M]．北京：北京师范大学出版社，2018：3.

3 王夫之．船山全书（第 12 册）[M]．长沙：岳麓书社，1996：15.

特征，即时间和空间距离作为影响人的环境的标准，而是看人与这个环境是否有密切的相互作用。他提出："'环境'，不仅意谓围绕着个体的周围事物，更是指周围事物和个体本身各种积极的趋向之间特定的持续关系。"[1] 杜威理解的"环境"是以建立的方式和人们带入其中的经历为依据的。"如果一个人会随着某些东西的变化而变化，那么，这些东西便是他的真环境(genuine environment)。"[2] 也就是说，如果人处于某种环境中，但是环境不会带来行为上的某些变化，那么这个环境不能称为构成人的经验的环境。从人与环境的动态交互作用中来看待环境，环境就因为人的参与而呈现出灵活性与变动性，也因为人的参与，环境就从人的周遭世界变成人之"事"的构成部分，人赋予了环境以意义。对于儿童来说，"真环境"是源自儿童内在需要与兴趣的环境，"'真环境'是那些同儿童真实的需要、愿望、目的和能力发生交互作用以创造经验的种种情况"[3]。

因此，对于孤零零的游戏材料、环境，它是好的还是不好的均无从说起，游戏材料、环境的价值存在于儿童与之的交互作用之中，这也是教师选择游戏材料、创设游戏环境的重要依据。如果游戏材料、环境能够激发儿童的多重感官体验，也能给予儿童多样化的自由选择，从而激发儿童与材料、环境多样化的交互作用，激发多重意义的生成与扩展，那么这样的游戏材料、环境就是教师要选择的。从与儿童的交互作用层面来判断游戏材料、环境，这是游戏材料、环境的可操作性。游戏材料、环境不是为了"好看"，而是为了让游戏"好玩"的玩具与场地，因而必须具有可操作性。

最后，具体地说，好的游戏环境与材料具有儿童适宜性、开放性、变动性、多重组合性等特点。

吉姆·格瑞曼（J. Greenman）探讨了"儿童需要什么样的空间（环境）"，发现儿童最需要的是能引起丰富体验的空间："儿童需要大量的机会来探索自然和人工环境，要有水、沙子、石头、树叶、烂水果、动物、树木、棍子，可以躲藏的地方、可以摞起来的砖块、可以荡秋千的绳子、可以随意图画的纸，还能制造和听到各种声音。此外，儿童还需要操控这些材料，所以他们要能用小

1 约翰·杜威．杜威全集：中期著作（第二卷）[M]. 邵强进，等译．上海：华东师范大学出版社，2010：13.

2 约翰·杜威．杜威全集：中期著作（第二卷）[M]. 邵强进，等译．上海：华东师范大学出版社，2010：13.

3 约翰·杜威．我们怎样思维·经验与教育 [M]. 姜文闵，译．北京：人民教育出版社，2005：267.

推车搬沙子，用漏斗或管子玩水，用罐子和锅子敲打出声响，光着脚在泥地里走。儿童在童年就是不断拓展自己的世界和自然的世界。”[1] 儿童体验空间环境的方式与成人不同，儿童以感觉运动为主来感受空间环境，通过触摸、闻嗅、爬行、奔跑等身体动作来体验这个世界：

我们这些不会趴在地板上的大人低估了吸引着小动物和小孩的又热又晒的地板。我们讨厌地上的脏东西和小洞眼，雨后的小水坑和露珠也吸引不了我们，墙上灰泥剥落的地方只有丑陋，然而孩子们却忍不住伸出小手去探个究竟。[2]

那么，从儿童感知空间环境、体验周遭世界的特点出发来创设适宜的游戏空间环境以促进儿童游戏是必须的。下面这个例子是美国学者普拉迪亚·佩特（Pradnya Patet）通过室内环境的设计来促进儿童的游戏：

在一间 L 形的教室里，我们将一块长约 30 英尺、宽约 12 英尺的长方形区域做了巧妙的分隔，把一个吵闹的积木游戏区与一个安静的阅读区分隔开。积木游戏区地上铺了地毯，积木游戏主要在地毯上进行。地毯跟旁边的一块汽车地垫相连，经过一段裸露的瓷砖地面后，再过去就自然地过渡到墙边。放着鱼缸的桌子垂直靠墙摆放，不可移动，桌子下面的空间都以软垫包裹，与积木区延伸而来的地面自然衔接。这种巧妙的空间分隔能让幼儿在地上自由地爬行，同时又与边上铺着地毯的区域连接，在那里可以进行安静的桌上游戏和阅读。

儿童给积木游戏加入了运输的主题，还从沿墙边摆放的架子上找东西来加长地垫。放着鱼缸的桌子旁边和下面都包有软垫，儿童完全可以从桌子下面爬过去，坐下来安静地观看桌子两边的游戏。我们还将边上的窗户稍加装饰，吸引大家注意的同时更加强了教室里宁静的氛围。我们在窗边上放上一盆高高的人造植物，半空中吊着一个假的鸟笼，窗下贴墙放着一个脚凳，这些都吸引着儿童朝窗外眺望，跟同伴说些悄悄话。儿童这些行为跟从前相比无疑发生了巨大的变化，之前一个区域的活动与相邻区域毫无关联，儿童只喜欢待在积木区，其他的游戏区则无人问津，而如今合作性的游戏也

1 詹姆斯·约翰森，詹姆斯·克里斯蒂，弗朗西斯·华德．游戏、儿童发展与早期教育 [M]. 马柯，译．南京：南京师范大学出版社，2013：138.

2 詹姆斯·约翰森，詹姆斯·克里斯蒂，弗朗西斯·华德．游戏、儿童发展与早期教育 [M]. 马柯，译．南京：南京师范大学出版社，2013：137.

增加了。[1]

对于什么样的游戏材料是好的，成人一般比较注重游戏材料本身所拥有的教育性。如一个既能朗诵古文又能发出英文字母读音的多功能学习型玩具和一堆橡皮泥或者泥沙，一般很多成人都会选择前者，因为它具有更多的教育性功能，会给予儿童更多学习的机会。可是，对于孩子来说可能并非如此，多功能的玩具在提供很多学习元素的同时也限制了儿童自由探索、自主交互的可能性，多功能的玩具设计是基于成人所寄予儿童的希望与期待，但不是基于儿童真实游戏中现实与幻想的连接。“一件好的玩具或游戏材料能够挑战、蕴含、激发和吸引儿童的幻想，能够鼓励复杂的游戏和多样化的玩法。”[2]也即，好的游戏材料应具有开放性的特质，它能够引起儿童与之进行积极、充分的交互作用，在交互作用中游戏材料面向多重开放性的意义生成与扩展。杜威认为“儿童头脑中的想象力的运用来源于由他所使用的物件引起的一连串暗示、回忆和期待。这些物件愈是自然、简单易懂，唤起并凝聚使他的想象力的运用真正具有代表性的一切相关的暗示就有了更为确定的基础……只要机会允许，材料必须尽可能是‘真实’的、直接的和简单易懂的”[3]。

游戏材料的开放性与其结构密切相关，按照游戏材料的结构区分，可以将游戏材料分为无结构、低结构和高结构的。高结构的材料主要指构造复杂、功能固定、可变性较小的游戏材料，具有较强的“人化”特性，经过设计后一般具有一定的功能，结构比较复杂，玩法也比较固定。例如拼图游戏一般只有一种玩法，高仿真的玩具汽车、飞机往往代替不了其他物体。大多数蒙台梭利的教具也是高结构的，它具有固定的操作方法与自我纠错的功能。低结构的游戏材料的玩法相对开放自由，一般能“一物多用”，如木质积木、拼插玩具、乐高积木等。无结构的游戏的材料更多的是自然界中天然的物质，它们可变性大、可操作性强，可以满足幼儿多种玩法的需要，如水、泥土、沙子等。游戏中意

1 Kritchevsky,S.,Prescott,E.,& Walling,L.Planning environments for young children:Physical space//K.Paciorek&J. Munro(Eds.). Sources:Notable selections in early childhood.Guilford,CT:Dushkin/McGraw Hill,1999:152-157.

2 詹姆斯·约翰森，詹姆斯·克里斯蒂，弗朗西斯·华德．游戏、儿童发展与早期教育 [M]. 马柯，译．南京：南京师范大学出版社，2013：137.

3 杜威．学校与社会·明日之学校 [M]. 赵祥麟，等译．北京：人民教育出版社，2005：85.

义的生成来自儿童与材料的交互作用，高结构的游戏材料往往限制了玩法，也就局限了儿童与之的交互作用。无结构和低结构的游戏材料就像是“活”的玩具，简单、可变的结构和较强的可操作性能促使儿童展开想象、赋予其不同的意义。

但是，游戏材料本身的性质虽然能引发儿童不同程度的操作与想象，但是不同的游戏材料具体能发挥什么样的功能与作用还是应从儿童与游戏材料的实际互动来看。如对于低年龄的儿童来说，一定结构的游戏材料反而能激发他们的想象，“具有较高结构性的现实道具能够促进儿童（两至三岁）的假装行为……这个年龄的儿童正处在获取假装行为表征技巧的阶段，与主题相关物体的仿真玩具能够帮助他们开始进行角色扮演游戏”[1]。随着年龄增长，儿童的表征技巧逐渐发展，低结构或无结构的游戏材料更能激发他们的想象力。同时，对于游戏材料的数量，一般认为应尽可能丰富。但是研究发现，这并不是绝对的，“减少游戏材料的数量会使积极（分享、合作）与消极（攻击行为）社会互动增加。增加游戏材料则具有相反的效果，攻击性行为减少了，合作行为也减少了”[2]。所以仅仅关注游戏材料的数量是不够的。伊丽莎白·普莱斯考特（Elizabeth Prescott）通过不同游戏材料的组合来促进材料与儿童的互动，她提出了三种不同的组合：

简单组合：一件玩具或材料，具有单一操作性组件，如一堆沙子。复杂组合：包括两件相关联的材料，如一堆沙子、塑料铲子、小桶和漏斗。超复杂组合：包括三件或以上相互关联的材料，如一堆沙子、一些玩沙子的玩具和水。[3]

相对于简单组合，复杂组合与超复杂组合更能激发儿童的想象、促进儿童与材料之间的交互作用，因为不同性质、结构的材料的组合增加了材料之间的相互联系的可能，也为游戏情境的创生提供了更丰富的物质基础。

---

1 詹姆斯·约翰森，詹姆斯·克里斯蒂，弗朗西斯·华德．游戏、儿童发展与早期教育 [M]. 马柯，译．南京：南京师范大学出版社，2013：161.

2 詹姆斯·约翰森，詹姆斯·克里斯蒂，弗朗西斯·华德．游戏、儿童发展与早期教育 [M]. 马柯，译．南京：南京师范大学出版社，2013：161.

3 詹姆斯·约翰森，詹姆斯·克里斯蒂，弗朗西斯·华德．游戏、儿童发展与早期教育 [M]. 马柯，译．南京：南京师范大学出版社，2013：162.

游戏材料作为“物”只有在“事”，也即儿童的游戏中才能展现其超越本然存在的意义，即所谓“以事开（创）物”。“事”是儿童与游戏材料的交互作用，这是一个动态、生成、开放的概念。“事”之动态性品格也要求“事”中之“物”不是静止的、“死”的物，而是“活”的物。作为游戏之“物”的游戏材料应具有灵活、可变的特点，这意味着教师要依据游戏中儿童与游戏材料之间的交互作用来判断材料的可操作性与价值，并随着游戏的开展而增减与变动。当发现有的游戏材料很受儿童的欢迎、能激发儿童不同的玩法，教师就应当适当地增加这类游戏材料；而如果一些游戏材料玩的孩子很少、对游戏的开展起不到支持性的作用，教师应当及时减少或替换掉这类材料。

（二）游戏作品：意义的外化与呈现

游戏环境与材料是游戏之“物”的一种，儿童的游戏作品是另一种游戏之“物”。法国文化心理学家伊尼亚斯·迈耶森（Ignace Meyerson）持文化外化的主张，认为“所有的集体文化活动之主要功能，就在于生产‘作品’，这里的作品，是能够自成一物的存在者”[1]。作为作品的“物”不仅是以其物理特性而存在，更是以一种“人化”特性而存在，是人之意义世界的物化与显现。它使原本“内在于人”的模糊存在的意义世界得以以“外在于人”的实物形态清晰显现。布鲁纳也认同“物”的作品的“外化”作用：

> 外化的作用为心灵所作的努力产制出一种记录，也就是一种“外在于吾人”而非模糊地“内在于记忆”之物……“它”使得我们在某程度上减轻了些负担，使我们不必一直背负着“思考我们的思考”这样困难的工作，但它其实也是同时在完成这同样结果。“它”使我们的思想和意图得以用一种比反省思维的努力更容易企及的形式而体现。[2]

对于儿童来说，“物”尤为重要。由于抽象思维的局限，以“物”为中介的行为与活动是儿童了解周遭世界、生成与扩展自身意义世界的主要方式，以“物”的形态来展现自身的意义世界也是比言语表述更为容易的表达形式。在人

1 杰罗姆·布鲁纳．布鲁纳教育文化观 [M]. 黄小鹏，译．北京：首都师范大学出版社，2011：122.

2 杰罗姆·布鲁纳．布鲁纳教育文化观 [M]. 黄小鹏，译．北京：首都师范大学出版社，2011：124.

类发展史上还没有出现文字的时候，人们更多用图案、身体语言等表达方式进行交流，如结绳记事和岩画。相对于属于“第二信号系统”的言语表达，绘画、涂鸦、泥塑等直观、直接的“第一信号系统”的表达更能通达儿童的意义世界，从游戏到涂鸦、绘画、泥塑是从一种“做事”的直观到另一种“做事”的直观。

我们将儿童基于游戏的绘画、涂鸦、泥塑等游戏的“物化”展现称为“游戏作品”。游戏作品是儿童意义世界展现、公开、交互、扩展的重要途径。游戏作品是儿童意义世界的“物化”，通过游戏作品，儿童意义世界从相对封闭、内隐的内心领域转到了公开、外显的公共领域。“外化对于认知活动的援助乃是使之免于隐含，使之更为公开、更可协议以及更具团结的性质。”[1] 由此，游戏作品也成为教师了解儿童所思所感、捕捉儿童“踪迹”的重要渠道。在“安吉游戏”中的自主游戏与游戏分享两个环节之间有一个“游戏故事”环节（详见本章第三节）：儿童通过绘画把当天玩的游戏画下来，教师通过“游戏故事”的画面呈现与儿童语言表述相结合来了解游戏中儿童的意义世界。“游戏故事”绘画作品以直接、直观的方式“再现”游戏情境，为游戏情境的再体验提供可能，促进了意义的延伸与扩展。同时，“游戏故事”绘画作品通过“物”的形式从原本居于个人领域的意义世界进入公共领域，被大家“看得到”，这为儿童意义世界间的交融、交互提供可能。在“安吉游戏”的教室里，都有一面“游戏故事墙”，展示着不同主题下孩子们的游戏作品，呈现着儿童在游戏中不同的感受与体会，这些作品会保留下来，延续的作品成为儿童连续性的游戏经验的汇集。

除了儿童的游戏作品，教师也有游戏作品。在游戏中教师通过各种技术手段将游戏“物化”地呈现，如游戏轶事记录、照片、视频等。这些文字、影像的记录有多重意义。这些记录是教师了解儿童游戏、捕捉儿童“踪迹”的有效手段，教师的即时观察会因为注意范围的有限或遗忘而遗漏一些重要“踪迹”，而多重记录则帮助教师“重读”“细读”儿童的游戏。同时，多重记录为游戏分享与讨论提供重要素材。在集体游戏分享与讨论中，教师可以结合讨论的内容截取游戏视频片段来播放，这能让分享与讨论更具情境化与现场感。

游戏作品、游戏轶事、照片与视频等最后可以制作成游戏文件夹，保存下

1 杰罗姆·布鲁纳. 布鲁纳教育文化观 [M]. 黄小鹏，译. 北京：首都师范大学出版社，2011：125.

来。“游戏文件夹能够表现出儿童的游戏兴趣和能力水平的日益变化。教师可以对比记录儿童在室内各处或室内外游戏的差别。文件夹可以作为儿童游戏的评估资料展现儿童成长发展的过程。”[1] 游戏文件夹可以有展示文件夹和工作文件夹两种：前者主要保存轶事记录、观察表格、照片以及教师搜集整理的有关儿童的资料，后者主要展示反映儿童成长过程和与游戏主题相关的游戏作品。教师可以邀请儿童一起参与到展示文件夹的挑选中来，帮助儿童回顾与自我评价。

第三节 “整合意义模型”的实施路径

儿童游戏呈现多样化的存在样态，在幼儿园教育中也应包容与接纳多样化的游戏形态。儿童玩什么样的游戏或者说幼儿园教育场域中开展什么样的游戏取决于多种因素：儿童的年龄、发展水平、幼儿园的实际条件与所处的社会文化背景，以及师幼互动与交往中具体的交往情景等等。“整合意义模型”的实施路径也是多样化、情境性的。在此，主要分析两种实施路径：非参与性实施路径与参与性实施路径。非参与性实施路径是一种教师不参与儿童游戏，给予儿童比较大的自主性与自由度的游戏，但这并不意味着对游戏的“放任自流”，教师仍对游戏高度关注并细心观察与记录游戏，在意义层面高度“参与”着儿童游戏。参与性实施路径是一种教师参与到儿童游戏中、与儿童一起游戏的教学实施路径。

一、非参与性实施路径

“非参与性实施路径”是以儿童自主游戏为主的实施路径，教师不参与游戏，儿童在游戏中拥有较高的自主与自由。“儿童为中心”是当前幼儿园开展儿

1 詹姆斯·约翰森，詹姆斯·克里斯蒂，弗朗西斯·华德．游戏、儿童发展与早期教育 [M]. 马柯，译．南京：南京师范大学出版社，2013：73–74.

童自主游戏的核心理念。在传统的二元对立的思维框架下，“儿童为中心”就意味着处于“非中心”的教师的边缘化，把教师的“在场”看成了对儿童游戏的负面影响，甚至是干扰。儿童玩儿童的、教师顾自己的事成了“儿童为中心”理念下自主游戏开展的一种常见的景象。有时教师也很“忙碌”，但主要忙碌于安全与纪律等游戏的“边缘问题”。对儿童自主游戏的“放任自流”是在“儿童为中心”的名义下教育与游戏的“阻隔”，它阻断了游戏与教育的交互，也阻断了游戏之意义通向教育的可能。

基于“整合意义模型”来重构儿童自主游戏的实施路径，仍然保留对儿童游戏的自主性与自由度的尊重，但是在尊重的基础上注重教师对儿童游戏的“过程内”观察与“过程外”支持和延伸。教师也积极参与游戏教学，通过游戏前环境与材料的准备支持儿童游戏的生成，在游戏中观察游戏、理解儿童并通过延续性活动支持游戏意义在游戏过程外的延伸。这将超越在“中心论”思维框架下对“儿童为中心”的极端化理解与封闭式实施，基于“交互作用论”寻求儿童与教师在游戏与教学的动态交互，意义不仅在游戏过程中生成，也依赖游戏的前期准备以及在延续性活动中进一步扩展与丰富。

“安吉游戏”（Anji Play）课程模式是以户外自主游戏为主的游戏课程，2019 年 11 月笔者对安吉县某公办幼儿园进行了为期一个月的实地调研，“安吉游戏”的课程模式给予笔者探讨有意义游戏的教育很大的启发。以下将结合“安吉游戏”的实施案例来探讨基于“整合意义模型”的游戏课程与教学的非参与性实施路径。具体来说，非参与性实施路径可从环境准备、自主游戏、游戏故事、游戏讨论来展开（图 5-4）：

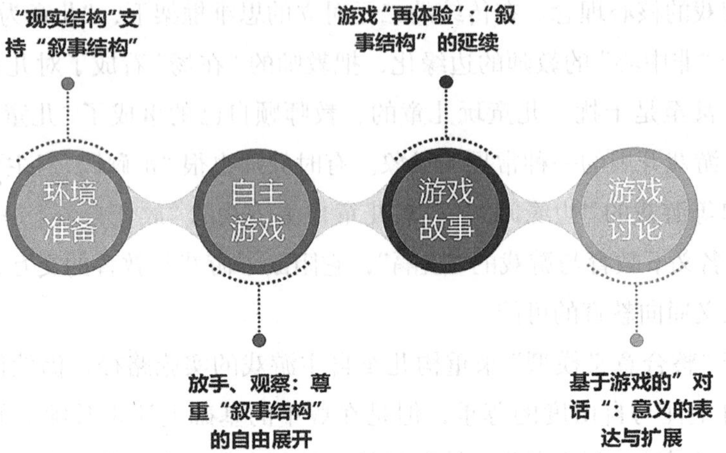

图 5-4 非参与性实施路径

(一)环境准备:创设"亲儿童"环境、促成游戏生成

不同的"物"构成的环境会产生不同的环境与儿童的交互作用,因而产生不同的游戏。能促使儿童与之密切交互并引发、生成积极的自主游戏的环境是好的游戏环境,也即杜威所说的"真环境"[1]。对儿童来说的"真环境"是"亲儿童"的环境:儿童能自然融入、投入,与之积极交互与亲密互动的具有"玩味"的环境。这是游戏之"叙事结构"得以展开并推动游戏持续进行的物质前提。儿童游戏进行之前的环境准备("组织结构")是基于"现实结构"的游戏环境创设来展开的,为儿童在游戏中意义世界的自由展露与生成做准备。

游戏材料的充足、丰富。游戏材料要保证数量的充足,数量要以超过儿童的人数为宜,保证每个儿童都能得到一定数量的游戏材料。游戏材料的种类要丰富,可有高结构的、低结构的和无结构的,木质、塑料、泥沙等各种材质的,应尽量提供多样化的低结构和无结构的游戏材料,促成想象的自由创生与游戏的生成。"环境"如不与人产生交互作用就不是"真环境",由"物"构架的环境一方面寄予了人的意图与期望,另一方面也因人施予之行为而产生不同的效用与意义。也即,如果寄予人之良好意图与期望的环境没有被好好地"使用",也会产生与创设意图相反的作用。如低结构的游戏材料的提供是为了给

1 约翰·杜威.我们怎样思维·经验与教育[M].姜文闵,译.北京:人民教育出版社,2005:267.

儿童更大的想象与创造空间，从而生发丰富多样的游戏，但是如果教师将低结构的材料进行高结构化地投放用以设计好的游戏，结果则会适得其反，如下例：

游戏前，教师提早来到活动场地，搬来了梯子、木板等游戏材料，搭建了一个“体能大循环”的游戏场景。游戏开始之前，教师向儿童说明游戏规则。游戏开始了，儿童按照教师制定的游戏规则进行游戏。玩了一会儿后，有孩子说：“老师，我不想玩了。”老师鼓励道：“第一名的小朋友可以选择一个自己喜欢的小贴纸哦！”过了一会儿，又有一个孩子说：“老师，我们都会了。”老师说：“那老师明天搭一个更难的给你们玩，好不好？”老师一直在一旁监督，只要看到没有按照游戏规则来玩的孩子，便要求他回到起点重新开始。[1]

在这个例子中，低结构的游戏材料梯子、木板等被“不当”使用失去了开放的意义。游戏环境之“亲儿童”的意义不是自然而然的，而是与儿童之间的相互作用密切相关。多样化、丰富、开放、亲近的游戏环境的实现需要教师的尊重游戏、放手游戏的理念予以成全与支持。

游戏场地的多样化、开放、亲近。户外游戏环境的创设可以考虑不同材质的游戏场地，如草坪、沙地、泥地、木屑地，儿童可以获得不同软硬、材料、干湿程度所带来的不同体验。同时可提供一系列的非平面场地，如山坡、滑道、沟壑，高度、坡度、宽窄、长短的变化带给儿童不一样的体验，为儿童游戏创造出无限变化与可能，儿童可以将不同的场地与游戏材料进行组合，创生如木板搭桥、滚筒滚坡等多样化的游戏场景。室内游戏环境的创设可按场地位置、空间区隔进行自然划分，支持各个空间之间的互通与融合。

游戏装备完备。游戏装备不是游戏的材料，但是却能为游戏的开展“松绑”。如现在很多幼儿园会配置“沙水池”，玩水、玩沙是孩子天性，但老师往往顾虑重重：怕沙子弄脏衣服和头发、怕水弄湿衣服、怕玩沙工具伤害小朋友等等。沙水池游戏中老师往往忙于避免这些问题：“×× 你铲子放低一点，别弄到别的小朋友！”“×× 别把水放得太大，要溅起来的！”……在老师的声

1 程学琴. 放手游戏发现儿童 [M]. 上海：华东师范大学出版社，2019：122.

声嘱咐中，孩子们缩手缩脚、不能尽兴。如图 5–5 的沙水池游戏配置是一般幼儿园中的常见配置（一般配有雨鞋），游戏主题常以“挖水道”为主。在“安吉游戏”中，沙水池游戏的配置更为齐全，每个孩子都有“三件套”：雨鞋、雨衣、洒水壶。如图 5–6 中装备“精良”的孩子们在玩“钻水洞”的游戏，在笔者观察的近二十分钟时间里，孩子们自由地开展着游戏，游戏情境也不断地切换与生成着（详见附录 1）。游戏全程老师都在一旁观察与拍摄视频（只有一次过来帮一个女孩把帽子戴好）。全身“精良”的装备免除了儿童游戏的顾虑、为游戏“松绑”，“现实结构”充分地支持了游戏的“叙事结构”，儿童无忧无虑的投入成全了游戏的自由生成——游戏材料得以“解放”，水从地面“升空”，沙水池游戏从平常的“挖水道”演变为“钻水洞”。

图 5–5　沙水池游戏的一般个人装备

图 5–6　“安吉游戏”沙水池的个人装备

（二）自主游戏：非必要不介入

教师放手游戏，是为了使游戏成为儿童的游戏，为了使游戏成为儿童意义世界展露、生成的自由之境。放手游戏，应让儿童拥有以下权利：自由选择游戏材料的权利；自由选择游戏伙伴或者独自游戏的权利；自主决定如何游戏的权利；选择不游戏的权利。

教师在观察游戏时应最高程度地关注与理解儿童。儿童自主游戏的观察是非参与式的游戏观察，是教师在一旁“看”儿童游戏，关注游戏的进行以及儿童的表现以理解游戏和游戏中的儿童。教师可以采取定个人或定小组观察（对某个儿童或小组）、定区域观察（对某个游戏区域）或定材料观察（对某种材料或设备）的方法。游戏观察的目的是“理解”，理解游戏与游戏中的儿童。理解是一种基于意义层面的交互，即儿童游戏的“现象直观”与教师的意义世界的交互，需要教师放下成见、搁置“前见”，以包容与接纳的心态来看待儿童在游戏中的表现，跟随游戏，捕捉“踪迹”，尽可能地“读懂”儿童。理解的过程也需要教师尽可能地“进入”游戏，跟随儿童一起沉浸游戏、体验游戏。为了让游戏框架延伸到游戏结束后的各种活动中，教师在观察的同时需要记录，可采取拍视频与照片等记录方式。

在游戏中总会遇到一些特殊情况需要教师的介入，这里涉及两个问题：什么时候介入与如何介入。在自主游戏中主张采取“关注式观望”的游戏介入策略，在儿童遇到困难需要帮助时，并不及时地介入，而是“观望”，考量游戏情境与问题情况，延迟一定的时间，给儿童适当的思考与处理问题的机会。“观望”的过程中，问题也在持续性地变化，这个过程也是教师等待势态变化、寻找恰当时机干预的过程，如当儿童表现出冒险和挑战行为、有安全隐患的时候，教师可以靠近儿童、密切关注儿童行为，不马上制止而是在保证教师能及时予以保护的前提下给予儿童自主评估与调整的机会，如果没有问题则不予以帮助，有问题则马上介入。当有儿童主动发问的时候，教师不应直接告诉他答案或解决的方法，而要引导他探究。当儿童间有纠纷与争吵时，可以靠近儿童观察儿童，给予他们自己协商解决的空间。

（三）游戏故事：延伸游戏、“再体验”游戏

游戏的意义不能在游戏结束之时止步，有意义游戏的教育要实现游戏意义的游戏外扩展与延伸。一般来说，通过言语表达的方式对游戏的回顾与交流是常见的扩展游戏意义的方式。但对于年幼儿童来说，信息搜集能力与言语表达能力的有限往往限制了其对游戏的表述，常常“言不达意”。由此，借由绘画辅助言语来回顾游戏是一个比较好的方法。通过绘画来画儿童“游戏故事”的灵感来源于“安吉游戏”：在“安吉游戏”的实施初期是没有“游戏故事”环节的，游戏结束以后，儿童回到教室稍事休息就会进入“游戏分享”环节，但是老师们发现，直接让孩子们分享与交流，有些孩子不敢说或者不知道说什么，而通过绘画的形式让孩子们先将游戏画下来再让孩子口述，这样的讲述更为清楚、流畅。“游戏故事”的绘画表达也成为教师了解儿童、追寻儿童“踪迹”的重要渠道。在游戏过程中教师通过观察儿童的行为来了解儿童的内心或许还带有“猜测”的意味，但是“游戏故事”的绘画表述以及结合画面进行的语言讲述则是儿童直接展露自己的所思所想、展现游戏的独特意义。通过“游戏故事”的“组织结构”来支持儿童通过“现实结构”——绘画来表达“叙事结构”中的意义，这使游戏的“叙事结构”继续在游戏之外的活动中延续与延展，是“叙事结构”作为“整合意义模型”的驱动性结构的体现。每个儿童都有自己独特的表征方式，不同年龄的儿童有不同的表征特点，儿童对自己游戏经验的表征和反思需要去倾听和发现，“教师要像放手游戏一样放手让儿童去表征，聆听儿童的想法”[1]。

儿童完成“游戏故事”的绘画以后，教师可以让儿童结合画面来口述游戏，在作品的空白处记录下儿童的表述或对游戏的独特理解与感受。这个过程是儿童回顾与重温游戏的过程，是游戏“再体验”的过程，也是教师基于游戏观察的现场理解“再理解”游戏的过程。“再理解”的过程可能会出现两种情况：一种是“确认”，幼儿“游戏故事”中的意义与教师基于游戏观察的理解是一致的；另一种是“澄清”，“游戏故事”的意义与教师现场观察的理解不一致，需要教师自我调整，使其更接近幼儿的理解。理解不是一种固定的结论与判断，而

1　程学琴．放手游戏发现儿童 [M]. 上海：华东师范大学出版社，2019：147.

是一个过程，是敞开自我包容与接纳多样化的儿童，慢慢趋近儿童、进入儿童内心的过程。这也是“自我理解”的过程：“倾听”儿童，放下成见与“前见”，自我反思与调整。对游戏与游戏中儿童的理解贯穿于整个过程之中，游戏观察的理解、游戏故事与口述结合的理解以及后面游戏“对话”的交流成为一条“理解之流”，在教师与幼儿意义世界之间流动、交汇与融合。

2018 年 5 月在一场“安吉游戏”的研讨会上，安吉某幼儿园的 Z 老师与大家分享了“玩水游戏”的游戏故事[1]（详见附录 2），这个案例很好地说明了儿童的“游戏故事”是如何“颠覆”教师原有理解的。在游戏观察时，Z 老师认为孩子们对游戏的理解是：“如果我上下甩管子，那么水也会上下动；如果我前后甩管子，水也会前后动；如果我用管子画圈，那么水也形成圆圈。”但是 Z 老师通过“游戏故事”发现，孩子们实际关注的不是水的方向，而是产生水滴的这种现象。这个发现使她感到吃惊：“假如那天我没做游戏故事这一过渡环节，而是直接从游戏过渡到游戏分享，那我可能会在游戏分享时误导孩子，沿着我主观理解到的兴趣点做分享了。”理解的过程中老师在“发现”孩子，也在“发现”自己，意义在表达、交流中被倾听、被理解。

“游戏故事”的张贴与保存也很有必要。每个“游戏故事”作品在被讨论之后，教师可以将它们张贴到墙面，儿童可以自由查看与回顾。延续一段时间的游戏也可以通过“游戏故事”来追踪游戏发展的轨迹，最后这些绘画作品也可以收录游戏文件夹或档案袋作为儿童成长的重要资料。

（四）游戏讨论：游戏“对话”、扩展意义

基于意义丰富与扩展的游戏讨论保持意义的叙事依赖性，即儿童对于游戏的意义总是在游戏叙事之中，也必然与游戏叙事融为一体。游戏讨论不是从游戏中总结出或概括出某个道理或结论，也不是对游戏或儿童进行简单的是非好坏的评判，而是尊重与支持儿童对游戏的个体化、多样化的理解与表达，使意义突破个体疆域的局限，进入公共领域，在表达与倾听中相遇、相会。原本“我的”“你的”意义世界在“我与你”的敞亮与相逢中进一步丰富与扩展。在讨论的过程中应注意以下几点。

---

1 案例来自“安吉游戏”官网：http://www.ajplaychina.com/content/article/article_detail/id/24099/cid/115.

一是选取典型情节再现游戏场景。儿童在自主游戏过程中会遇到很多事情，这些事情不可能都进入讨论的环节，教师可以选取典型情节再现游戏场景。“典型情节”是在游戏观察、儿童“游戏故事”与口述中教师发现的儿童反复出现的一些游戏行为或游戏情节，它们反映了儿童普遍关注与关心的问题或情境。选取游戏的“典型情节”是为了使游戏的讨论有一个切入点与大致的方向，这个点能引起大家的共鸣与谈论的兴趣，能展开讨论。以安吉县某幼儿园大班小朋友的“滚球游戏”为例（详见附录 3），“滚球入筒”是这个游戏的典型情节，反映了游戏进行过程中儿童普遍关注的问题：球怎么能滚入筒？球怎么能连续地滚入更多的筒？老师通过儿童的“游戏故事”来引入这个游戏情境，然后又通过游戏视频片段来再现游戏情境，帮助儿童回顾这个游戏、进入游戏情境之中展开讨论。

二是支持表述与意义澄清。讨论的过程中，老师不是一个答案的评判者，而是表述的支持者与意义的澄清者。在基于“游戏故事”画面、游戏视频与照片回顾，教师鼓励儿童自由表达自己的想法、感受，在讨论过程中有的孩子表述不清楚老师可以帮助其澄清，使他们的表述更容易被大家获知与理解。基于理解的游戏讨论与对话需要用“游戏”的语言来理解儿童游戏，这是“诗意的想象、天生的直觉以及综合的思维”[1]。一些听起来明显不符常理甚至有些“荒谬”的儿童的讲述正表现了儿童独特的理解与个性化的意义世界，也应予以尊重与支持。在“滚球游戏”的讨论中，对于“为什么球能从第一个滚筒进入第二个滚筒”的问题，有个孩子说“因为缝隙中的风把它吹进去了”，对于这样看起来不大符合常理的理解，老师并没有马上评判或质疑，而是重复了这个孩子的回答之后说：“都有可能，这些因素都有可能。”给予孩子“与众不同”的回答以充分的尊重。后面有个孩子则表达了他的疑惑：“这个缝隙没有风，怎么进去？”——意义自由、自然地在个体之间交汇与流动。老师抛出的问题没有朝着一个确定性的答案进发，而是扩散性地衍生出了很多解释，老师是孩子们探究问题、探寻多重意义的支持者，他们尊重意义生成的个体化，也辅助个体意义在群体环境中的扩展与延伸。

---

1 詹姆斯·约翰森，詹姆斯·克里斯蒂，弗朗西斯·华德．游戏、儿童发展与早期教育 [M]. 马柯，译．南京：南京师范大学出版社，2013：78.

三是基于理解的游戏对话。基于理解的游戏对话使儿童对游戏的感受与体验不仅发生在个体世界中，还通过“游戏故事”、言语表达而公开化，个体意义世界在公开场域中相遇、交互、相融或碰撞，个体的意义世界也在交流中得以进一步延伸与扩展。结合“游戏故事”的游戏讨论是游戏的再次“重演”，这使得意义不是“一次生成”，而是“多次重温”，这有助于个体意义世界的纵深与横向的双向扩展。从纵深上看，“游戏故事”与游戏表述让儿童回顾游戏，重温游戏过程中发生的事情、再次体验游戏的快乐，重温与“再体验”加深了感受与体会，获得更深入的意义；从横向上看，游戏分享与讨论使儿童的意义世界向外开放，原本囿于个体世界的意义向外“敞亮”，在分享与交流中相遇、相会，个体的意义在群体的交汇中扩展。

在“滚球游戏”的讨论中，对于“球为什么不能滚入滚筒？”的问题，孩子们从多方面进行了探讨：有木板的角度、滚筒内壁的碰撞、抛球时的用力程度、滚筒的结构……孩子们进而思考“球怎么才能滚入滚筒？”：滚球的方向、滚筒内壁的碰撞、木板搭建的结构、扔球的力量……这是儿童与游戏材料之间的关系的展开，也即人与物关系的展开。第二个讨论的情境是两个孩子在玩滚筒游戏中产生了争执，这是人与人之间的关系。一看视频还以为他们是为了争抢滚筒而争吵，通过他们的“澄清”才发现并不是他们要争抢滚筒，而是球和滚筒撞击的时候他们产生了一些矛盾。老师从情绪入手，让大家说说看到小朋友在争吵有什么感受。然后引导大家思考解决的办法，大家想到了很多办法：用言语表达出来、谦让、冷静一下、第三方调节……其中一个孩子就作为“第三方”在调节，但是他的“偏袒”使好心办了“坏事”，这是他之前没想到的。儿童个人的意义理解可能只是基于一个视角，但是游戏的讨论好比将意义的一条条“分流”汇集到一条大河之中，“我的意义”变成了“我们的意义”，“我们的意义”也反过来充实、丰富着“我的意义”。

二、参与性实施路径

（一）理论争议与理论假设

“个体教育的初始形态是成人陪伴儿童游戏。”[1]就游戏形式而言，儿童游戏的最初形式是共同游戏而非自主游戏：抚养者用夸张的语气与身体的动作与婴儿一起嬉戏是游戏的最初形式。在幼儿园中，一些低龄儿童由于经验的不足，他们的游戏相对而言会比较单调，持续时间也较短，而成人的适当帮助能推动低龄儿童游戏的展开。但是，“教师参与游戏”一直是一个很敏感且有很大争议的问题。因为教师参与游戏往往冒着很大的干扰游戏的风险，甚至会破坏游戏。其中争议的一个关键性的点在于对“自由游戏”（free play）的理解。“自由”是游戏的基本品质，非自由不游戏，“自由”又是那么“脆弱”，很容易在外力干扰下遭到破坏。对“教师参与游戏”的反对声音就主要来自对游戏“自由”的呵护。对此，学者范·奥尔斯（van Oers）从两个不同的视角来理解“自由”：“freedom from”和“freedom to”[2]（“自由的何从”与“自由的何去”）。一般认为“自由游戏”是儿童在没有教师干预下的游戏，在这里教师干预是含有负面意义的，这是从“自由的何从”的视角来理解的“自由游戏”。他提出另一个理解角度：“如果我们把活动的内在开放性（inherent open-endedness）作为游戏的评定标准之一。那么自由就又可以理解为‘freedom to’（自由的何去），也即自由的方向。儿童在游戏中自由地探索与体验而不用去考虑前面有什么引导着他们，包括游戏什么时候或者哪里会停止，以及教师的参与等等。”[3]在“自由的何去”引导下的游戏的自由，包容与接纳教师的游戏参与，但是前提是教师的游戏参与同样是指向“自由的何去”的，也即教师的参与没有破坏游戏的“叙事框架”，反而能增加游戏的丰富性并向更远更新的方向发展。

参与式实施路径的教师游戏参与，是在freedom to的自由理念下，教师尊重游戏的“叙事框架”并引入新的叙事或情境来激发新的游戏行为，使游戏向

1　刘铁芳，孙意远．激发对美好事物的欲求：儿童教育的意蕴及其实现[J]．学前教育研究，2020（06）．

2　Van Oers, B. Cultural–historical perspectives on play: Central ideas// L. Brooker, M. Blaise, & S. Edwards (Eds.). The sage handbook of play and learning in early childhood[M] .London, UK: Sage, 2014：55–56.

3　Van Oers, B. Cultural–historical perspectives on play: Central ideas// L. Brooker, M. Blaise, & S. Edwards (Eds.). The sage handbook of play and learning in early childhood[M] .London, UK: Sage.2014: 55–56.

更丰富、更开放的方向发展。“遵循游戏的叙事结构是成人进入儿童游戏世界的基本前提。”[1] 而对遵循游戏的叙事结构来说，“重要的是要理解游戏是孩子对这个世界的叙述，以及他们在游戏中如何利用叙事和想象力”[2]。

儿童游戏是基于个体想象的。游戏使儿童在现实的基础（游戏来源于儿童的现实生活）上“脱离现实，又面向现实”：“脱离现实”，即赋予现实事物以儿童自己的“意义”；“面向现实”，即儿童赋予事物的“意义”又是面向儿童的现实生活的，产生的游戏也是儿童现实生活的展露与展现。由此，儿童在自己构筑的游戏空间里“生活”，与周遭世界“有意义”地交互，理解与体会着基于现实生活的各种行动与经验，丰富与拓展了意义世界。在这一过程中，想象是重要枢纽，借由想象物体被赋予儿童的“意义”，想象也引发了作为游戏核心的规则的形成。

同时，儿童游戏也是基于集体想象的，尤其在复杂的集体游戏之中，想象既是个人的也是集体的。历史文化学派儿童游戏研究者玛丽莲·弗莱尔（Marilyn Fleer）探讨了集体想象和个人想象在游戏中的互动，并以此来构建基于游戏的教学，给我们探讨参与式游戏教育路径提供了很大的启发。儿童通过与他人协商，给游戏材料赋予新的含义，共同改变了物体的“意谓”，并由此远离现实，这是集体想象。他们之间的元交流语言和行为使意义的改变成为可能。“这种通过角色扮演走向现实的运动，以及通过在游戏中创造的‘对象替代’而远离现实的运动，可以概念化为‘个人想象’（individual imagination）和‘集体想象’（collective imagination）之间的相互依存的运动……”[3] 经由集体想象和个体想象相互依存的交互作用，儿童、同伴、成人在游戏中保持共同的理解与感受，并通过持续性的对话为“儿童意识到重要的概念以理解其日常生活创造了条件”[4]。弗莱尔的研究基于维果茨基关于“所有较高的心理功

1 Niklas，Pramling &Cecilia，Wallerstedt.Play-responsive teaching in early childhood education[M]. Gewerbestrasse:Springer Nature Switzerland AG, 2019:98.

2 Niklas，Pramling &Cecilia，Wallerstedt.Play-responsive teaching in early childhood education[M]. Gewerbestrasse:Springer Nature Switzerland AG, 2019:98.

3 Fleer, M. Collective imagining in play// I. Schousboe and D.Winther-Lindqvist (Ed.). Children’s play and development: Cultural-historical perspectives . New York: Springer.2013：73-87.

4 Fleer, M. Collective Imagining in Play// I. Schousboe and D.Winther-Lindqvist (Ed.). Children’s play and development: Cultural-historical perspectives . New York: Springer.2013：73-87.

能都被社会关系所内化”的观点，这是参与式游戏教学的基本理论假设，即成人参与到儿童游戏之中，赋予想象更为宽阔的经验背景，为游戏注入超越儿童个体经验的丰富内容与元素，儿童与成人一起基于集体想象共建游戏叙事结构并促成个人想象与集体想象之间的交互，从而丰富儿童的游戏经验与体验，扩展儿童的意义世界。

（二）实施路径

参与式游戏教育实施路径可以理解为教师与儿童共建游戏框架、共同游戏，并通过对话丰富游戏情境、推进游戏展开，儿童在与游戏材料的充分互动和与同伴、成人的对话中不断地丰富对周遭世界的理解与感受，扩展意义世界。参与式游戏教学中的“组织结构”是教师与儿童交流、协商以及结合游戏材料、环境等“现实结构”来共建游戏“叙事结构”，“叙事结构”是个人想象与集体想象交互的产物，也是游戏者意义世界的汇流与交互，通过“叙事结构”的丰富与扩展实现游戏者意义世界的丰富与扩展。瑞典尼克拉斯·普拉姆利等幼教专家领衔的“游戏响应式教学”（play-responsive teaching）[1] 是一项进行了近十年的游戏教学模式，以下将结合“游戏响应式教学”的实施案例来探讨参与式游戏教育实施路径。具体地说，参与式实施路径可分为：进入游戏、持续参与游戏、拓展游戏叙事、展开游戏对话四个部分。（图 5–7）

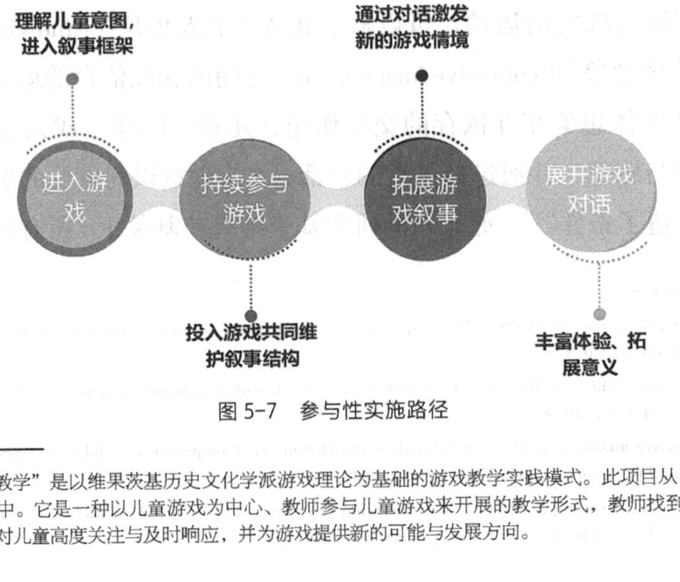

图 5–7　参与性实施路径

1　“游戏响应式教学”是以维果茨基历史文化学派游戏理论为基础的游戏教学实践模式。此项目从 2013 年开始，一直在持续开展中。它是一种以儿童游戏为中心、教师参与儿童游戏来开展的教学形式，教师找到适合的方法与儿童共同游戏，对儿童高度关注与及时响应，并为游戏提供新的可能与发展方向。

1. 进入游戏

教师进入儿童游戏的过程是教师理解游戏、尊重叙事框架从而成为游戏中的一员、参与游戏的过程。这一环节可采取的方法有：元沟通、询问有关游戏情节的问题、扮演角色。元沟通方法是为了达成沟通的共识并促成进一步沟通。教师采用元沟通的方法主要是在游戏框架外询问能否进入游戏，如“我可以和你们一起玩吗？”“我可以玩点什么吗？”在征得儿童同意之后教师才能进入游戏。询问有关游戏情节的问题是指教师就儿童正在进行的游戏进行询问，如“你们在玩什么？”“你们在玩 ××× 的游戏吗？”通过询问慢慢接近游戏。扮演角色的方法是教师在观察游戏、理解游戏之后通过扮演游戏中的一个角色来自然地进入游戏。在下面的案例中，安娜老师就尝试采用“扮演角色”的方法进入游戏。

案例 1　教师进入游戏——“理发店”[1]

两个女孩（鲁思和克拉拉）正在“理发店”里扮演“理发师”，给顾客理发，老师安娜走进“理发店”，然后坐在沙发上。

安娜：我可以在等的时候拿一本书。（吹口哨、拿起一本书）

鲁思：哦！

克拉拉：下一个！

安娜：轮到我了吗？

克拉拉：是的。（安娜坐在椅子上，克拉拉开始整理她的头发，并解开马尾辫。）

鲁思：现在我得拿一把椅子 。

安娜：我真的喜欢这些颜色。（指染头发的颜色）

克拉拉：好的，什么颜色？

安娜：呃，红色吧。

克拉拉：我要拿一把梳子。

安娜：嗯。（有些孩子在“理发店”里走来走去，其中一个孩子想坐在安娜的大腿上）我正在理发呢！

1　Niklas，Pramling &Cecilia，Wallerstedt.Play-responsive teaching in early childhood education[M]. Gewerbestrasse: Springer Nature Switzerland AG, 2019:41.

安娜：嗯，我想把头发剪短一点。（克拉拉梳着安娜的头发）克拉拉，今天你这儿顾客多吗？

……

安娜老师在进入“理发店”之前一直在观察孩子们，了解了她们在玩什么游戏之后，她没有采取元沟通的策略，告诉孩子们她想加入这个游戏或者她是一个顾客，而是主动地扮演顾客的角色，她说“我可以在等的时候拿一本书”，然后坐在沙发上。当她这样做的时候，“理发师”很清楚她是一位顾客，这个游戏不被打扰地继续进行，也不需要参与者来讨论游戏的内容。扮演角色的方法以一种不打扰游戏、遵从游戏叙事结构的方式自然融入游戏，是一种进入游戏的好方法。

2. 持续参与游戏

教师持续参与游戏的过程是游戏者之间就游戏角色与情节进行交流与协商的过程，教师持续参与游戏的一个关键点在于教师保持游戏者的身份与其他游戏者进行平等协商，共同推进游戏持续进行。可采取的策略主要有：协商可能的角色和方向、投入游戏共建叙事框架。

游戏的进行总是涉及不同游戏者之间的角色分配，教师作为游戏者与其他游戏者（儿童）共同处于游戏框架之中，以平等合作的关系来协商游戏角色与情境。这个过程是“主体间性”与“差异性”之间张力的交互：各个游戏者的意见有可能被群体采纳，也有可能被否决，教师的意见也一样。同时，在协商中所构筑的叙事框架，需要每个游戏者的尊重与支持。“游戏者全身心的情感投入是成功干预的必要条件。”[1] 在案例 1 中，安娜老师正作为一个顾客在理发，但有一个孩子过来想坐在安娜腿上，安娜说：“我正在理发呢！”以此来维护叙事框架，持续性地参与游戏。在游戏的持续进行中，教师与儿童也共同丰富着游戏的叙事框架。在案例 2 中，我们可以看到爱丽丝老师如何与儿童一起来共建叙事框架的。

1　Pentti Hakkarainen. 叙事性游戏中成人的游戏引导与儿童的游戏发展 [J]. 学前教育研究，2014（04）.

案例 2　教师投入游戏共建叙事框架——“金发姑娘来到小熊家”[1]

（爱丽丝老师进入了三只小熊的家，然后坐在它们的椅子上并品尝了它们的粥。吃完粥后，她累了，就躺在小熊的床上休息。）

爱丽丝：哦，我想在这儿睡一下，这张小床看起来真舒服！（爬上床，躺下并假装入睡）

爱丽丝：哦，真的很舒服。我躺一会儿。（假装睡觉，还打起了呼噜）

（过了一会儿，熊爸爸（安东）、熊妈妈（艾哈迈德）和熊宝宝（艾萨）回来了。）

熊爸爸：有人坐过我的椅子！（坐下，然后跳了起来）

熊妈妈：也坐过我的椅子！

熊宝宝：我的椅子坏了！（趴着看它的椅子）

熊爸爸：（俯身说些小熊听不见的话，然后起来来到桌子旁）

熊妈妈与熊宝宝：（跟随熊爸爸）

熊妈妈：有人喝过我的粥！

熊爸爸：（声音粗糙）也喝过了我的粥！

熊宝宝：（用刺耳的声音）也喝了我的粥！

熊爸爸：（环顾四周）我们现在应该做什么？

熊妈妈：（指向床）有人睡过我的床！

熊爸爸：不，这是你的床。（对熊妈妈说）

熊妈妈：（移到中间的床上）有人睡过我的床！

熊爸爸：也睡过我的床！（声音嘶哑）

熊宝宝：有人躺在我的床上！（假装哭泣）呜呜！

熊爸爸：原来是爱丽丝啊！

……

爱丽丝扮演了金发姑娘的角色，她使用手势和声音等动作进行游戏叙事的构建：她坐在三只小熊的椅子上、品尝三只小熊的粥、躺在三只小熊的床上、打呼噜、假装睡觉……三个孩子在一旁看着各自也都“心知肚明”，当他们进入

1 Niklas Pramling &Cecilia Wallerstedt.Play-responsive teaching in early childhood education[M]. Gewerbestrasse:Springer Nature Switzerland AG, 2019:102.

房间时，很明显他们融入了这个游戏框架之中，对各自扮演的角色也很熟悉。他们在这个虚拟框架下说话、行动。在此，老师是他们进入游戏的榜样，她为孩子们打开了一扇游戏的大门。所有参与者都参与了游戏，并且是游戏发展的共同建构者。

3. 拓展游戏叙事

"（教师）成功干预的特点是游戏活动的自主性、创造性和即兴性。"[1]平淡乏味的游戏情节会使儿童感到厌倦而中止游戏，在已有叙事框架的基础上添加新鲜的内容或有趣的情节来拓展游戏叙事，能推动游戏的持续进行。同时，具有丰富经验与知识背景的教师也能为游戏注入超出儿童经验的新内容。具体地说，拓展游戏叙事的策略有：对儿童的兴趣与意愿保持敏感；角色与情节的即兴调整；通过对话激发想象。

首先，儿童的兴趣与意愿是游戏叙事拓展的自然生发点，儿童的想法也需要教师敏感捕捉并支持。在哈卡兰尼等开展的一项成人引导叙事性游戏的实验研究中发现："成人不能支持儿童发挥自己的想法是成人游戏引导失败的一个重要原因。"[2]如在"寻宝"游戏中，一个女孩很想当寻宝队的队长，但是教师没有注意到，而是让另一个男孩担任队长的角色，女孩不愿意参与游戏而退出了。

其次，教师可以根据游戏开展的情况及时调整角色与情节，拓展叙事结构。在案例 3 中，苏珊教师本来扮演的是老鼠，但是因为她进不去"老鼠窝"，她就即兴改变了角色，变成了狮子，新的角色衍生了新的游戏情节。

案例 3　即兴调整游戏角色与情节——"老鼠和狮子"[3]

苏珊：嗯，我们讨论讨论游戏该怎么玩吧。

萨拉：玩，玩！

马克思：我认为他们应该是猎人。

卡乐：不，你可以自己决定要做什么。

---

1 Pentti Hakkarainen，叙事性游戏中成人的游戏引导与儿童的游戏发展 [J]. 学前教育研究，2014（04）.

2 Pentti Hakkarainen，叙事性游戏中成人的游戏引导与儿童的游戏发展 [J]. 学前教育研究，2014（04）.

3 Niklas，Pramling &Cecilia，Wallerstedt.Play-responsive teaching in early childhood education[M]. Gewerbestrasse:Springer Nature Switzerland AG, 2019:102.

马克思：我想成为……老鼠！

一个孩子：我想成为狮子。

另一个孩子：我也想成为老鼠！

苏珊：啊哈！我也是一只老鼠。

另一个孩子：我也想成为老鼠 。

苏珊：好吧，可以有三只老鼠。

苏珊扮演老鼠，但她钻不进老鼠窝（老鼠窝太小了）。

苏珊：啊，我不能进入老鼠窝，哦，不！

卡乐：（老鼠窝）真的很小。

苏珊：好吧，那我就是一只喜欢写信的狮子。我来给老鼠写一封信。（老师拿起笔和纸）看，我写了“来松树这里，有一个惊喜等着你！”我把这张便条放在这里，或许老鼠能看到（老鼠爬走并发出吱吱声）。老鼠看到了纸条吗？

马克思：是。

苏珊：看这里，这里，这是松树！（老鼠爬到松树上）好！现在我要吃老鼠了（老鼠们快速地爬走了）。

……

最后，教师可以通过对话激发想象、拓展叙事。在案例 4 中是几个两三岁的幼儿与教师的游戏，低龄幼儿很难独立进行角色游戏，他们的游戏更多依赖于成人语言所构造的叙事框架，老师用木偶戏的形式讲述三只小猪的故事，并用道具进行配合，引导儿童一起游戏。

案例 4　通过对话激发想象——“三只小猪”[1]

山姆和思瑞坐在一位老师的面前，过了一会儿，索菲加入了他们。

老师：三只小猪跟爸爸妈妈住在一起。

老师：但是有一天，爸爸妈妈说，你们必须离开家，盖自己的房子！

老师：大猪用稻草盖房子搬进去了。（用稻草做成一个房间，把猪放进房子里）

1 Niklas，Pramling &Cecilia，Wallerstedt.Play-responsive teaching in early childhood education[M]. Gewerbestrasse:Springer Nature Switzerland AG, 2019:103-104.

索菲：（过来坐下）

老师：二猪用木棍造房子。（用木棍造了一间房子）

老师：小猪用石头建造房屋。

索菲：然后狼来了。

老师：狼会来吗？（似乎是在找东西）

索菲：在这里！（拿一块石头交给老师）

老师：谢谢！

老师：这是石头屋。

老师：这时狼来了，哦，到了大猪的房子！

老师：然后这两只猪去了小猪家。

……

4. 展开游戏对话

在参与式游戏教学中，游戏叙事框架的共建、拓展主要依赖于成人与儿童的对话，可以说对话构筑了参与式游戏教学的主体框架，从教师进入儿童游戏成为游戏的一员直到游戏结束的全过程，对话一直在持续着。对话在教师进入游戏、持续性地参与游戏、共建游戏框架中的作用已通过上述几个案例展现，同时游戏对话的展开也丰富与扩展着儿童的游戏经验与体验，衍生更多的意义。下面的案例 5 来自笔者（下简称 T）与两个三岁半女孩（下简称小 h、小 w）的游戏对话。

案例 5　展开对话、扩展意义——“西餐店游戏”

小 h、小 w 正在小区公园玩，她们收集了一堆石头和几块扁木块，笔者在一旁观察了一段时间，然后尝试与她们一起玩。

T：你们在玩什么？

小 h：我在做饭，你要吃什么吗？

T：嗯，你有什么？

小 w：有巧克力、冰激凌、汉堡包，还有……薯条、饮料！（点着石头说，说完有点不好意思地笑了一下）

T：哇哦！你们开了一家西餐店，你们是西餐店老板啊！

小 h：西餐店……西餐店老板，嗯，是的！（高兴地点头，小 w 也笑着应和）

T：给我来点薯条和橙汁吧！

小 h：薯条！（递给我一块石头）

小 w：饮料……这个吧（把一块木块给我）

T：（拿起石头假装咬一口）哎哟！老板，这是生的土豆，咬不动啊。

小 w：生的，煮一煮。（拿到木块上“煮”）

小 h：不对，薯条要炸的，炸一下。（她把“土豆”放到另一个锅里）

T：整个土豆炸一下吗？不用切一下吗？

小 h：切一下切一下。（拿起另一个石头切“土豆”，小 w 也帮忙切）

小 h：炸一下。（把“切好的土豆”放在木块上）

T：哦哟，油溅到我了！（边后退边用手挡住脸）

小 w：哈哈，没事没事，马上好了。（她去拿薯条）

小 h：还没好，还没熟。（拦住小 w）

T: 我想吃熟一点的薯条，我牙不好。

小 h：再煮……十分钟！……好了，给！（拿给我）

T：谢谢！多少钱？

小 w：十块钱！

T：啊呀，我忘了带钱。

小 h：支付宝，支付宝也可以。

T：哦！（我掏出手机）

……

笔者在观察并初步了解了游戏内容之后，采用询问游戏情节的方式尝试进入游戏。游戏者问“你要什么”，表示她们接纳了笔者并表示出继续游戏的兴趣。笔者继续问“你们有什么？”根据孩子的回答，笔者说“西餐店，西餐店老板”来扩展孩子对餐厅类别的认知，同时也通过这种命名的方式肯定与认可孩子们当前的游戏叙事。（因为小 w 前面不好意思地笑，说明她对这个游戏是否能引起笔者的认同与兴趣还是不确定的。）在孩子给了笔者薯条之后，笔者先

"咬了"一口以巩固叙事结构，持续性地参与游戏。但是"尝"了一下之后笔者说"生的，咬不动"以此来引导孩子"做薯条"，衍生另一个游戏情境。看到小w去煮薯条，小h更正"薯条要炸的"，笔者又问"整个土豆炸吗？"引导孩子们考虑"炸薯条"的步骤。在"炸薯条"的时候，笔者夸张地"躲避热油"，在继续维护叙事框架的同时也"提醒"孩子炸东西的时候要防止被热油溅到。当孩子们把炸好的薯条给笔者后，笔者问"多少钱？"引导孩子"重回"买东西的游戏情节，并且引入"购物"的基本流程。

"西餐店游戏"进行得比较顺利，但是老师的参与并不总是顺利的，如案例6所示。

案例6 "这是儿童蛋糕！"[1]

儿童：现在我的蛋糕准备好了！

老师：哦，太好了！我可以尝一尝吗？我认为阿尔法的父亲非常幸运能品尝蛋糕！

儿童：这是儿童蛋糕！

这段简短的对话说明了进入和参与儿童游戏的复杂性。老师主动询问是否可以品尝蛋糕，试图参与到游戏中，但是孩子拒绝了老师的请求，孩子说这是"儿童蛋糕"，意味着大人不能品尝。在对话中可以看到一种紧张感，在游戏的内容（烘烤和吃蛋糕）与可能参加的人（只有孩子还是允许老师加入）之间存在着紧张关系。这种张力可以看作是韦奇（Wertsch）所说的"主体间性"与"差异性"之间辩证关系[2]的一个例子。在参与式游戏教学实施中势必也会遇到合作与差异之间的矛盾，不管教师有多么地支持儿童的游戏叙事。韦奇认为"理论上说，主体间性总是相应地伴随着差异性"[3]。可以说，教师在参与游戏的过程中始终伴随着"主体间性"与"差异性"所构成的一种张力关系，教师参与游戏的过程就是面对、处理与协调两者张力的动态过程。可以这样来理解两者

---

1 Niklas，Pramling &Cecilia，Wallerstedt.Play−responsive teaching inearly childhood education[M]. Gewerbestrasse:Springer Nature Switzerland AG, 2019:75.

2 Niklas，Pramling &Cecilia，Wallerstedt.Play−responsive teaching in earlychildhood education[M]. Gewerbestrasse:Springer Nature Switzerland AG, 2019:103−104.

3 Niklas，Pramling &Cecilia，Wallerstedt.Play−responsive teaching in early childhood education[M]. Gewerbestrasse:Springer Nature Switzerland AG, 2019:103−104.

的关系："主体间性"是参与者通过协商交流来建立共同的基础（mutual ground）以使各自的行为进入合作游戏中，而"差异性"则意味着即使参与者暂时建立了"主体间性"或者没有建立，不同的观念、想法或理解始终存在于合作游戏之中。在一定意义上，"游戏者不仅带着不同的经历与理解进入游戏中，而且，也带着不同的经历、理解与体会离开游戏"[1]。一个合作性游戏，并不意味着所有的参与者都以相同的方式来理解游戏。马图索夫（Matusov）说："在合作游戏中，差异性、误解与冲突并不少于相似性、理解与协同。"[2]因此，真正的合作游戏，不是建立起"主体间性"来"淹没""差异性"，而是建立起"主体间性"，通过协商、沟通与理解使各自的"差异性"得以显现、获得尊重并保留。

游戏是儿童意义世界照进现实之域，意义世界是个体对周遭世界及其与自身关系的理解与感受，具有很强的个体性与独特性。因此，儿童在游戏中意义世界的展露也是具有个体性的，儿童在游戏中的表现应当获得尊重。但是同时意义世界并不是私密的、隐晦的，意义世界也具有共同的现实根基，这又为意义世界间的交流、融通提供可能。因此，合作游戏得以开展的前提是"主体间性"，以此建立起协商与沟通的桥梁，但是"差异性"始终存在，"主体间性"在保持合作游戏得以持续进行的同时，也为"差异性"的展露与相互理解提供可能。"差异性"，不是合作游戏中的消极因素，而恰恰是一种积极因素，正是因为个体与个体之间"差异性"的存在使得交流与合作成为必要并充满魅力，而且"差异性"也使游戏的发展方向充满复杂性与开放性。游戏中，儿童与儿童的差异、教师与儿童的差异都使游戏充满不确定性，从而也增添了游戏的趣味性。

1 Van Oers, B. Cultural-historical Perspectives on play: Central ideas.// L. Brooker, M. Blaise, & S. Edwards (Eds.), The sage handbook of play andlearning in early childhood[M]. London, UK: Sage, 2014：63.

2 Van Oers, B. Cultural-historical Perspectives on play: Central ideas// L. Brooker, M. Blaise, & S. Edwards (Eds.), The sage handbook of play and learning in early childhood[M]. London, UK: Sage, 2014：62.

参考文献

埃德加·莫兰．迷失的范式：人性研究 [M]. 陈一壮，译．北京大学出版社，1999.
埃德蒙德·胡塞尔．生活世界现象学 [M]. 倪梁康，张廷国，译．上海：译文出版社，2002.
柏拉图．柏拉图全集（第二卷）[M]. 王晓朝，译．北京：人民出版社，2003.
柏拉图．法律篇 [M]. 张智仁，何琴华，译．上海：上海人民出版社，2001.
柏拉图．理想国 [M]. 郭斌和，张竹明，译．北京：商务印书馆，1986.
北京市教育科学研究所．陈鹤琴全集（第一卷）[M]. 南京：江苏教育出版社，1987.
博尔诺夫．教育人类学 [M]. 李其龙，译．上海：华东师范大学出版社，1999.
布伦特·戴维斯．心智交汇——复杂时代的教学变革 [M]. 毛齐明，译．上海：华东师范大学出版社，2011：204.
查尔斯·泰勒．自我的根源：现代认同的形成 [M]. 韩震，译．南京：译林出版社，2008.
陈会昌，王令望，龚丽俐，茅承颖，曹莉．采用构造玩具教学对幼儿创造力发展的影响 [J]. 心理学报，1987（07）.
陈嘉映．海德格尔哲学概论 [M]. 北京：生活·读书·新知三联书店，1995.
陈宁．用自由的游戏点亮孩子的生命——访华东师范大学副教授、中国学前教育研究会游戏与玩具专委会主任华爱华 [J]. 早期教育，2009（12）.
陈佑清．体验及其生成 [J]. 教育研究与实验，2002（02）.
程晨．以“化”新释“教学游戏化”和“游戏教学化”[J]. 赤峰学院学报（自然科学）,2017（07）.
池也正晴．走向对话教育——论学校教育中引进“对话”视点的意义 [J]. 钟启泉，译．全球教育展望，2008（01）.
辞海 [M]. 上海：上海辞书出版社，1979.

党乐，于忠海．失责的教育“儿童中心论”的误读[J]. 河北师范大学学报（教育科学版），2018（09）.
邓晓芒．从康德的 Faktum 到海德格尔的 Faktizitat[J]. 武汉大学学报（人文科学版），2013（02）.
邓友超．“教学如游戏”论纲[J]. 华东师范大学学报（教育科学版），2003（03）.
刁益虎．教育经验的困境及其突破——狄尔泰体验哲学的视角[J]. 当代教育科学，2018（11）.
丁海东，韩云龙．论游戏与教学的整合[J]. 学前教育研究，2007（12）.
丁海东．儿童游戏与人文追求的自由——关于儿童游戏的一种文化学审视[J]. 学前教育研究，2008（05）.
丁海东．论儿童游戏的生活本质[J]. 山东师范大学学报（人文社会科学版），2003（03）.
丁海东．学前游戏论[M]. 大连：辽宁师范大学出版社，2003.
丁海东．游戏的教育价值及其在幼儿园课程中的实现路径[J]. 学前教育研究，2006（12）.
恩斯特·卡西尔．人论[M]. 甘阳，译．上海：上海译文出版社，1985.
樊杰，兰亚果．杜威基于关系与生长视角的兴趣与教育理论[J]. 全球教育展望，2018（05）.
菲利普·阿利埃斯．儿童的世纪：旧制度下的儿童和家庭生活[M]. 沈坚，朱晓罕，译．北京：北京大学出版社，2013.
丰子恺．丰子恺散文选集[M]. 上海：上海文艺出版社，1981.
冯春林，崔兴盛，殷质聪，王其芬．基诺族原始社会形态教育初探[J]. 昆明师院学报（哲社版），1980（05）.
冯建军．他者性：超越主体间性的师生关系[J]. 高等教育研究，2016（08）.
冯建军．主体间性与教育交往[J]. 高等教育研究，2001（11）.
冯建军．主体教育理论：从主体性到主体间性[J]. 华中师范大学学报（人文社会科学版），2006（01）.
冯茁，陈瑞武．对话：教育理论主体与实践主体的交往路径[J]. 高等教育研究，2011（01）.

弗莱德·R. 多尔迈. 主体性的黄昏 [M]. 万俊人等，译. 上海：上海人民出版社，1991.
弗洛伊德. 论创造力与无意识 [M]. 孙恺祥，译. 北京：中国展望出版社，1987.
福禄培尔. 人的教育 [M]. 孙祖复，译. 北京：人民教育出版社，1991.
高桦. 狄尔泰的意义概念 [J]. 社会科学，2018（02）.
高洁. 论教师的游戏精神 [J]. 全球教育展望，2008（10）.
戈林娜. 苏联幼儿教育讲座 [M]. 北京：人民教育出版社，1953.
格伦达. 麦克诺顿，夏恩·罗尔夫，艾拉姆·西拉吉－布拉奇福特. 早期教育研究方法：国际视野下的理论与实践 [M]. 李敏谊，滕珺，译. 北京：教育科学出版社，2008.
龚孟伟，南海. 儿童中心教学文化的历史、价值与局限 [J]. 教育理论与实践，2011（11）.
谷峥霖，傅淳. 幼儿园课程改革"囚徒困境"的成因与解决 [J]. 学前教育研究，2011（08）.
郭晓明. 论教学的游戏品格 [J]. 湖南师范大学教育科学学报，2002（06）.
郭元祥，杨洋，张越. 论游戏课程化的游戏观：游戏课程本质、边界与层次 [J]. 教育理论与实践，2020（04）.
哈贝马斯. 交往行动理论 [M]. 洪佩郁，蔺青，译. 重庆：重庆出版社，1994.
海德格尔. 存在与时间 [M]. 陈嘉映，王庆节，译. 北京：生活·读书·新知三联书店，1987.
海德格尔. 荷尔德林诗的阐释 [M]. 孙周兴，译. 北京：商务印书馆，2008.
海德格尔. 林中路 [M]. 孙周兴，译. 上海：上海译文出版社，2004.
海德格尔. 路标 [M]. 孙周兴，译. 北京：商务印书馆，2000.
汉斯－格奥尔格·伽达默尔. 真理与方法 [M]. 洪汉鼎，译. 上海：上海译文出版社，2004.
何梦焱，刘焱，面向 21 世纪——培养儿童的游戏性 [J]. 学前教育研究，1999（01）.
何卫青. 消逝的儿童文化——传统儿童游戏引发的儿童文化思考 [J]. 中国青年研究，2006（04）.

何晓夏．简明中国学前教育史 [M]. 北京：北京师范大学出版社，1990.
洪琼．西方游戏说 [J]. 江海学刊，2009（04）.
华爱华．探寻游戏的真谛 [J]. 上海幼托，2020（01）.
黄进．过犹不及的角色游戏 [J]. 幼儿教育（教育教学），2018（05）.
黄进．体验为本的游戏——再论“游戏是一种学习”[J]. 学前教育研究，2003(06).
黄进．天性与文化——儿童游戏性质的双重规定 [J]. 幼儿教育，2008（09）.
黄进．游戏精神的缺失：幼儿园教育中的游戏精神批判 [J]. 南京师大学报（社会科学版），2003（11）.
黄进．游戏精神与幼儿教育 [M]. 南京：江苏教育出版社，2006.
黄人颂．学前教育学 [M]. 北京：人民教育出版社，1989.
黄人颂．学前教育学参考资料（下册）[M]. 北京：人民教育出版社，1991.
黄小莲．“课程游戏化”还是“游戏课程化”——命题背后的价值取向 [J]. 中国教育学刊，2019（12）.
贾莎莎．从文化的视角看我国儿童游戏的历史演变 [D]. 华东师范大学 .2013.
贾伟．角色游戏培养对幼儿社会交往能力的促进作用分析 [C]//2019 年教育信息化与教育技术创新学术研讨会（贵阳会场）论文集 .2019.
《简帛书法选》编辑组．郭店楚墓竹简·性自命出 [M]. 北京：文物出版社，2002.
姜娟芳．幼儿园游戏精神的偏离与回归路径探析 [J]. 陕西学前师范学院学报，2016（04）.
蒋菡．“课程游戏化项目”背景下江苏省幼儿园课程建设的效果与启示——基于教师评价的视角 [J]. 学前教育研究，2018（12）.
杰罗姆·布鲁纳，布鲁纳教育文化观 [M]. 黄小鹏，译．北京：首都师范大学出版社，2011.
金生鈜．理解与教育——走向哲学解释学的教育哲学导论 [M]. 北京：教育科学出版社，1997.
凯瑟琳·贾维著．游戏 [M]. 王蓓华，译．成都：四川教育出版社，2006.
康德．教育学 [M]. 李秋零，译．见李秋零《康德著作全集》第 9 卷．北京：中国人民大学出版社，2010.
康德．判断力批判 [M]. 邓晓芒，译．北京：人民出版社，2002.

克雷明．学校的变革[M].单中惠，译．济南：山东教育出版社，2009.
克利福德·格尔兹．文化的解释[M].纳日碧日戈等，译．上海：上海人民出版社，1999.
肯尼思·J．格根．关系性存在：超越自我与共同体[M].杨莉萍，译．上海：上海教育出版社，2017.
拉尔夫·泰勒．课程与教学的基本原理[M].施良方，译．北京：人民教育出版社，1994.
里克曼·H.P.狄尔泰[M].殷晓蓉，吴晓明，译．北京：中国社会科学出版社，1989：106.
李敏．游戏精神关照下的课程知识观[J].湖南师范大学教育科学学报,2007(05).
李新．经验性及经验的回归与超越——“历验”、“体验”与“经验”的比较辨析[J].东北师大学报（哲学社会科学版），2016（06）.
联合国教科文组织．社会科学和人文科学研究的主要趋势（社会科学卷）[M].上海：上海人民出版社，2004.
联合国教科文组织国际教育发展委员会．学会生存——教育世界的今天和明天[M].北京：教育科学出版社，1996.
列夫·维果茨基．社会中的心智——高级心理过程的发展[M].麻彦坤，译．北京：北京师范大学出版社，2018.
列维·斯特劳斯．忧郁的热带[M].王志明，译．北京：生活·读书·新知三联书店，2000.
林海亮，李雪．儿童中心：事实还是理想？[J].教育科学研究，2010（07）.
刘华初．杜威的经验自然主义思想及其启示[D].上海：复旦大学，2010.
刘铁芳，孙意远．激发对美好事物的欲求：儿童教育的意蕴及其实现[J].学前教育研究，2020（06）.
刘铁芳．人、世界、教育：意义的失落与追寻[J].教育研究，1997（08）.
刘铁芳．追寻生命的整全：个体成人的教育哲学阐释[M].北京：高等教育出版社，2017.
刘向辉．儿童的意义世界及其特征与价值[J].学前教育研究，2017（12）.
刘向辉．儿童意义世界的生成及其对现代儿童教育的启示[J].湖南师范大学教育科学学报，2020（07）.
刘晓东.儿童的本能与儿童的教育[J].学前教育研究，2002（02）.
刘晓力.交互隐喻与涉身哲学——认知科学新进路的哲学基础[J].哲学研究，2005（10）.
刘晓燕.游戏精神：教师教育生活幸福之可能[J].教育评论，2016（08）.
刘晓晔，刘馨.家庭环境中婴儿早期游戏的发生与家长支持[J].学前教育研究，2016（05）.
刘焱.我国幼儿教育领域中的游戏理论与实践[J].北京师范大学学报（社会科学版），1997（02）：54.
刘焱.幼儿园游戏教学论[M].北京：中国社会出版社，2017.
刘云杉.兴趣的限度：基于杜威困惑的讨论[J].华东师范大学学报（教育科学），2019（02）.
卢梭.爱弥儿[M].李平沤，译.北京：商务印书馆，1996.
鲁洁.教育，迷人的意义世界[J].新课程，2007（08）.
露丝·本尼迪克特.文化模式[M].王炜，等译.北京：生活·读书·新知三联书店，1988.
罗德红，尹筱莉.儿童中心论：一种教育学与心理学关系的视角[J].南京师大学报（社会科学版），2009（03）.
罗德红.何谓儿童中心论的“中心”——心理学维度的审视和跨学科研究的试探性建议[J].西北师大学报（社会科学版），2009（06）.
马丁·布伯.我与你[M].陈维纲，译.北京：生活·读书·新知三联书店，2002.
马秀芳，李克东.皮亚杰与维果茨基知识建构观的比较[J].中国电化教育，2004（01）.
毛曙阳.儿童游戏与儿童文化[D].南京：南京师范大学，2008.
毛曙阳.关于游戏的哲学思考及其教育启示[J].学前教育研究，2010（10）.
梅洛·庞蒂.知觉现象学[M].姜志辉，译.北京：商务印书馆，2001.
尼尔·波兹曼.童年的消逝[M].吴燕莛，译.北京：中信出版集团，2015.
彭启福.实践哲学模式下的对话辩证法之重建——伽达默尔哲学诠释学再探究[J].天津社会科学，2019（06）.

彭同新．以游戏精神重建师生关系 [J]. 天津市教科院学报，2005（12）.
皮亚杰，英海尔德．儿童心理学 [M]. 吴福元，译．北京：商务印书馆，1981.
皮亚杰．发生认识论原理 [M]. 王宪钿，译．北京：商务印书馆，1985.
钱晓菲，张斌贤．以儿童为中心：有机教育学校实验 [J]. 教育科学研究，2016（07）.
邱学青．学前儿童游戏（第二版）[M]. 南京：江苏教育出版社，2008.
全海英，张婧婧，张烨．情境启动体育游戏对 4—6 岁幼儿利他行为的促进研究 [J]. 沈阳体育学院学报，2014（08）.
冉再辉，易连云．对儿童中心论的反思与批判 [J]. 教育发展研究，2007（02）.
任柄霖．基于哲学概念中游戏说的艺术理论研究 [J]. 智库时代，2019（12）.
荣格．心理学与文学 [M]. 冯川，苏克，译．北京：三联书店，1985.
荣格．怎样完善你的个性 [M]. 刘光彩，译．中国国际广播出版社，1989.
上海市静安区南西幼儿园课题组．回归幼儿园本体的课程范式——“游戏与学习融合”的课程实施机制研究 [J]. 上海课程教学研究，2016（02）.
石若凡．现代哲学中的游戏论 [J]. 长江文艺评论，2016（09）.
叔本华．作为意志和表象的世界 [M]. 石冲白，译．北京：商务印书馆，1992.
滕守尧．对话理论 [M]. 台北：智扬文化事业股份有限公司，1995.
田圣会，唐菊香．大课程观视野下的幼儿园游戏课程化取向 [J]. 怀化学院学报，2006（07）.
涂阳军．情境兴趣与教育——国外兴趣教育新趋向 [J]. 焦作高等专科学校学报，2006（03）.
王春燕．以游戏精神实现教学与游戏的融合 [J]. 教育理论与实践，2002（12）.
王春燕．中国学前课程百年发展与演变的历史研究 [M]. 北京：教育科学出版社，2004.
王夫之．张子正蒙注·诚明 [J].//《船山全书》第 12 册．长沙：岳麓书社，1996.
王海涛．通过音乐游戏促进儿童身体运动能力的发展 [J]. 儿童音乐，2012（03）.
王金娜．论教育的游戏精神 [J]. 宁波大学学报（教育科学），2013（07）.
王姗姗．论伽达默尔的体验概念与审美转向 [J]. 山东大学学报（哲学社会科学版）,2014（03）.

王小英．探寻儿童游戏意义的新视野[J].学前教育研究，2006（10）.
王小英．哲学视角下的儿童游戏的意义[J].河北师范大学学报（教育科学版），2004（05）.
王晓芳．解读“教育即生长”——基于隐喻视角的分析[J].湖南师范大学教育科学学报，2011（01）.
王阳明．王阳明全集[M].上海：上海古籍出版社，1992.
王一川．意义的瞬间生成：西方体验美学的超越性结构[M].山东文艺出版社，1997.
王赟，杨宁．假装游戏对幼儿心理理论发展的影响[J].学前教育研究，2010(02).
王振宇．论游戏课程化[J].幼儿教育（教育科学版），2019（02）.
王振宇．追寻游戏精神实现游戏课程化[N].中国教育报，2019-06-02.
王中华．教师游戏精神的缺失与养成文化视角的反思[J].当代教育科学，2014（09）.
威廉·狄尔泰．历史中的意义[M].艾彦，逸飞，译．北京：中国城市出版社，2001.
维果茨基．维果茨基教育论著选[M].余震球，译．北京：人民教育出版社，2005.
维柯．新科学[M].朱光潜，译．北京：人民文学出版社，1996.
维特根斯坦．哲学研究[M].陈嘉映，译．上海：上海人民出版社，2001.
吴楚珊．被建构的儿童游戏——基于儿童游戏话语的考古学判读[D].广州：广州大学，2019.
吴航．学前儿童游戏研究的新趋向：从分类学到生态学[J].学前教育研究，2008（05）.
吴式颖等编．马卡连柯教育文集（下卷）[M].北京：人民教育出版社，1985.
吴雅凌．神谱笺释[M]. 北京：华夏出版社，2010.
席海燕，游戏：想象与规则发展的场域——维果茨基的游戏观透视[J].学前教育研究，2015（04）.
席勒．审美书简[M].徐恒醇，译．北京：中国文联出版公司，1983.
夏基松．现代西方哲学[M].上海：上海人民出版社，2009.

小威廉姆·E. 多尔 . 后现代与复杂性教育学 [M]. 张光陆，等译 . 北京：北京师范大学出版社，2016.

小威廉姆·E. 多尔 . 后现代课程观 [M]. 王红宇，译 . 北京：教育科学出版社，2000.

谢爱磊 .OECD 和 PISA 正毁了全球教育 [J]. 发现教育，2016（12）.

徐浩斌 . 论教师游戏精神的缺失及自我建构 [J]. 绍兴文理学院学报，2010（03）.

雅斯贝尔斯 . 什么是教育 [M]. 邹进，译 . 北京：生活·读书·新知三联书店，1991.

闫守轩 . 体验与体验教学 [J]. 教育科学，2004.12.

颜士刚，冯友梅，李艺 ."知识"及其把握方式再论——缘于对认知心理学理论困境的思考 [J]. 电化教育研究，2019（05）.

杨恩慧 . 游戏在我国学前教育法规中演变的研究 [D]. 南京：南京师范大学，2016.

杨国荣 ."事"与人的存在 [J]. 中国社会科学，2009（07）.

杨国荣 . 成己与成物——意义世界的生成 [M]. 北京：北京师范大学出版社，2018.

杨国荣 . 论意义世界 [J]. 中国社会科学，2009（04）.

杨莉 . 户外体育游戏促进幼儿的创造力 [J]. 天津教育，2011（07）.

杨晓萍，李传英 . 儿童游戏的本质——基于文化哲学的视角 [J]. 学前教育研究，2009（10）.

杨颖慧 . 儿童中心主义理论生命力的压抑及其彰显 [J]. 教育评论，2015（02）.

叶浩生 . 身体与学习：具身认知及其对传统教育观的挑战 [J]. 教育研究，2015（04）.

叶澜 . 教育理论与学校实践 [M]. 北京：高等教育出版社，2000.

伊·普利高津，伊·斯唐热 . 从混沌到有序 [M]. 曾庆宏，沈小峰，译 . 上海：上海译文出版社，1987.

尹艳秋，叶绪江 . 主体间性教育对个人主体性教育的超越 [J]. 教育研究，2003（02）.

于海波，孟凡丽 . 论教学系统的自组织机制 [J]. 教育科学，2002（10）.

俞芳，郭力平．对维果茨基“最近发展区”理论的重新解读——整合游戏背景与教学背景下的 ZPD[J]. 上海教育科研，2013（08）.
虞永平．课程游戏化的意义和实施路径 [J]. 早期教育，2015（03）.
袁宝华．原始教育重释——人类学视野中的原始教育 [D]. 重庆：西南师范大学，2001.
袁野．古希腊哲学的批判本性——“超验”对于“经验”的批判 [J]. 辽宁行政学院学报，2017（04）.
约翰·鲍尔比．安全基地：依恋关系起源 [M]. 余萍，刘若楠，译．北京：世界图书出版公司，2017.
约翰·杜威．杜威传 [M]. 单中惠，译．合肥：安徽教育出版社，1987.
约翰·杜威．杜威全集（中期著作第二卷）[M]. 张留华，译．上海：华东师范大学出版社，2012.
约翰·杜威．杜威全集（中期著作第九卷）[M]. 俞吾金，孔慧，译．上海：华东师范大学出版社，2012.
约翰·杜威．杜威五大讲演 [M]. 胡适，译．合肥：安徽教育出版社，2005.
约翰·杜威．逻辑：探究的理论 [M]. 邵强进，等译，上海：华东师范大学出版社，2015.
约翰·杜威．民主主义与教育 [M]. 王承绪，译．北京：人民教育出版社，2001：134.
约翰·杜威．确定性的寻求——关于知行关系的研究 [M]. 傅统先，译．上海：上海世纪出版集团，2005.
约翰·杜威．我们的学校与社会·明日之学校 [M]. 赵祥麟，等译．北京：人民教育出版社，1994.
约翰·杜威．我们怎样思维·经验与教育 [M]. 姜文闵，译．北京：人民教育出版社，2005.
约翰·杜威．哲学的改造 [M]. 张颖，译．西安：陕西人民出版社，2004.
约翰·赫伊津哈．游戏的人：文化中游戏成分的研究 [M]. 何道宽，译．广州：花城出版社，2007.
约瑟夫·托宾，薛烨，唐泽真弓．重访三种文化中的幼儿园 [M]. 朱家雄，薛烨，译．上海：华东师范大学出版社，2014.

詹姆斯·约翰森，詹姆斯·克里斯蒂，弗朗西斯·华德．游戏、儿童发展与早期教育[M]. 马柯，译．南京：南京师范大学出版社，2013.

张斌贤，王慧敏．“儿童中心”论在美国的兴起[J]. 北京大学教育评论，2014(01).

张华．经验课程论[M]. 上海：上海教育出版社，2000.

张晖．课程质量提升之路———以江苏省课程游戏化项目推进为例（上）[J]. 学前教育，2017（02）.

张菊芳．无所事事的小“顾客”[J]. 幼儿教育（教育教学），2018（05）.

张诗亚．祭坛与讲坛——西南民族宗教教育比较研究[M]. 昆明：云南教育出版社，1992.

张诗亚．西南民族文化教育溯源[M]. 上海：上海教育出版社，1994.

张天宝．走向交往实践的主体性教育[M]. 北京：教育科学出版社，2005.

张伟芳，傅根跃．捉迷藏游戏：促进儿童心理理论和执行功能提升的重要途径[J]. 幼儿教育，2012（04）.

张文喜．“实践”与“操心”的时间性阐释——海德格尔、马克思论“存在与时间”[J]. 学习与探索，2002（03）.

张曦．建构游戏——促进儿童交往和合作能力的提升[J]，科学大众，2019（04）.

张永清．生活世界与审美对象意义世界的本源．学习与探索[J]，2001（05）.

赵东群．促进儿童游戏向更高水平发展——基于动作领域的动态系统理论视角[J]. 教育导刊，2015（06）.

赵奇，黄进．当代儿童游戏研究的范式演变与融合———基于萨顿－史密斯的学术历程与思想之考察[J]. 学前教育研究，2019（03）.

中国学前教育史编写组．中国学前教育史资料选（全一册）[M]. 北京：人民教育出版社，1990.

仲建维，涂悦．外来的杠杆：20世纪20年代中国教育改革中的杜威[J]. 华师大学报（教育科学版），2019（03）.

周桂勋．《纲要》与《指南》导向的游戏课程化[J]. 陕西学前师范学院学报，2019（05）.

朱丹．美国游戏取向课程模式的特点及其演变[J]. 学前教育研究，2005（12）.

朱虹，刘晓陵，胡谊．社会文化观的教育心理思想——维果茨基的技能性系统分析视角 [J]. 全球教育展望，2013（03）．

朱家雄．从对科学主义的崇拜到主张学前教育走向生态——对学前教育理论和实践的反思 [J]. 学前教育研究，2007（11）．

朱家雄．建构主义理论在学前教育中运用的功与过 [J]. 动漫界·幼教 365（管理），2018（09）．

朱智贤．儿童心理学 [M]. 北京：人民教育出版社，1979.

邹海瑞．基于游戏的幼儿园教育学研究——以三所幼儿园的三类游戏实践为例 [D]. 上海：华东师范大学，2017.

Ainsworth,M.D.S.,Bell,S.M.,and Stayton,D.J.Individual differences in in strange situation behavior of one-year-olds.// H.R.Schaffer (ed.) The origins of human social relations[M].London: Academic Press,1971.

Augustine,J.R.Circuitry and functional aspect of the insular lobes in primates including humans[J].Brain Research Reviews,1996(22).

Bretherton,I.(Ed.).Symbolic play:The development of social understanding[M].Orlando: Academic,1983.

Ball,D.,Forzani,F.What makes education research "educational" ?[J].Educational Researcher,2007.36(9).

Bert Van Oers Debbie Duijkers.Teaching in a play-based curriculum: Theory,practice and evidence of developmental education for young children[J].Journal of Curriculum Studies,2013(4).

Blaise,M. 'What a girl wants,what a girl needs!' .Responding to sex,gender and sexuality in the early childhood classroom[J].Journal of Research in Childhood Education,2009.33(4).

Broadhead,P.,Wood,E.,Howard,J.Conclusion: Understanding playful learning and playful pedagogies-towards a new research agenda.// P.Broadhead,J.Howard E.Wood (Eds),Play and learning in the early years[M].London: SAGE,2010.

Brooker,L.Learning to be a child: Cultural diversity and early years ideology.//N.Yelland (Ed),Critical issues in early childhood education[M].Berkshire: Open University

Press,2005.

Brooker,L.,Blaise,M.,Edwards,S.The sage handbook of play and learning in early childhood[M].London,UK: Sage,2014.

Bruner,J.S.Nature and uses of immaturity [J].American Psychologist,1972(8).

Christie,J.,Johnsen,P.,Peckover,R.The effects of play period duration on children' s play patterns[J].Journal of Research in Childhood Education,1988(3).

Chung,S.,Walsh,D.Unpacking child-centredness: A history of meanings[J].Journal of Curriculum Studies,2000(2).

Dansky,J.L.,Silverman,I.W.Effects of play on associative fluency in preschool-aged children [J].Developmental Psychology,1973(1).

Davies,P.New discoveries in nature's creative ability to order the universe[M].New York:Simon& Schuster,1989.

Dora,Kalff.Introduction to sandplay therapy [J].The Journal of Sandplay Therapy,1990(1).

Edwards,S.,Cutter-Mackenzie,A.,Hunt,E.Framing play for learning: professional reflections on the role of open-ended play in early childhood education.Chapter in L.BrookerS.Edwards (Eds),Engaging Play[M].London:Open University Press,2010.

Elkonin,D.The psychology of play[J].Journal of Russian and East European Psychology,1978(1).

Erwin,E.,Carpenter,E.,Kontos,S.What preschool teachers do when children play[N]. Paper presented an the meeting of the American Educational Research Association,Atlanta,1993(04).

FarrellI,A.Pramling Samuelsson.Diversity: Intercultural learning and teaching in the early years[M].Oxford,UK: Oxford University Press,2016.

Fleer,M.Concepts in play: A cultural historical view of early learning and development[M].Cambridge:Cambridge University Press,2010.

Frans de Waal.Primates and philosophers:How morality evolved[M].Princeton: Princeton University Press,2006.

Fraser,Brown,Michael Patte.From the Streets of Wellington to the Ivy League:Reflecting on a lifetime of play[J].International Journal of Play,2012(1).

Friedrich Froebel.Pedagogics of the kindergarten[M].NewYork:D.Appleton and Company,1895.

Fuller,B.Standardized childhood:The political and cultural struggle over early education[M].Palo Alto,CA:Stanford University Press,2007.

Gibbons,A.The politics of processes and products in education: An early childhood meta-narrative in crisis? [J]Educational Philosophy and Theory,2007,39(3)

Grieshaber,S.Interrupting stereotypes: teaching and the education of young children[J]. Early Childhood Education and Development,2008,19(3).

Hakkarainen,P.Bredikyte,M.The zone of proximal development in play and learning[J]. cultural-historical psychology,2008(4).

Hedges,H.Early childhood communities of inquiry: Children' s and teachers' knowledge and interests[M].Saarbrucken: VDM Verlag,2008.

Joe,L.,Frost,Sue,C.Wortham,&Strart Reifel.Play and child development[M].Ohio:New Jersey Columbus,2001.

Johson,J.,Ershler,J.,Lawton,J.Intellective correlates of preschoolers' spontaneous play [J].Journal of General Psychology,1982(1).

Kalff,M.Twenty points to be considered in the interpretation of a sandplay[J].Sandplay Therapy,1993(2).

Kontos,S.Preschool teachers' talk,roles,and activity settings during free play[J].Early Childhood Research Quarterly,1999(14).

Lindqvist,G.The aesthetics of play: A didactic study of play and culture in preschools.// Uppsala Studies in Education[M].Sweden: Acta Universitatis Upsaliensis,1995.

Maria Montessori.The absorbent mind[M].DeLL PublishingCo,1967.

Muijs,D.and Reynolds,D.Effective teaching:Evidence and practice[M].London:Paul Chapman/Sage,2001.

Niklas Pramling,Cecilia Wallerstedt.Play-responsive teaching in early child education[M].Gewerbestrasse: Springer Nature Switzerland AG,2019.

Piaget,J.The development of thought: Equilibration of cognitive structures[M].New

York:Viking Press,1977.

Rosen,C.E.The effects of sociodramatic play on problem–solving behavior among culturally disadvantaged preschool children[J].Child Development,1974(4).

Ryan,S.,Goffin,S.Missing in action: Teaching in early care and education[J].Early Education and Development,2008.19(3).

Schousboe,I.,Winther–Lindqvist,D.Children' s play and development: Cultural–historical perspectives[M].New York: Springer,2013.

Schwebel,D.C.,Rosen,C.S.,Singer,J.L.Preschoolers' pretend play and theory of mind: the role of jointly conducted pretense [J].British Journal of Developmental Psychology,2011(3).

Simon,T.,Smith,P.K.The study of play and problem solving in preschool children: have experimenter effects been responsible for previous results? [J].British Journal of Developmental Psychology.1983(3).

Siraj–Blatchford,I.,Taggart,B.,Sylva,K.,Sammons,P.,Melhuish,E.Towards the transformation of practice in early childhood education: The effective provision of preschool education (EPPE) project[J].Cambridge Journal of Education,2008.38 (1).

Smilansky,S.The effects of sociodramatic play on disadvantaged preschool children[M].New York: Wiley,1968.

Smith,P.K.,Dalgleish,M.,Herzmark,G. A comparison of the effects offantasy play tutoring and skills tutoring in nursery classes[J].International Journal of Behavioral Development,1981(4).

Smith,P.K.,Gosso,Y.Children and play[M].Hoboken:Wiley–Blackwell,2010.

Susan Edwards,Amy Cutter–Mackenzie.Environmentalising early childhood education curriculum through pedagogies of play[J].Australasian Journal of Early Childhood,2011(1).

Sutton–Smith Brain.Piaget on play: A critique[J].Psychological Review,1966(73).

Thelen,E.Rhythmical stereotypies in normal human infants[J].Animal Behavior,1979(27).

Tobin,J.,Wu,D.,Davidson,D.Preschool in three cultures: Japan,China,and the United

States[M].CT: Yale University Press,1989.

Vygotsky,L.S.Play and its role in the mental development of the child[J].Journal of Russian and East European Psychology,1967(3).

Vygotsky,L.S.The history of the development of higher mental function.in The collected works of L.S.Vygotsky(Vol.4) [M].New York:Plenum,1997.

Waks,L.J.Listening to teach:beyond didactic pedagogy[M].New York:State University of New York Press,2015.

Wood,L.Reconceptualizing the play-pedagogy relationship: From control to complexity.// L.BrookerS.Edwards (Eds),engaging play[M].London: Open University Press,2010.

Yelland,N.,Kilderry,A.Against the tide: New ways in early childhood education.// N.Yelland (Ed),Critical issues in early childhood education [M].Maidenhead,Berkingshire: Open University Press,2005.

附 录

附录 1："钻水洞"游戏记录

时间：2019 年 11 月 22 日

地点：湖州市安吉县某公办幼儿园沙水池

游戏者：大班幼儿

七八个大班幼儿一起在沙水池玩，他们在一起玩"钻水洞"的游戏。其中一个小朋友（小 z）拿着水管，水管连着自来水龙头，小 z 用手指按住水管出水口可以控制水的流速，他高举起水管营造了一个"水洞"，其他小朋友轮流钻过水洞。他们在一个台阶上玩，过"水洞"的小朋友既要小心脚下的台阶，又要注意钻过水洞时不被水淋到：

小 z：好，先谁第一个钻啊？

（一个小朋友弓着身子过去了）

小 z：没有碰到，赢！

（有一个小朋友钻过去了）

小 z：耶，没有碰到，赢！来，奥斯卡来。

（奥斯卡钻了过去）

（第二轮开始了）

小 z：第一个，徐浩哲！

（徐浩哲钻了过去。）

小 z：往前跑，碰到了一点点，你有一点点赢了。

（有一个小朋友过去了）

小 z：你赢了，没有碰到。

（有一个小朋友准备过去，拿着一块木板）

小 z：呀，一个木头人。

（木头人过去了，小 z 高高举着水管）

小 z：糟了，浇到树了。木头人输了，碰到了水。

（“木头人”哈哈大笑）

（另一个木头人从水洞外面经过）

小 z：哦，不行，木头人输了，没穿过水洞。

小 y：高一点。（他准备经过）

（小 z 抬高了水管）

小 z：赢了，没碰到水！

（过了一会儿，他们换到一块平地继续玩这个游戏，小 z 高高举起水管）

小 z：到这里来钻，来啊！

（小朋友陆续钻过水洞。平地上比台阶上更容易）

（一个小朋友拿了一块木板当作滑板滑行通过水洞。地面有水比较滑）

（小 z 变换着水管的高度与水的流速，变换着水洞的形态。）

小 z：方艺含赢了。哎？哎？

（水流断断续续的，后来小 z 发现是有另一个小朋友在开关水龙头，他走过去。）

小 z：你不要关好吗！

小 x：我想玩一下。

小 z：我们在玩水洞，你关了就没水了，怎么能叫水洞？别关。（一边拉小 x 的手。小 x 也加入他们的游戏中）

（小朋友继续玩钻水洞的游戏。过了一会儿，有的孩子故意去迎向水洞，因为他们有帽子头不会湿，有的孩子在头上顶着盆，有的用木板挡着，有的用砖块挡着，冲到水洞中。新的玩法使孩子们很兴奋。小 z 则通过手按压水管口的力量和水管高度的调节变换着水洞。）

（小 z 故意把水管放得很低，大约在孩子们的腰间，小朋友要压低身子才能通过。小 z 的水管越拿越低。）

小 z：现在是这样子。（把水管贴近地面）

小 f：这样蚂蚁也不能经过了！

（小 z 又将水管上下甩动，水洞成了流线形运动的样子。小朋友要预估水洞上下浮动的幅度与速度，钻水洞变得很困难、一个孩子随着水洞的浮动身体也跟着上下浮动，然后趁着一个时机钻过去，孩子身上淋到了水，但没有关系，连体雨衣使他们不用顾及身体被淋湿。另一个孩子也用身体浮动的方法顺利通过了水洞。）

小 z：你赢了，没有淋到水！

小 f：太好玩了！

小 d：小 z，瞄准天空，让天空下雨！

（小 z 把管子举向天空。）

小 d：瞄准天空，下雨！哈哈哈！

（有一个孩子发现另外一个水管中间破的地方在漏水，按压水管也能飙出水来，引起了好几个孩子的注意。）

小 z：快点，你们还要不要钻了！

（有两个孩子到水洞那儿去了，其他孩子都在玩中间破的水管。）

（一个孩子的帽子没戴上，老师帮她把帽子戴上。）

……

“钻水洞”游戏（台阶上）

“钻水洞”游戏（平地上）

附录2：“水管游戏游戏故事”的研讨案例1

时间：2018年6月4日

地点：湖州市安吉县

反思者：安吉县某幼儿园Z老师

Z老师播放了一段五分钟左右的幼儿玩水的游戏视频，游戏场景是安吉幼儿园的一个户外场地，孩子们在尽情地用水管玩水。Z老师说：“在拍这个游戏视频时，我第一反应就是，孩子们玩得好开心啊！看来他们对水和水管的游戏特别感兴趣。”但接下来，Z老师开始思考：还发生什么了呢？Z老师又播放了一次视频。她说：“当我第二次看视频时，我注意到他们把管子上下甩动、转圈甩动。”随后，Z老师邀请大家看第三遍视频，她说：“最后一次看视频，我们要观察孩子解决什么问题，老师对孩子所做事情理解、猜想和验证，以及老师认为游戏中孩子将哪些假设生成或证伪。”Z老师认为幼儿假设：“如果我上下甩管子，那么水也会上下动；如果我前后甩管子，水也会前后动；如果我用管子画圈，那么水也形成圆圈。”

随后，Z老师和大家分享了幼儿在“游戏故事”环节所画的画。她认为游戏结束后不应直接进行“游戏分享”，而是让幼儿先画游戏故事，这样可以避免打断幼儿对游戏

1 案例与图片来自“安吉游戏”官网 http://www.ajplaychina.com/content/article/article_detail/id/24099/cid/115.

的感知与思考。Z 老师说："你们可能会对孩子的作品感到吃惊。"首先，她展示了视频中小男孩的游戏故事。小男孩描述的和 Z 老师最初猜测的很相似。"今天我们玩了水管抛来抛去的游戏，"他接着介绍他的游戏，"我发现一些东西。我发现如果你前后摇水，不管谁在摇水，当它在一条直线上移动时，水就会沿着一条直线前进；如果拿着它转圈，水就会在一个圆圈中移动。"然后，他继续说："所以水很'松'。"Z 老师问他"松"是什么意思。小男孩并没有说清楚，但是 Z 老师认为男孩所指的"松"是说水分离开了。

"水很松"

随后，是一位小女孩的游戏故事。Z 老师说："我们将要看到的是我们在假设中想象不到的。"这个小女孩说："我玩的时候很开心，但是我有一个问题：在我泼水时，水怎么会变成'水珍珠'呢？"视频里有个玩茶壶的男孩把茶壶扔来抛去，也有类似的反应。他在描述中问道："为什么当我泼水时，它在天空中变成了弧线呢？"

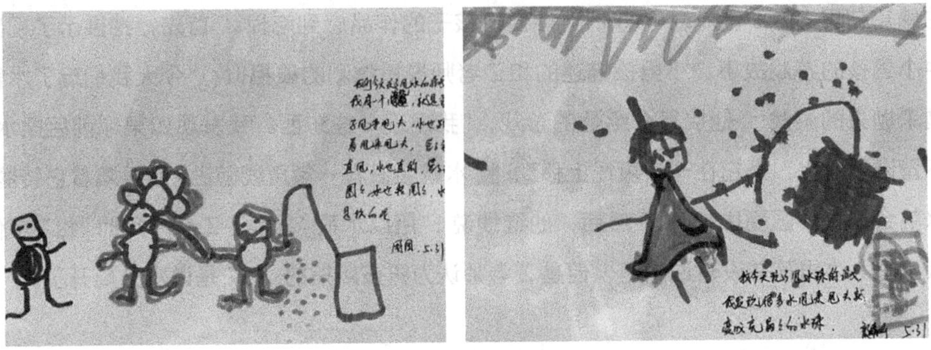

“水怎么会变成水珍珠？”

Z 老师发现，不管是玩水管的孩子，还是玩茶壶的男孩，又或者是其他在水沟里玩水的孩子，当我询问他们的经历时，他们关注的不是水的方向，而是产生水滴这种现象。“看到孩子们的记录后，我回去又看了一遍游戏视频。如果你仔细观察并注意细节，你会看到他们关注的是水在空气中这种现象，也就是水滴。如果你观察到他们在游戏中的行为表现，并且站得足够近，你就能从他们的眼神指向捕捉到他们并不专注于水管的末端，而是关注空气中发生的事情。”“所以，今天我想和大家分享的是‘反思’。通过这种反思，我能够意识到我观察的局限在哪里。假如那天我没做绘画这一过渡环节，而是直接从游戏到游戏分享，那我可能会在游戏分享时误导孩子，沿着我主观理解到的他们的兴趣点做分享了。”她明白，她的猜测可能会无意地引导孩子关注老师的兴趣点，而非孩子自己的。在认识到了教师的局限，同时通过游戏绘画的方法规避自己的局限，Z 老师把自己的想法从幼儿的学习过程中剔除，让幼儿的兴趣塑造课程。

水滴现象吸引到了孩子的注意力，也成为数日的研究话题。当游戏中出现一个话题且这个话题引起了孩子们的兴趣时，老师就会将相关主题和游戏故事贴在教室墙上，并不断更新孩子在探索过程中的游戏故事，不断发展假设。通过这种方法，教室墙面变成了孩子探索的直观记录。这项探究是持续几天还是一个月，这都取决于孩子的兴趣。

Z 老师和大家分享这个故事时，已经是视频记录后的第五天了。她说：“今天上午我在参加游戏工作室的培训，没有到班里，但我从搭班老师那里了解到：今天孩子们仍在围绕水滴在空气中的问题进行讨论、探索和验证。比如有的孩子假设：空气中有风，所以水变成了水滴，但地上风很少，所以水就没有变成水滴。”

随后，Z 老师展示了孩子的画和接下来几天孩子的进一步猜想。一个孩子说：“是水碎了，当水碎了的时候就成了雨滴，没碎的时候就是水。”另一个孩子说：“是风使水变成雨滴，风把水吹分开，碎成一滴滴的样子，但是当雨滴落到地面上时，它会炸成‘一片水’。”

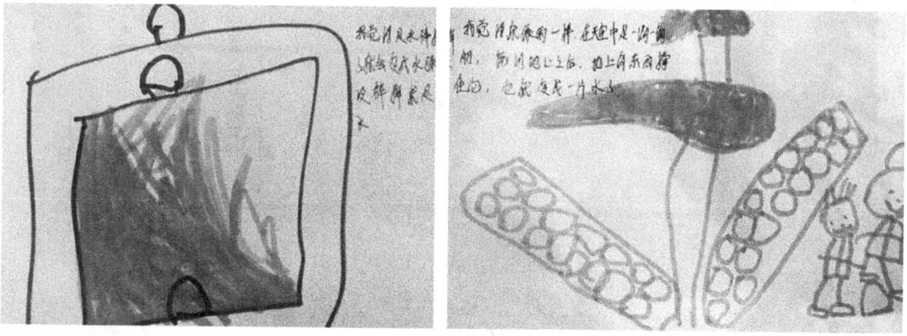

“水碎了”

还有一个孩子说因为管子的口是圆的，所以当水从水管里出来时水滴也是圆的，但是当水落在地面上的时候，因为地是平的硬的，所以水滴变成花朵或者一片片的形状。

“管口是圆的，水也是圆的”

Z老师班级的主题墙上，标题是：“为什么水洒到天上变成了小水珠？”她把孩子们的游戏故事贴在标题下方。如果其他孩子遇到了类似的问题或者探索类似的主题时，他们也可以把自己的想法和发现贴到主题墙的各个标题下。

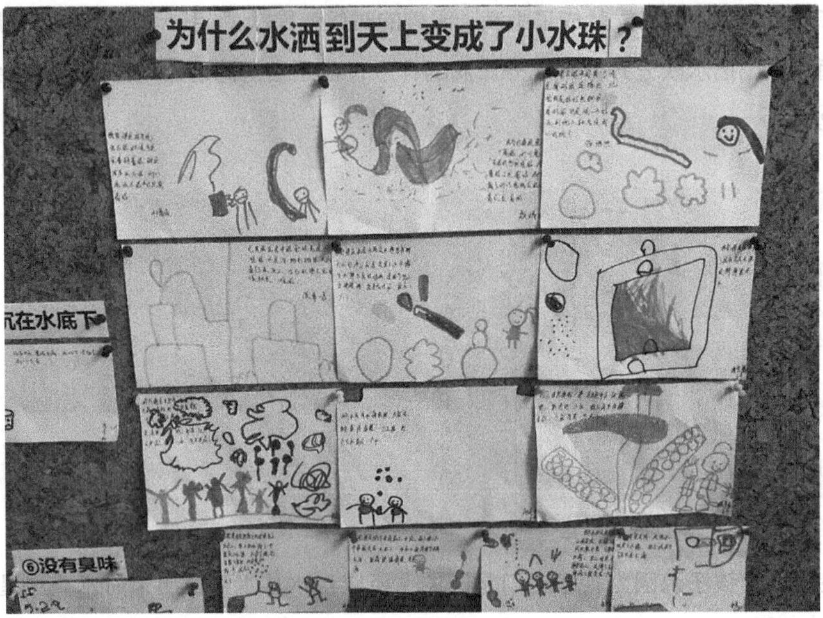

主题墙“为什么水洒到天上变成了小水珠？”

附录 3 “滚球游戏”游戏分享

时间：2019 年 11 月 22 日

地点：湖州市安吉县某公办幼儿园大班教室

分享者：大班幼儿（以名字或 Y 指代）、潘老师（以 S 指代）

当天该班幼儿在山坡游戏区，用木板在坡上搭建滑道，在坡下有一个由几个滚筒拼接而成的有弯道的洞。小朋友们在玩“滚球游戏”，怎样把球滚进筒里并且能在筒中“拐弯”，使其进入第二个筒、第三个筒里。该游戏已经持续进行了一周多的时间。

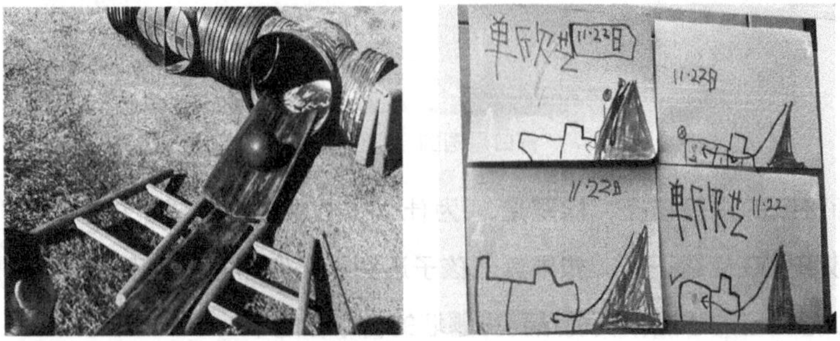

滚球游戏与游戏故事

S：今天大家游戏的时候遇到了什么问题啊？

S：大家来看看，今天单 × × 的游戏跟以前不大一样，以前大家是直接从小坡上把球滚下来，今天她在小坡上铺上了一块木板，再让球滚下来。我们来看看照片。（播放单 × × 的游戏故事照片）

单 × ×：我的游戏是滚球游戏，叫躲猫猫滚球，我发现我的球可以滚到第一个筒里面，不能到第二个筒里面。第一步、第二步和第三步没有滚到第二个筒里面，第四步滚进去了。（老师出示孩子画的“游戏故事”）

S：大家听清楚她的问题了没有啊？

（小朋友们回答，有的说有，有的说没有）

S：好，那我让听清楚的小朋友简单地来描述一下她的问题。

Y1：她说，她第一次第二次只能滚到第一个滚筒，只有第四次才能滚到第二个滚筒。

S：好，那接下来我们来看看她是怎么玩这个游戏的。

Y2：老师，我要说一下。

S：好的，你说。

Y2：（上去指着第三幅说）这个不是已经滚到第二个滚筒里面去了吗？

S：哦，你看，这里有个符号你有没有看到？（指着第三幅）

Y（其他小朋友）：叉叉。

Y2：哦，是进不去的意思。

S：对，你看，第三幅和第四幅虽然两幅图是一样的，但有一个小细节代表它们不一样。没有到第二个滚筒，她用叉叉表示，最后一个到了这个她用什么来表示啊？

Y（集体回答）：打钩。

S：我用钩的方式来表现。对，在记录的时候有许多小的细节我们也要注意看。好，我们看看她玩的游戏。看的时候，我们来思考一下，为什么球不能到第二个滚筒。

（播放视频，球不能滚到第二个滚筒）

S：需要再看一遍吗？

Y（集体回答）：要。

（再看一遍）

S：为什么呢？

Y3：因为……（听不清楚）

S：她说得不是很清楚，我来帮她再表述一下好吧？她觉得球是直线滚动的，第一个筒里面有一个障碍把它挡住了，所以球就反弹回来了，进不去了，是吗？是这个意思吗？

（Y3点点头）

Y4：如果里面有一个人的话就可以把球接住，就不会反弹了。

S：哦，你还帮她想了一个办法，需要有一个人帮助她，是不是？还有什么原因呢？

Y5：这里的地方（指着两块木板连接的地方）太高了点，它就进不去了。

S：为什么这个地方高了点，球就进不去了？

Y5：因为它弹起来了，就进不去了。

S：哦，因为它蹦高了，所以球就进不去了。还有吗？

Y6：这个我玩过的，我知道。是因为……（他拿了一根指示棒，点着说）是因为这个上面……前面的话……有个障碍物，如果它打开一点点，再开一点点，它的门口是往这边的话，球就可以到那边了，（指示棒不够长，他让老师调节了长度）如果这个打开是往这边的话，这个球早就从那个洞里爬出去咧！

S：你指的障碍物是哪个？你觉得哪个是障碍物？

（Y6点点滚筒壁）

S：黑色的滚筒吗？

Y6：嗯。

S：哦。黑色的滚筒是障碍物。（第一个滚筒的内壁）那你说打开是指哪个地方？

Y6：如果……如果旁边有一个到这里的轨道那就好了（他指能有一个通向第二个滚筒的轨道），但是必须在这里用一个垫子把它盖住。

S：把哪里盖住？

Y6：把这里盖住。（第一个滚筒与第二个滚筒连接相反的另一个出口）它就会从这里（通向第二个滚筒）出去了。

S：哦，你觉得黑色滚筒本身的这样一个结构就构成了一个障碍物，是吗？这样的结构就不大容易使球往这边走，那么你想到一个办法，如果在里面铺设一块木板，这个球就会沿着木板过去了。当然，其中还有一点，要把这个出口堵住，所以你们今天在这个出口放了垫子，是吗？哇，真会想办法！哦，还有，那你说说看。

Y7：我觉得是球滚到这里（最后一块木板是有一定角度的夹板）的时候，把球给夹住了，所以才会进不去第二个滚筒里面。

S：哦，你觉得是木板拼搭的这个造型把球困住了，所以它跑不到那个方向去，是吗？还有吗？好，你说说看！

Y8：我刚才看到，球是先滚到滚筒里面，然后再弹出来的。

S：哦，你不同意他的想法，你觉得木板并没有把球困住，是它反弹回来的，是吗？好，你看得真仔细。

Y9：我觉得可能是球到这边的时候，力气很大，所以它会滚回来。

S：哦，你觉得滚球的力气很大，撞到这个地方反弹回来了。那么，这个球的力气为什么这么大，哪里来的力气？

Y9：我们手上的。

S：手上？你能说得更清楚一点吗？

Y9：我们手上一推，它就滑下来了。还有这是个斜坡。

S：哦，他说了两点：一个是人的外力，我们推动这个球，让它产生了力量；还有斜坡的坡度也让它产生了力量。哦，还有，说说看。

（小朋友们展开了充分的讨论，接着老师播放了跳跳和瑶瑶两个小朋友在游戏中发生争吵的视频片段）

S：在这个视频中，我们看到了什么？（小朋友回应）哦，看到了跳跳和瑶瑶在争吵。发生了矛盾是吗？看到这样的视频，你们心里是什么感觉？（其中一个小朋友说很激动）很激动？激动什么呢？

Y1：因为我真想帮他们一下，我正想过去的时候他们躲了一下，然后我抓牢的时候他们就不抢了。其实是我帮助他们的。

S：哦，你看到的时候心里很着急，你真想扑过去帮他们一下，是吗？你说说看。

Y2：我，我，我，你们听到那个喊叫声了吗？

S：我听到了。

Y2：这是我喊的。

S：为什么？为什么你要大声地喊叫。

Y2：我就是心里很难受。

S：你心里很难受，你想通过大叫，让他们停止争吵，是吗？还有谁？单 × ×，你来说说看。

单××：有点搞笑！呵呵。

S：有点搞笑，为什么？

单××：因为他们在抢滚筒，还有一个滚筒不去拿，要去抢一个滚筒。

S：你觉得他们有点小幼稚，有那么多滚筒偏要抢一个，是吧？那我请当事人来说说看。

瑶瑶：老师，我不是在抢滚筒，是刚才黄跳跳让我进球，后来球往那边撞了一下就进了，但是很多次他撞我球都没进。

S：哦，你们不是在抢滚筒，你们是在球和滚筒撞击的时候产生了一些矛盾。

瑶瑶：就是（他上去指图片）就是……我们……他撞了我的滚筒，然后我们就是在互相挤压滚筒，就使对方的滚筒接不到。

S：哦，你们是故意让对方的滚筒接不到球。那么这样的行为我们看到了觉得既害怕又替他们着急，又有一些紧张，那么如果以后遇到这样的事情，你们觉得可以怎么办？你们有没有什么好的方法可以帮助他们？好，我请小七你说。

小七：可以拿另一个滚筒。

S：他们说了他们不是在抢滚筒，他们是在玩这个接滚筒的时候发生了一些矛盾。

瑶瑶：我想要接球，每次都是跳跳不让我接，我没接过，然后我们就推滚筒，不想用他的滚筒去接球。然后我们就跟这个滚筒在搏斗。

S：就在跟这个滚筒搏斗。那么遇到这种情况，我们怎么办呢？我们帮帮他们。

Y3：可以叫别的小朋友不要玩，你自己也可以再去弄一个。

S：把你心里想说的用语言表达出来，不一定只通过行动表达，是吧？

Y3：就是一个小朋友让一下对方。

S：互相谦让，这是很重要的，我们要互相谦让，很好！

Y3：我自己想了一下，想让他冷静下来。

S：哦，你想了一个很好的办法，用了一个很好的词，叫冷静。当我们遇到矛盾的时候，愤怒的时候，我们首先要做到的是冷静。所以，我看到现场，你告诉他们先冷静一下，是吧？我也把这段视频拍下来了，我们来看一下。

（播放视频，视频中有个小朋友在参与调节。“别吵了！你们两个冷静点。”）

S：你们看，当两个人发生矛盾的时候，旁边的小朋友可以帮助他们进行调节。

Y3：他们两个吵的时候，没有忍住自己的愤怒。

S：是的，有时候我们愤怒的时候，不大容易控制住自己的情绪。可能需要你这个好朋友来帮帮他们。你们的方法真好。

阳光：我觉得可以让一个小朋友把两个中的一个滚筒两边都用垫子堵住，这样的话，他们就不会再吵了。

S：这是你想的办法，好。因为跳跳也是当事人，我们也给他一个机会来说说当时的情况。

跳跳：就是，那个时候，他在那儿大喊，他说，别弄了！因为他在上面说我，所以我才会吵这样子的架。

S：是在上面帮助的人，你们才吵架的吗？劝架的人要站在公平公正的角度，对吗？不能说我在劝架的时候就帮助一个好朋友说，你要站在公平公正的角度去劝，那可能两方都能接受了。

Y4（劝架的人）：就因为我，他们两个人才吵架吗？

S：对啊，你看你在他们心中多么重要，都把你当作一个重要的朋友。所以你对待你的朋友的时候也要公平公正。今天为什么潘老师要把这个事情拿出来给大家分享，今天有很多地方我们都发生了这样的矛盾，有争吵，有互不谦让。今天小朋友也分享了一些好的方法，希望你们以后遇到这样的情况，都能冷静下来，然后用我们今天说到的方法一起去解决矛盾。我知道你们有很多很多想说，但是时间到了，下午我们再来一起分享。

后 记

此书是在我的博士毕业论文的基础上修改而成的。南京师范大学随园校区是我在工作数年之后有幸重返校园深造、学习的地方。那段时光现在回想起来也充满了画面感。随园有“东方最美校园”之称，百余年来她一直保留着原初的建筑形态与布局：红墙古瓦、曲水石碑、石径草坪……她那展露着浓郁东方韵味的恬静姿态与独特魅力使踏入校园的我仿佛跌入了时光凝固的刹那片段，不由得慢下脚步、沉下呼吸，唯恐惊扰了这片寂静。她是寂静的，又是灵动的。那些橘猫、花猫、斑点猫，或肆意躺平，或嬉戏耍闹，或突然从草丛中蹿出来吓人一跳，仿佛在提醒“外来者”它们才是校园的主人。深秋，棵棵银杏在红墙古瓦的映衬下竞相“绽放”，在寂静中酝酿出一季的绝世芳华。随园以她独有的淡雅、恬静又不失灵动的气质深深地吸引着我，也浸润着我，那段“不问西东”、一心向学的时光是我永远铭记于心的珍贵回忆。

在南师，我也有幸遇到一群启迪智慧、可亲可敬的老师。我的导师孙彩平教授在学术上严谨治学、潜心耕耘，在生活上宽厚谦逊、平易近人，总在盈盈笑语中传递着一股温柔、坚定的力量。在本书的写作过程中，老师以其宽阔的视野与精深的造诣给我良多点拨与启发，使许多疑惑与迷茫在“疑无路”时又“柳暗花明”，找到新的思路或突破口。那一叠老师通篇阅读与亲笔修改的初稿我一直珍藏着，也不时拿出来翻阅，在感恩的同时也激励着我继续今后的学术之路。本书也有幸得到北京师范大学袁桂林教授的指点，袁老在肯定晚辈的同时也提出了可以继续提升的方向，感激之情难以言表。同时，南师大教科院黄进教授以其多年儿童游戏研究的深厚背景与造诣给本书提出不少宝贵的意见，也使我获益良多。高德胜教授、闫旭蕾教授、薛晓阳教授、侯晶晶教授、叶飞教授、崔欣伟教授等老师也从各自的领域与视角为本书提出了宝贵的意见与建议，在此也一并致谢。正是这些老师的悉心指导与帮助，使我一路走来虽辛苦但也成长着、收获着……

此书的成稿与出版也离不开我亲爱的家人、朋友、同事们的支持与帮助。我的父母、爱人是我永远的坚实后盾，他们替我分担了生活中的劳累，使我能安心于研究与创作。我的朋友、同事们在不断给予我激励的同时也给我不少专业的启迪与建议。还有，我的两个宝贝——康康和梆梆，一个正懵懵懂懂地闯入人世间，开启一场与世界的“游戏”，另一个则正从天真烂漫的童年迈入欣欣向荣的少年时光。他们明亮的双眸、纯真的笑颜、天马行空的游戏与奇思妙想都给予我源源不断的创作灵感与动力，使有意义游戏的研究充满了当下的生命意义。

此书得到了浙江省哲学社会科学规划的后期资助，在浙江大学出版社的筹划下出版，在此也感谢浙江省哲社规划办的资助与浙大出版社汪淑芳等老师规范、严谨的编辑和出版工作。限于各方面原因，书中难免有不足之处，敬请读者批评指正。

滕春燕于杭州西湖书房

2021 年 12 月 18 日